踏绳启程
追求教育高境界

高境科创实验小学"绳韵教育"实践探索

支乔 著

图书在版编目（CIP）数据

踏绳启程，追求教育高境界：高境科创实验小学"绳韵教育"实践探索/支乔著. —广州：华南理工大学出版社，2021.5
　ISBN 978-7-5623-6751-2

　Ⅰ. ①踏… Ⅱ. ①支… Ⅲ. ①跳绳-教学研究-小学 Ⅳ. ①G623.82

中国版本图书馆 CIP 数据核字（2021）第 092149 号

Tasheng Qicheng, Zhuiqiu Jiaoyu Gaojingjie——Gaojing Kechuang Shiyan Xiaoxue "Shengyun Jiaoyu" Shijian Tansuo

踏绳启程，追求教育高境界——高境科创实验小学"绳韵教育"实践探索
支　乔　著

出 版 人：	卢家明
出版发行：	华南理工大学出版社
	（广州五山华南理工大学 17 号楼，邮编 510640）
	http://hg.cb.scut.edu.cn　E-mail：scutc13@scut.edu.cn
	营销部电话：020-87113487　87111048（传真）
责任编辑：	黄冰莹
责任校对：	刘一行
印 刷 者：	广东虎彩云印刷有限公司
开　　本：	787mm×960mm　1/16　印张：12.75　字数：247 千
版　　次：	2021 年 5 月第 1 版　2021 年 5 月第 1 次印刷
定　　价：	46.00 元

版权所有　盗版必究　印装差错　负责调换

序

一根绳子　一门课程　一种文化

跳绳是一项体育运动，上海宝山高境科创实验小学持之以恒的跳绳活动，跳出了花样，跳出了艺术。

高境科创实验小学的同学喜欢跳绳，绳子成为学生书包里的"必备品"，成为他们每天锻炼的"巧器械"。学校也把跳绳作为体育活动课程，引领师生与绳结缘，在"本色跳绳"的基础上，探究"绳"与"生活、艺术、科学、健康、劳动、学习"等之间的关系，使跳绳运动变得更加有趣、更加有内涵，跳绳活动成为师生喜爱的校本课程。

一根不起眼的小小绳儿，承载着学校对教育内涵的追寻，使跳绳有了充满阳光的"绳韵"。高境科创实验小学的跳绳活动和"阳光绳韵"课程伴随着学校的发展，使一项体育锻炼的"本色跳绳"成就了一种学校文化，全校师生踏绳启程，在不断探索"绳韵教育"的实践过程中，不断追求着新的教育境界。

我们在《踏绳启程，追求教育高境界——高境科创实验小学"绳韵教育"实践探索》中看到了高境科创实验小学的办学理念和办学实践，看到了学校围绕"绳韵教育"这一特色，用一根绳子构建了"绳韵课程"体系，包括"绳韵德育课程""绳韵科学课程""绳韵艺术课程""绳韵健康课程"和"绳韵阅读课程"。学校挖掘了"以绳育德、以绳增智、以绳健体、以绳审美、以绳聚心"的学校文化内涵，体现了"五育并举"的教育思想，走出了一条"绳韵教育"的特色创新之路。

学校结合"绳韵教育"的内涵，以"七彩绳结"为激励手段，制定多元化的评价机制，有效落实过程性评价。一枚枚"七彩绳结章"组成了一条炫彩的成长之绳，促使学生明确各种规则，培养学生核心素养，逐步形成正确的价值观、人生观。当孩子们自信地站上国际舞台、展现中国学生之"绳韵"时，便体现了一种评价和激励所带来的积极成效。

读《踏绳启程，追求教育高境界——高境科创实验小学"绳韵教育"实践探索》，能感受到高境科创实验小学全体师生的精气神。他们用跳绳这项传统的体育活动，构建起了学校的"绳韵课程"，形成了"绳韵文化"，走出了"绳韵教育"特色办学之路。

"一根绳子、一门课程、一种文化"是高境科创实验小学在创新与发展过程中的努力与追求，这个努力与追求的过程就是学校师生进步与发展的过程，也是学校特色发展的可喜景象。

《踏绳启程，追求教育高境界——高境科创实验小学"绳韵教育"实践探索》一书的出版将使高境科创实验小学站在"绳韵教育"的新起点上，继续引领全体师生去追逐梦想。祝愿他们以"阳光绳韵"的激情和精神，以现代教育发展的视野，探索出学校发展的新思路、新途径。

2021年4月8日
上海市特级教师、特级校长，
第十届国家督学上海教育学会副会长，
小学教育管理专委会主任

目 录

导论 ··· 1

第一章 绳韵教师：德业能力协同发展 ······················ 10
第一节 基于教师发展的校本研修 ·························· 10
一、建全教研管理网络 ··· 10
二、固定教研活动时间 ··· 10
三、丰富教研活动模式 ··· 11
四、聚焦课堂教学研讨 ··· 11
五、开展网络集体研修 ··· 11
六、制定考核评价机制 ··· 12
第二节 搭建多样平台，促进教师专业成长 ·············· 12
一、抓住关键事件，提升教师队伍建设 ··················· 13
二、创设多种途径，深化教师队伍建设 ··················· 14
三、巩固成效亮点，全面提高办学质量 ··················· 24
第三节 学习名师智慧，夯实教师德业根基 ·············· 25
一、学陶师陶：打造"教学做合一"课堂 ················ 25
二、学习于漪：一辈子做教师，一辈子学做教师 ········ 29

第二章 绳韵课程：结构与内容 ······························ 34
第一节 基于师生共发展的绳韵课程结构体系 ··········· 34
一、明确三维发展目标，整体架构三类课程 ············· 34
二、关注学生个性发展，推进校本特色课程 ············· 35
三、注重学生品质发展，深化学校德育课程 ············· 37
四、基于课程评价标准，实施三维评价工作 ············· 38
第二节 绳韵阅读课程：经典诗词游园乐 ················· 39
一、教材的框架及内容要点 ··································· 40
二、具体单元划分、主题及内容要点概要 ················ 41
三、教学设计的要求 ·· 45
四、技术使用原则和要求 ······································ 49

第三节　绳韵科学课程：创新机器人 ·············· 50
　一、三年级课程简介 ························· 50
　二、四年级课程简介 ························· 51
　三、五年级课程简介 ························· 52
第四节　绳韵德育课程：低年级行规校本课程 ········ 53
　一、低年级学生行为规范培养目标 ················ 53
　二、低年级行规校本课程内容与目标 ··············· 54
　三、低年级学生行规校本读本 ···················· 56

第三章　绳韵课堂：培育学生核心素养 ············ 63
第一节　基于核心素养培育的语文教学实践 ·········· 63
　一、学生语文质疑能力培养的教学实践 ············· 63
　二、中年级学生口语表达能力培养的实践探索 ········ 67
　三、基于陶行知"六大解放"教育思想的古诗词课堂教学 ·· 71
第二节　以形助数，培育学生数学核心素养 ·········· 77
　一、梳理出"数与代数"所涉及的有关"以形助数"的相关知识内容
　·· 78
　二、整理出"数与代数"所涉及的有关"以形助数"知识内容的具体
教学目标 ······································ 91
　三、研究成效 ·································· 103
第三节　基于"任务型"的小学英语课堂教学的实践研究 104
　一、小学"任务型"英语课堂教学的模式 ············ 105
　二、小学"任务型"英语课堂教学中任务设计的类型 ···· 110
　三、小学"任务型"英语课堂教学中任务设计的策略 ···· 114
　四、小学"任务型"英语课堂教学中任务设计的作用 ···· 122

第四章　绳韵育德：知行合一　融合育人 ············ 128
第一节　加强德育队伍建设，形成家校共育合力 ········ 128
　一、重视班主任队伍建设，提升沟通协调应对能力 ······ 128
　二、摸清学生家庭背景，帮助家长形成正确家庭教育观念 · 130
　三、加强家长育儿指导，及时总结家长育儿经验 ········ 131
第二节　学科渗透，让"绳韵精神"在课堂中传递 ······· 135
　一、语文课堂：明内容、定方法、循序渐进 ············ 135
　二、数学课堂：种树者必培其根，种德者必养其心 ······ 140
　三、英语课堂：丰富课堂体验，培养职业意识 ·········· 146

第三节 "七彩争章"的实践与成效 ·················· 153

第五章 课题研究：拓展"绳韵教育"发展空间 ············ 158
  第一节 促进学生自主学习的课程与教学数字应用平台研究········ 158
    一、问题的提出 ································· 159
    二、解决问题的过程与方法 ·························· 160
    三、成果的主要内容 ······························· 161
    四、效果与反思 ································· 171
  第二节 花样跳绳与学生潜在人格魅力激发的实践研究 ········· 172
    一、实验的基本情况 ······························· 173
    二、研究结果分析 ································ 174
    三、分析与讨论 ································· 177
  第三节 家长多角色扮演促进小学生良好行为养成的实践研究 ····· 179
    一、家志愿者队伍的招募 ··························· 180
    二、家长志愿者的培训 ····························· 181
    三、家长志愿者参与学校教育的实践 ···················· 182
    四、初步成效 ·································· 190

后　记 ·· 193

导 论

上海市宝山区高境科创实验小学，原名为上海市宝山区高境镇第二小学，地处宝山、杨浦、虹口、静安三区交界处，创办于1995年。近年来，高境镇围绕建设"科创小镇"的战略定位，坚持以科创为引领，抓产业转型发展。全镇中小学校积极践行"办学特色与科创元素融合"的教学理念，着力培育青少年的综合素养，已取得了显著的成绩。为顺应区域建设的需求，打造更优质的教学品牌，经宝山区编委批准，上海市宝山区高境镇第二小学于2017年6月更名为"上海市宝山区高境科创实验小学"，由我国著名的生物化学家、中科院院士王恩多教授书写校名。2017年8月31日，高境科创实验小学举行了"科创开启新篇章"新校名揭牌仪式。

学校创建伊始，就确立了"立足高境，面向宝山，成为'科技教育'和'信息化教育'示范校"的发展目标。经历起步、普及和发展三个阶段，学校科技教育实现了"管理科学化、模式化和规范化；内容多样性、丰富性、教育性；研究主题化、多元化、品牌化"，研究成果曾获上海市一等奖，教师自编的科技教育资源的教材被中央教科所录用。从2002年起，学校尝试开展信息化教育的应用研究，逐步形成了"涉及面广，涵盖了各个领域；科研引领，促进了教师发展；成效显著，提升了办学层次"的特色。

至此，经过近十年的发展，学校形成了科技教育与信息化教育双重特色发展的良好局面，在宝山区内外都具有一定的影响力。科技教育方面的优秀成绩，使学校成为宝山区科技教育特色学校。

2010年，高境科创实验小学搭乘"阳光体育"的东风，与绳结缘。学校全方位开展以"绳"为主要内容的体育活动，全校师生"踏绳启程"，实践"绳韵教育"，不断追求教育的更高境界，将校园跳绳活动逐渐锻造成为校本特色，使学生自信地站上了国际舞台，展现了中国学生之"绳韵"，跳出了精彩人生。

跳绳是一项健康运动，在我国已有数千年的历史。对于跳绳的起源众说纷纭，《北齐书·幼主记》提到"游童戏者，好以两手持绳，拂地而却上"，即今日所谓的单人跳绳，由此可知，至迟在北齐时期就有跳绳的活动。跳绳在隋唐时期称"透索"，在宋代称"跳索"，在明代称"白索"，在清代称"绳飞"，民国以后才称为"跳绳"。

跳绳是指由单人、双人或多人使用一条、二条或数条绳索做环摆运动。

跳绳是单人、双人或多人在其间做各种跳跃动作的体育运动项目。[①]跳绳是一项集游戏、锻炼于一体的全面性运动项目，是促进少年儿童身心健康发展的有效手段。尽管跳绳运动起源于我国，但现在已经发展成为一个世界性的体育项目。在国外，跳绳运动被一些专家称为"最完美的健身运动"。

1996年成立的全球最具代表性、权威性，结构最完整的世界性跳绳组织——国际跳绳联盟，是各个国家官方予以承认的国际性跳绳组织，由其组织的各类世界性的跳绳比赛，加强了各个国家和地区间的交流，推动着跳绳运动的不断发展。该组织发展至今已有45个成员国或地区，并且举办了5届世界跳绳锦标赛。亚洲和非洲也于2001年和2002年先后成立了跳绳组织。有些国家还成立专门的比赛机构，把跳绳运动列为运动会的正式比赛项目，有些国家还在电视台专门设有跳绳节目。[②]

随着时代的变迁，跳绳也在原来的基础上不断进行着创新和改变，从最初的简单跳跃活动已发展成如今集"健身、娱乐、观赏、竞技"等功能于一体、内容丰富的体育运动项目。跳绳爱好者把舞蹈、音乐等现代流行元素加入到传统跳绳中，通过改编和创作，形成了花样繁多、节奏感强，健身效果更好，更受人们喜爱的运动——花样跳绳。花样跳绳是中国民间传统体育游戏跳绳的时代演变和现代转型成果的一种。

据有关资料得知，陕西人胡安民是花样跳绳的初创者。1957年，胡安民在陕西高中创编"跳绳舞"；1959年，陕西师范大学开办了第一个跳绳培训班；1999年，胡安民在西安师范大学成立了世界上第一所"跳绳艺术学校"，并发明改编了上百种高难度的跳绳动作，为我国花样跳绳的发展奠定了良好的基础。同年，陕西花样跳绳队赴北京参加了五十周年国庆庆典活动，从此花样跳绳走向国家大舞台。2010年，花样跳绳运动作为民间体育运动的代表亮相于上海世博会开幕式，其集新颖性、娱乐性、运动性于一体的表现方式吸引了来自世界各地人民的注目。2014年，第一届"培林杯"全国跳绳联赛在上海举行，这是我国第一次举行的全国跳绳联赛制。2016年，国家体育总局社体中心把跳绳运动作为全国跳绳强心计划进行推广。

花样跳绳作为一项新兴运动打破了常规跳绳中绳必须从脚下过的界限，因其老少皆宜、不受场地器材和气候条件限制等主要特点，受到群众的广泛欢迎。2007年，"全国亿万学生阳光体育运动"的开展促进了花样跳绳在中

---

①扈诗兴.跳绳研究［J］.体育文化导刊，2012（10）.
②高俊霞.花样跳绳速度跳对小学六年级学生短跑步频影响的实验研究［D］.广州：广州体育学院，2019.

小学的推广。阳光体育活动注重开发一批新颖的、青少年学生喜闻乐见的运动项目，以培养学生参与体育锻炼的积极性、自觉性和创造性，培养学生主动锻炼意识，让学生能够充分展现自我个性。为了加快花样跳绳在学校阳光体育运动中的健康发展，教育部把1分钟跳绳加入小学生的体测内容，同时国家有关部门加强了对花样跳绳教练员和裁判员的培训，以及花样跳绳技术理论教学的培训，培训内容包括理论教学、研讨分享、实践训练三大版块。这些都为花样跳绳在学校中生根发芽，为花样跳绳的改编和相关课程的开展创设了良好的基础。

大力发展花样跳绳运动，是对中国传统文化的传承与发扬，符合新时期学校教育"健康第一"的主旋律。花样跳绳形式多样，深受学生的喜爱，在塑造学生自我主体意识成形的同时，还能让学生充分享受运动中的快乐和愉悦。高境科创实验小学秉承"完全人格，首在体育"的理念，选择花样跳绳作为学校教育改革的突破口，开展"绳韵教育"实践，以体育特色建设推进学校课程改革，带动教师队伍建设，促进学生发展，初步实现了学校教育教学质量的整体提升。

"绳韵教育"实践经历了开篇、发展两个阶段。如今，高境科创实验小学走上了"以绳育人　文化立校"的特色发展之路，不仅收获了满满的荣誉，获得了"全国突出贡献奖"，更增强了学生的体质，树立了学生的信心，为学生今后的人生发展奠定良好的基础。

第一阶段：绳韵教育的开篇——花样跳绳体育活动课程化

为了加强体育工作，让素质教育落到实处，中共中央、国务院于1999年颁发了《关于深化教育改革全面推行素质教育的决定》，明确提出"学校教育要树立健康第一的指导思想，切实加强体育工作"，鲜明地将体育置于素质教育的重要位置。2006年12月，教育部、国家体育总局、共青团中央联合下发了《关于开展全国亿万学生阳光体育运动的决定》，从2007年开始，结合《国家学生体质健康标准》的全面实施，在全国各级各类学校中广泛、深入地开展以"达标争先、强健体魄"为目标的"全国亿万学生阳光体育运动"，吸引广大的学生自觉加强体育锻炼，提高身体素质。为了贯彻这些文件精神，各学校开始推广"阳光体育运动"，不仅为学生身体素质的提高创造了有利环境，更促进了学校的体育改革。

2010年，高境科创实验小学开始了"绳韵教育"实践。在上级有关部门的全力关怀和支持下，在上海体育学院专业教练的亲临示范和指导下，学校全方位地开展了以跳绳为主要内容的体育活动，掀起了一波又一波的花样跳绳体育运动热潮，并逐步使之成为全校师生喜闻乐见的体育特色项目。学校采用红、蓝、黄三种颜色的绳子，在学生中开展跳绳的升段活动，大大激发了学生的学习兴趣，同学们你追我赶，跳绳的水平快速提升。

我国新一轮基础教育课程改革坚持"为了每一位学生的发展"的理念，赋予了学校在课程开发方面更多的空间和自主权，为地方课程和校本课程的建设提供了机遇。高境科创实验小学在迈上"绳韵教育"发展道路的最初，就紧紧抓住新课程改革的契机，以花样跳绳体育活动课程化推进跳绳运动的开展。

学校坚持新课程以学生发展为本的理念，充分发挥学校在校本课程建设方面的自主权，确立了"以绳育人"课程开发原则，选择花样跳绳这一运动项目作为体育校本课程的建设，充分利用学校的体育资源，发挥教师的积极性，共同开发了一套集体绳操，同时编写了《花样跳绳》校本学材。

学校在花样跳绳校本课程实践过程中，注重普及与提高并存交错，做到普及性训练，面向全体。以全体师生为主体，坚持上好每周一节的基础性训练课，做到人人能掌握1至2种花样跳绳技能，坚持全校师生每天早上做好两操（广播操＋自编绳操）。利用早操、大课间活动和专项体育课，组织学生开展跳绳活动，实现了花样跳绳课程化。做到提高性训练，面向精英。以校队学生为主体，坚持做到每天进行一小时的基本功训练，每周一次的提高性训练，每学期一场展示，每年参加一次全国跳绳锦标赛，力争获取好成绩。

短短三四年，花样跳绳已完全融入全校师生和家长的学习生活中。花样跳绳体育项目的建设，为创办特色提供了一条可探索的道路，形成了"学校以本土加特色、教师以优质加专长、学生以全面加特长"的传统体育课程特色。

第二阶段：绳韵教育的发展——"绳韵课程"初成体系

在办学过程中，学校围绕"绳"这一特色，考证绳之发展历史，挖掘绳之文化内涵，确立了"以绳育人　文化立校"的办学精神；围绕"绳文化"中的创新、合作、坚韧、务实、快乐等精神品质，学校提出了"绳韵教育"，使之从体育锻炼的"本色跳绳"上升到艺术欣赏的"花样跳绳"，再到办学文化的"阳光绳韵"。"阳光"包含快乐、温暖、普惠、包容；"绳韵"包含规矩、团结、韧劲、灵动。"阳光绳韵"体现了高境科创实验小学全体师生从"体锻绳"向"教育绳"的转变，体现了凝聚，体现了规则，反映了"以绳育德、以绳增智、以绳健体、以绳审美、以绳聚心"的学校文化内涵,走出了一条"绳韵教育"的特色创建之路。

在新优质学校创建活动中,学校探究"绳韵教育"与健康、艺术、学习、生活、劳动、法制、科学……的相互关系,紧扣"绳韵教育"开发校本课程,把绳的精神融入其他学习中。学校以"绳韵教育"为指南,用一根绳子构建校本课程体系,提出了"绳韵课程"体系:绳韵德育课程、绳韵科学课程、绳韵艺术课程、绳韵健康课程、绳韵阅读课程。

近几年来,学校进行了"中华绳韵之——"系列校本课程群的开发与编写工作,初步完成了绳韵德育课程:"七彩礼仪";绳韵科学课程:"绳秘之旅""绳童大本营之探究篇——科普场馆行""绳童科学之旅""创创成长记(机器人中高年级)""百花园";绳韵艺术课程:"千千中国结"。绳韵健康课程:"绳舞飞扬";绳韵阅读课程:"经典诗词游乐园"。

从2010年到现在,高境科创实验小学的"绳韵教育"走过了十年的发展历程。"十年磨一剑",在这十年里,高境科创实验小学不断挖掘"绳"的内涵和精神价值,逐步形成了自己的办学理念。高境科创实验小学开展"绳韵教育",践行"健康第一,终身体育"的指导思想,切实加强体育工作,使学生掌握基本的运动技能,养成坚持锻炼身体的良好习惯。学校将"阳光绳韵,引领师生健康快乐地成长"作为全校师生共同的愿景,通过开展花样跳绳体育活动,激发学生参与体育锻炼的积极性,强健身体,为学生未来人生的启程奠定基础。花样跳绳活动的深入开展,强化了学生吃苦耐劳、相互合作的良好品质,培养了学生的创新意识,形成了"踏绳启程,载德远行"的校训,以及"以绳育人,文化立校"的核心价值观。

归纳起来,"绳韵教育"带给高境科创实验小学的变化就是一个字——活。

一是培育了"活绳娃"。这里的"活",是机灵,有生气,是对高境科创实验小学绳娃们最形象的概括。如今,绳已成为高境科创实验小学学生书包里的必备品,也是他们每天锻炼的"巧器械"。一根毫不起眼的小小绳儿,承载着学校对教育内涵的追寻。学校"跳绳大课间"活动在宝山区进行了展示,并代表宝山区参加了"上海市学校体育课程"展示活动。高境科创实验小学的绳娃们也逐渐走出了上海,迈上了国际舞台,多次参加国际比赛,还打破了世界纪录,创造了中国速度。孩子们和到校来访的国外跳绳爱好者及世界冠军互动切磋技艺;多次走进中央电视台,走上了"开学第一课"的舞台;新华社、人民日报社、中央电视台、中国教育报等20多家新闻媒体对高境科创实验小学的"绳韵教育"进行了深度报道。

二是打造了"活"队伍。这里的"活",指有活力、有追求、有担当。学校从"绳韵教育"出发,凝练出"敬业、严谨、博学、珍爱"的教风,加强教师队伍的建设,确保教师队伍稳定发展、教师素质整体提高、名师教师更多涌现,力争实现学校发展的新跨越。

在创建新优质学校之初,学校把教师队伍建设作为学校管理的重中之重,确立了"朴实的品质、敬业的精神、典雅的风度、严谨的教学"的教师发展理念。随着学校"绳韵教育"实施的不断深化,"绳韵教育"文化浸润教师心灵,促进教师德业双发展,实现学校特色教育从"绳"向"绳韵"的华丽变身。

首先是加强骨干教师队伍的建设。在"绳韵教育"润泽下,本着边培养边引领、边出成效的思想,以"高境镇名师工作室"为载体,聚焦课堂教学,开设专场教学研讨,不遗余力地发挥骨干教师的示范引领作用。激发体育学科的激情,突显数学学科的优势,保持语文学科的稳定,发挥英语学科的活力,努力形成各学科齐头并进的良好势态,逐步形成骨干教师的各层次梯队,促进学校的整体提升。借助"高境镇名师工作室"这一平台,给名师搭台子、压担子,给青年教师教法子、架梯子,给学生引路子、促发展,实现优质师资效益的最大化。

其次是加强成熟型教师队伍的建设。学校围绕学校核心文化——"绳文化"的建设,通过对基于绳文化发展的教师专业精神的养成研究,以任务驱动、机制激励为策略,发挥他们在教研组内的参与、指导作用,教学相长,同时进一步促进他们自身业务素养的提升,实现成熟型教师的二次成长。这样一支坚韧、守法、合作、聚心、精确、持续的成熟型教师队伍,能有效地助推学生健康快乐成长和学校整体提升。

第三,加强青年教师队伍的建设。青年教师是学校的希望、未来,加强青年教师队伍建设,通过多种行之有效的手段,规范青年教师行为,提升师德形象,提高青年教师教育教学水平,使他们成为学校发展的主力军。学校制定了"青年教师培养计划",让新教师在短时间内熟悉学校,熟悉工作岗位,进一步巩固新教师的专业思想和良好的道德素养,使他们能热爱本职工作,热爱学生,初步掌握学科的教学常规和技能,理解学科的业务知识和内容体系,课堂教学、作业批改、课外辅导等逐步走向规范化;让他们对课改目标、课程标准、教材教法有较深刻的认识并能运用到实际教学中,增强驾驭教材、驾驭课堂的能力,提高教学水平及学科质量。学校还成立了"青杏成长坊"青年教师成长共同体,加强"青蓝工程"建设,注重青年教师的培养和实践。以师德教育为抓手,深入课堂一线指导,逐步探索以课堂为主阵地的"问题—目标—措施—实践—反思"多轮循环的反思性青年教师培养模式,架构青年教师专业发展培训课程,帮助青年教师强化基础,提升素养。得益于学校对教师队伍建设的重视,近两年,学校教师先后获得了多项奖项和荣誉称号,在宝山区教科研评比、宝山区教育技术有效性教学展评、宝山区中青年教师大奖赛等各项比赛中成绩斐然,为学校争得了良好的社会声誉。

三是构建了"活"课程。这里的"活"是指多样化、特色化。追求学校特色化发展是当前所有学校的目标,然而,学校特色化的关键要素是什么?北京市第三十五中学朱建民校长认为,学校真正的特色是能够提供其他学校提供不了的课程。课程才是一个学校真正的特色,课程有特色,学校才有特色;课程多样化,学生才有多样化的发展。新一轮课程改革不仅给国家课程的创造性实践开辟了天地,而且为地方课程和校本课程的建设提供了机遇。学校以学生发展为本,逐步把花样跳绳课程化,确立了"以绳育人"课程开发理念,选择花样跳绳这一运动项目作为体育校本课程建设的内容,充分利用学校的体育资源,发挥教师的积极性,满足学生及家长的需求,从而形成了"学校以本土加特色、教师以优质加专长、学生以全面加特长"的传统体育课程特色。学校还加强了"绳韵"隐性课程的布局。一是学校标识发挥隐性教育功能。学校设计了与"绳韵教育"相匹配的学校LOGO、吉祥物、校歌等标识,使师生耳熟能详,达到心领神会的教育成效。二是学校环境渗透显性教育功能。充分利用学校内的墙面、楼道、教室、网络等环境,渗透"绳韵教育"功能。孩子们通过"绳秘园"探究之旅,潜移默化地接受"绳韵教育",达到了学校"润物无声"的教育目的。

四是创建了"活"课堂。这里的"活"是指生命活力。"把课堂还给学生,让课堂充满生命的活力",是课堂教学改革的追求。在"活"的课程体系基础上,学校形成了"活"的课堂活动,开展了"活"的特色活动:体育特色活动、科技教育特色活动、艺术教育特色活动。这些特色活动更是学科拓展课程的延伸。这些活动把游戏、体育、艺术等孩子们的兴趣、爱好和特长发挥到极致,提供了展示的空间与平台,拓展和延伸了现有的国家课程,形成了生动活泼的发展局面。学校还注重学生第二课堂(社团)建设,开发了高境科创实验小学"绳童七彩课堂"。"绳童七彩课堂"围绕绳文化的外延进行拓展,积极传承弘扬中华文化传统,推进学校特色建设的有效发展。从花样跳绳到中华绳结，从经典诵读到中华剪纸，从七彩礼仪到虚拟机器人……"活"的课堂打造出多彩的校园。

五是开展了"活"科研。这里的"活"内涵是激活，通过课题研究，激活了教师主动追求专业发展的积极性，推动了学校各方面工作的有效进行。学校充分重视教育科研工作，把教育科研作为学校工作的重要组成部分纳入学校的发展规划和工作计划中。学校围绕办学特色开展龙头课题研究，成立了以校长为组长，中层干部、骨干教师为核心成员的学校学术委员会；建立了以校长为课题负责人，中层干部为课题组核心成员，骨干教师为课题组成员的校龙头课题组；制定了以校长室为龙头，教研组为依托，骨干教师为主干，全体教师共同参与的教育科研机制和科研课题研究经费使用方案。以行动研究为主线，激活了教师主动发展的意识，形成了从制度到内需的研究氛围，提高了学校教育教学的品质。近年来，高境科创实验小学共立项市级课题4项、区级重点课题2项、区级一般课题14项。

六是夯实了"活"德育。这里"活"的内涵是鲜活。从人的主体性生成和发展维度观察，现代人的主体性与经济社会发展水平成正相关，经济社会的快速发展在促进人的主体性发展的同时，也带来了主体性德育的新问题。① 具体表现为学校德育实践面临着三种新变化：儿童个性更强，更要自由；教师权威部分丧失；灌输方式隐性化。② 面对新的变化形式，在教育改革日益走向"以人为本"的大背景下，学校德育在坚持"德育为先"的同时，还需要坚持"育人为本"，针对新的变化赋予德育新的内涵、新的活力，使德育"活"起来。《关于加强与改进未成年人思想道德建设若干意见》强调：思想道德建设是与实践相结合，以体验教育为基本途径，让学生亲身参与、内化感悟，就必须一方面尊重学生的主体性，一方面要构建多彩的德育活动。

近些年来，花样跳绳融合了现代元素，成为新兴体育运动项目，具有较强的健身娱乐功能，深受人民群众的喜爱。花样跳绳蕴含着多层面的德育因素：首先，有利于培养学生吃苦耐劳、拼搏向上的精神；其次，有利于培养他们的团队合作精神，使他们逐步学会欣赏他人、正视自我；第三，有利于锻炼学生正视胜败得失的能力，让他们在一场场比赛中彻底领悟"掌声不仅属于荣耀的胜利者，还属于永不言败的拼搏者"，让挫折教育渗透每一个孩子的心灵。此外，学生在这项运动中能充分发挥自己的能动性、创造思维

---

①张宏宝. 学校德育主体性变革的整体逻辑及实践路径[J]. 中小学德育，2016（8）.
②张添德. 德育应坚持"最少灌输"原则[J]. 教育科学研究，2015（1）.

和创造能力，有利于促进智力、技能和技术的全面发展，真正体现了玩中学，学中玩。

学校"七彩童年"德育课程根据各年级学生的年龄特点，设置了"奖章领胸前戴，我是高科好苗苗""我要加入少先队""我十岁了""七彩童年诵经典"和"今天我是毕业生"五大系列活动，从而达到了各年级不同的育人目标。学校将"绳韵教育"与"七彩童年"德育课程有机整合，既拓展了德育的活动载体与空间，也实现了体锻"绳"向"教育神"的转变，提升了德育的实效，让德育回归本真。学校以"上海市行为规范示范校"验收为契机，开发设计了《炫彩绳童大本营》争章手册，使以绳育德的功能逐渐显现。学校也因此被评为了上海市"十二五""十三五"家庭教育基地学校、上海市家庭教育示范校和上海市行为规范示范校。

第一章　绳韵教师：德业能力协同发展

教育是国之大计，教师是立教之本、兴教之源。教师是教育改革创新的主力军，教育现代化的关键是教师队伍现代化。任何层面的教育改革要取得成功，都必须有一支高素质的教师队伍作为保障。以教师队伍建设为抓手，全面贯彻党的教育方针，坚持实施素质教育，从而为培养德智体美劳全面发展的社会主义建设者和接班人夯实基础，是高境科创实验小学推进"阳光绳韵"特色建设的根本遵循。

第一节　基于教师发展的校本研修

课程的有效实施，必须依托教学实践中的研修。课程实施过程中教师所产生的各种具体问题需要在研修中得到解决。可以说，教师的研修质量关系着学校的教育教学质量。在各级各类的研修中，校本研修是教师专业成长的一个重要组成部分。多年来，学校逐步形成了一套比较完善的教学管理制度，发挥制度化的转化效应来保障教研的质量。

一、建全教研管理网络

为保证教研活动规范、有序、高效地开展，学校建立了"校长室—教导处—教研组—学科教师"教研管理网络，组织、指导教研组有效地开展活动。校级领导分别深入各学科组参加教研活动，确保各项教学管理目标、责任明确，具体工作逐层推进，层次清晰，有力地保障了各级教研活动的质量。根据学校教学常规管理制度，校长室、教导处每学期对各学科教研组、备课组工作目标落实情况进行阶段评估和学期总体评估，提升教研组工作的实效性。

二、固定教研活动时间

固定教研活动的时间是确保有效开展教研活动的前提。由于教师工作的特殊因素，大家要凑到一起进行教研活动非常困难。为确保校本教研活动的时间，学校教导处近几年尝试多种方法，克服种种困难，确定了每周教研活动的固定时间。学校行政人员下沉到每一个教研组，参与活动，与组员同学习、同讨论、同研究。

三、丰富教研活动模式

学校构建了四种教研活动形式同步运转的模式，实行点、线、面全方位覆盖。

（1）全校教研活动——学习理念，提供舞台。由学校教导主任策划，学科分管教导协助，学科教研组长落实。以"全员大学习""岗位大练兵"等工作的推进为依托，通过定期的理论学习、培训、讲座，将先进的教学理念植根于教师日常教学行为，提升教师教学水平与教学质量。

（2）大组教研活动——群策群力，导向引领。由学科教导组织，教研组长主持专题理论学习、专题课堂教学实践以及学科竞赛活动等。

（3）教研组小教研——研课磨课，落实常规。以教研组为单位，教研组长全面落实，小教研活动主要放在课堂教学的研究上，围绕大教研的研究主题，大力开展研课、磨课活动，让每位老师都积极投身于教研活动中。

（4）同年级即时教研——拓宽时空，问题速议。在这个非正式教研活动的"平台"上，同年级同学科的教师之间可以随时交流，大家相互交换信息和"情报"，有想法乐于与同伴说，有看法善于跟同伴讲，从而使教师之间相互开放、合作成为可能，把"同伴互助"落到实处。

四、聚焦课堂教学研讨

课堂是一切教学研究活动的主阵地，教学管理更多地聚焦于课堂。学校全体行政人员深入教学第一线，随堂听课评课，尤其是对在质量诊断中教学质量明显处于弱势的教师进行课堂中层走访和中层、组长跟踪听课相结合的方法，一起诊断教学问题，提出整改意见，帮助教师改进教法、提升课堂教学质量。同时，学校还邀请宝山区学科教研员定时指导现场课堂教学，使每位老师都有机会零距离接受专家的指导。

除聚焦日常的课堂教学，学校还为老师们搭建了许多校级、区级展示的平台，通过研讨课、示范课，带动学校老师一起参与磨课、研课，共同提升。

五、开展网络集体研修

以网络方式开展的教师研讨活动，在时间和空间上有效规避了传统教研的限制，使研训方式在深度和广度上都得到了提升。以网络集体备课的方式营造开放式研修环境，注重教师个体主动发展与群体共同发展，促进教师专业向多元化、个性化发展。

依托网络平台，全员参与，一人主备，组员跟帖，进行三度甚至四度教研，帮助教师解读教材，以学定教，选择最有效的教学方式，促进教师的专业化发展。每学期各学科教研组都至少进行一次完整的网络集体备课过程。

集体备课流程如下：网上发布教学设计——同伴互助提出建议——自我反思调整教学设计——第一次课堂教学实践——同伴再次互助研讨——再次自我反思调整教学设计——第二次课堂教学实践——同伴第三次互助研讨——第三次自我反思调整教学设计——总结反思形成案例。

这种网络环境下的校本研训便于结成学习共同体，加强教师与教师之间的教学交流与研讨，集团队智慧，发挥学科教研组层面的团队化研训，实现优质教学资源共享，能对教师专业的成长与发展起到积极的推动作用。

六、制定考核评价机制

学校教导处根据教学管理制度，制定了一系列的考核评价机制，通过考评制度在监督教师教学工作实绩的同时调动教师工作的积极性。这一系列的考核评价机制，包括：①教师教学工作每月一查；②教师教学工作绩效月考核；③教研组长绩效月考核；④教学效益捆绑式奖励办法；⑤优秀教研（备课）组工作评选办法；⑥优秀教师、优秀教研组长、优秀备课组长评选等。

一系列科学、合理的管理机制，形成了有效的管理体系，基本做到了分层管理、职责分明、机制保障、落实有效、考评激励、齐抓共管、形成合力，有效地保证了教研教学的质量。

第二节 搭建多样平台，促进教师专业成长

近年来，学校以"以绳育人，文化立校"为办学理念，以"阳光绳韵"为办学精神，用"绳"文化中的创新、合作、坚韧、快乐等精神凝聚、发展和提升师生的生命品质，将体育锻炼的"本色跳绳"上升到艺术欣赏的"花样跳绳"，乃至办学文化的"阳光绳韵"，实践出了一条"以绳健体、以绳育德、以绳增智、以绳审美、以绳聚心"的特色办学之路。绳，在高境科创实验小学有着特殊的地位、特指的定位和特殊的作用，学校围绕"绳韵教育"搭建多样平台，丰富了"绳韵教育"的内涵，营造了良好的校园氛围，更加快了教师的专业成长。

一、抓住关键事件，提升教师队伍建设

（一）关键事件———"两树一做"，让以绳聚心的导体作用效能显示

2016年4月，高境镇教委启动"两树一做"（即树木、树人，做学生喜爱的老师）文化建设工程，倡导各学校在校园内种植一种标志性树木，与校园核心文化精神相融合，营造良好的育人环境；以"学陶师陶"为活动主线，发扬陶行知先生"爱满天下"的教育精神，通过"做学生喜爱的老师"全面提升教师的师德素养。

2016年6月，学校启动了"我心中的好老师"评选活动。此项活动由家长、学生和全体教师参与，通过无记名投票评出了学校"十佳最美教师"，在教师节举办颁奖盛典。最美教师的评比，让"绳韵教师"的培养从注重"绳韵"到注重"神韵"，更好地体现教师的人生价值。颁奖盛典上，学校公布了"银杏树"为校树，选银杏树为校树是因为它具有外表朴实、风度典雅、品质高雅、坚贞向上的品质，符合朴实、正直、健壮、典雅的教育内涵，与学校"朴实的品质、敬业的精神、典雅的风度、严谨的教学"的"绳韵教师"发展理念十分一致。银杏树的教育内涵加上花样跳绳"创新、合作、坚韧、快乐"的精神成为学校凝心聚力、提升教师师德修养的重要载体。"树木树人，做学生喜欢的好老师"的"两树一做"活动的顺利开展，夯实了学校管理理念和育人核心文化，展示了学校师生形象，提升了学校整体文化内涵。每学年的"我心中的好老师"评选，也激励着老师们向学校"十佳最美教师"学习，努力争做最美教师。

（二）关键事件二——教学评优，让以绳增智的主体作用效果显耀

宝山区中青年教师教学大奖赛、宝山区课堂教学有效性展评活动的教学评优活动、各类教学展示活动的开展，使老师有了提升自我，展示自我的机会。

学校将"校本教研""自修—反思—实践"的"实践研究课"和"青蓝工程"有机结合，形成了高境科创实验小学特有的"校本+自修"教师团队研修模式。分层式、专题式、系列式等多种形式的教研活动，提升了整个教师队伍的教学能力和业务素养，造就了"活"教师，有力地促进了教育教学质量和学校办学水平的提升。

（三）关键事件三——课程建设，让以绳聚心的导体作用成效显立

2016年6月，宝山区教育学院教研室开展了宝山区校本教材的评比征

集活动。利用这个机会，学校积极探索，进一步完善以"七彩礼仪"和"经典诵读"两门校本课程建设为基础，以拓展型课程校本化建设为载体，不断拓展中华经典文化的课程建设，形成学校校本课程群的建设。

为此，学校成立了"七彩礼仪"和"经典诵读"两个校本课程编写小组。通过校本课程的编写，倒逼教师们开展校本课程建设的研究。教材编写使老师们不断地实践与修正，使学校逐步形成了具有自身特色的"绳文化"课程群。学校以培养学生核心素养为前提，注重课程设置，围绕学校"绳文化"开展"绳韵课程"建设，架构了"绳韵课程"体系，积极探索出了一条具有绳文化特色的办学之路。

绳韵德育课程、绳韵科学课程、绳韵艺术课程、绳韵健康课程和绳韵阅读课程这五类课程相互联系，就像珠结绳上的一个个珠节，随着未来教育的发展将会不断增设调整的"＋课程"，一个个珠节的连接，代表着学校校本课程建设目标——培养学生的核心素养。同时，在学校"绳韵课程"体系的架构过程中，一个个事件的发生，一个个作用的体现，一个个收获的产生，无不体现着学校"绳韵教育"所包含的"创新、合作、坚韧、快乐"精神内涵，以及对教育事业孜孜不倦的坚韧性，促进了中老年教师的二次成长，让青年教师在一次次活动中不断深化理解绳文化的内涵，提升职业素养。

二、创设多种途径，深化教师队伍建设

（一）途径一：弘扬"绳韵"，深化师德建设，提升教师素质

1. 学习教育常抓不懈

第一，抓好干部队伍学习教育。开展"中层干部如何定位""中层干部如何走向卓越"等干部管理素养技能方面的系列微管理培训，提升行政班子的凝聚力和执行力。

第二，抓好党员队伍学习教育。以绳文化建设为核心，组织党员学习习近平总书记的系列重要讲话以及开展各类专题组织生活、党员主题活动等，提升党员的党性修养。

第三，抓好教师队伍学习教育。利用全教会学习时间，进行"教师如何度过职业倦怠期""宝山区教育特色综合改革方案解读"、党的有关教育工作精神等专题讲座与文件精神的学习。

第四，抓好学生学习生活教育。利用每周一次的集体午会、校班会，进行中国传统节日、诚信廉洁、心理健康等专题教育，以此不断提升学生的思想素质。

第五，学习践行名师高尚师德。为师者要立德垂范，立德垂范是教师最基本的职业道德，教师为人师表，在言论、行为、生活作风、思想意识等各个方面都要给学生以积极向上的影响，做学生的楷模。近代人民教育家陶行知主张教师"一言、一行、一举、一动，都要修养到不愧为人之师表的地步"，当代人民教育家于漪老师坚持"一辈子做老师，一辈子学做老师"，同样是教师学习的榜样。

第六，组织教师读好书。教师是"职业读书人"，读书特别是读好书应该成为教师的职业习惯。苏联著名教育家苏霍姆林斯基曾指出："读书，读书，再读书，教师的教育素养的这个方面正是取决于此。要把读书当作第一精神需要，当作饥饿者的食物。"教育学者朱永新老师说："教师的读书不仅是学生读书的前提，而且是整个教育的前提。"在他发起的"新教育实验"中，更是把营造书香校园作为整个实验的支柱来重视。

附：

在读书中进步　在学习中成长

书是人类的好朋友，读书可以帮助我们成长。对于我来说，书是我一直以来不离不弃的好朋友，能让我快乐和幸福。它在我成长道路上让我思考了很多，感悟了很多，也收获了很多。

参加工作后，自然也离不开读书。第一，要读教育类的书，我要推荐的是苏霍姆林斯基的《给教师的一百条建议》。对于一个新教师来说，这是一本非常实用的书，教了我许多教学、班级管理的方法。布卢姆的《教学目标分类系统》让我感到教学目标要涉及认知领域、情感领域和操作领域，要求我们根据学生不同阶段的心理特点设计合理有效的教学目标，让孩子在操作中培养对学科的热爱，形成自己的知识体系。二是要读小说，如《窗边的小豆豆》让我知道了不能轻易放弃后进生，教育要有方法和措施，让孩子积极上进，教师应学会用爱来化解一切。《追风筝的人》让我学会质疑。的确，每个时期都有我们想追的风筝，可是再回想，为了追风筝而放弃了某些东西都是值得的吗？看完书后，我明白了，有时并没有什么值不值得，只有是否留遗憾。我感悟到了人生的真理。三是要读心理类的书，如《教育心理学》《学会自信》等书籍。在阅读中，我明白了作为教师，首先要提升自己的心灵境界，让自己的承受能力变强，保证自己的心灵健康。其次，要了解学生的心理特点。孩子在各个年龄段、各个年级的心理特点是什么，在书中我们可以得到答案。一个行为的背后肯定是有心理上的原因。因此，搞清孩子的心理特点，遇到问题才能对症下药。

其实教师该看的书还有很多，要给孩子一杯水，自己就要有一桶水，有时间时要把涉及小学有关学科的书都拿来看一看。现代的教师应该是信息化的，应该是综合化的，这些要靠平时看书来积累。可见，书对教师来说多么重要啊！

工作后，让我印象最深的就是《教室里的正面管教》一书，书中主要讲解、介绍了教师如何运用正面管教方法使孩子获得这种能力。正面管教是一种既不惩罚也不骄纵的管教孩子的方法。只有使孩子处在一种和善而坚定的气氛中，才能培养其责任感、合作以及解决问题的能力，才能使他们取得优异的学业成绩，受益终身。

作为一名老师，最关键的两点便是要上得了好课，管得住学生。而我作为一个新老师，这两点对我来说是最难的，也是最需要掌握的。在我的工作中，我觉得自己对于和学生之间的关系一直把握不准确，脾气要么有时过于温柔，让学生们在课堂上无法跟随着课堂教学节奏来掌握知识；要么有时过于暴躁，让学生们战战兢兢无所适从。

到底要秉持什么样的态度才是正确的呢？我在这本书中找到了答案：要用和善而坚定的态度去"赢得孩子"，而不是"赢了孩子"，要真正把控课堂，了解孩子。

何为和善？和善要求我们对孩子表达尊重。在传统的学校教育中，教师普遍采用的是以奖励和惩罚为基础的管教方式。而心理学的研究表明，无论是惩罚还是奖励，其长期效果都是使学生丧失信心。书中讲到一个叫杰森的五年级孩子在课堂上如何捣蛋，杰森的老师在开始也试了这些惩罚，留下他抄几遍课文、请他站起、送校长办公室，其结果是杰森只会做鬼脸。之后老师怎样运用鼓励的呢？他给予尊重和友善的态度：每当杰森取得一点小小的进步，哪怕只是他在今天的课堂中比前两天少了几声乱叫，老师都会鼓励并回以微笑，最后终于让这个孩子在课堂上与老师同学相处得越来越愉快。教师要学会消除学生们的"错误目的"，并有效地鼓励他们，使他们能以积极的方式获得归属感和自我价值感，从而形成理想的班级氛围，培养孩子们学习的勇气、激情和人生技能，进而成为具有优秀品格并掌握人生技能的人。

在我工作中，经常会碰到一些学生说："老师，她打我。"另一个学生就会说："是她先弄我的。"对于这样的一些行为，我到底是该置之不理，还是听信其中一方呢？这种情况书中就有了一些启示，我们最好问一些启发性的问题：发生了什么事？你觉得原因是什么？你现在打算用什么办法来解决这个问题？你从中学到了什么来避免下次再出现同样的问题？让学生自己说说其想用什么办法来解决这个问题，是让另一个同学道歉还是想其他的措施？我们需要尊重孩子年龄特点，尊重情形，共同找到问题根本，从而解决问题。

然而并不是每一种情形都是用和善的态度去解决，在尊重和关心孩子的前提下首先要保持原则。对一些不该做的行为要坚决说不，这就是一种坚定的态度。例如，家长要求孩子做完作业之后才能看电视，这点没有错，但是有些孩子无理取闹，哭闹着一定要看电视，有些家长就妥协了，久而久之，好的习惯就养不成了。

我在教学中试过用和善的态度去解决问题。例如班上有一个孩子在学校总是不完成作业，在没读这本书之前，我可能会以惩罚的方法来"逼"他完成。读完这本书我采取的方式是，放学时让他把作业做完再回家，只要他做完作业，我就会鼓励他，用和善的语气表扬他，"今天作业做得真不错。""你看你动作这么快，说明不是不会做，而是不想做。实际上要做是很快的对吗？"他也赞同我的说法，并保证我第二天会好好做作业。可到了第二天，他在学校里依旧和别的同学玩，并没有把作业做完。放学时我还是留他下来，让他把作业做完再走。久而久之，在他的心中就想着：平时作业不做，反正放学留下来做也是一样的。用和善、用鼓励的方法对他并不起作用。

还有，在班上有一个经常不听课的调皮的孩子，他只要课上能安静，认真上课，我就会表扬他，但是其他孩子不服气：我们上课表现都很好，为什么老师不表扬我们呢？而他只是一次上课好，就得到了老师的表扬。

这两个失败的案例告诉我，并不是和善就能解决问题，我认为我自己也很坚定，让他在学校里完成的事我也做到了，遵守原则，但为什么就是没成功呢？

我再去书中寻找答案。这一次读书，我又发现了新的东西：其实和善而坚定的教学方法要基于对孩子的尊重和关心的前提，换句话说，就是要让孩子感受到我对他的真心。放学留下孩子写作业，在他看来只是完成一个任务，是老师叫他这么做的，必须完成。我明白了，必须让孩子自觉感受到他要自己完成作业的意识。于是我进行了大胆尝试，孩子不做作业，我就会以温和的态度对他说："小葛，放学后我陪你一起回家，把作业做完我再回去，好吗？"他没说话，放学后我陪他一起回家，到他家后看着他写作业，适时给他辅导。等他做完作业，我再回家，并告诉他我的家离得很远，回家遇上堵车要1个多小时才能到家。就这样坚持了3天，3天后孩子能在学校里独立、快速、认真完成作业了。放学后，我找他谈话，我说："为什么你会有这样的改变？"他说："不想再让老师为我操心，我可以自己做到的。"孩子感受到了老师的真心，也明白了自己做得不好的地方，改正了错误，从根本上解决了问题。

而对那个课上不听的孩子，放学后我会问他："今天的课，你听了吗？

有什么不懂的吗?"他都会回答:"听啦,都懂了!"而当我问他一些练习时,他却不知如何做。这时我耐心地教他,适时有一些肢体接触,如摸摸他的头,握着他的手。坚持了几天后,他也感受到了我对他的关心,在课堂上自发地认真上课了,再也不调皮了。

通过这两个案例,我发现和善而坚定的态度并不能运用到每件事上,还需根据实际情况调整。要时刻记住,任何对孩子做出的行为都要基于爱、宽容和尊重的基础。这本书教会了我很多,尤其是看到两个孩子的进步,让我有了成就感!

(柏　云)

2. 主题活动寓教于乐

学校党支部组织教师修订了《高境科创实验小学教师师德公约》,开展了高境科创实验小学关于落实"六严禁"的教师个人承诺活动;通过组织开展"拧绳聚心情暖童心"爱生月系列活动、"书香校园,厚学养德"读书沙龙活动、"弘扬长征精神,履行师德承诺"教师节活动等,寓教育于活动之中,以此进一步提升教师的师德师风。

(二) 途径二:深化"绳韵",注重文化建设,彰显学校精神

1. 文化建设凸显特色

学校将"以绳育人,文化立校"作为办学理念,以"踏绳启程,载德远行"作为校训,以"创新、合作、坚韧、快乐"作为校风,以"阳光绳韵"作为学校文化建设内涵,以教育部和上海市中长期教育发展规划为基本导向,以宝山区教育局的工作意见为指导,用现代化发展视角研究新情况、新问题,探索学校发展的新策略、新途径,以期创建有内涵、有特色、有品牌的学校。

2. 主题活动注重实效

学校有效落实推进"两馆一节"(即图书馆、特色项目品牌馆、校园文化节)和"两树一做"主题系列特色工作,确定"银杏树"为校树,举行"最美教师"颁奖盛典,特色馆"绳秘园"的揭牌仪式……在这一系列的活动中让老师感受体验,综合能力得到了锻炼及提升。

(三) 途径三:聚焦"绳韵",深化体制改革,提高办学成效

1. 科学谋划学校发展

2016年是"十三五"的开局之年,党政齐商量、共分析,找准了学校发展优势,确定了办学特色,完成了以"阳光绳韵,引领师生健康快乐地成长"为主题的"高境科创实验小学'十三五'(2016—2020年)发展规

划"的制定，明确了学校发展的目标。

2. 队伍建设分层推进

一个优秀的教师队伍就好比风靡一时的体育比赛项目"阳光伙伴"，它展示的不仅是队员积极阳光的一面，更是一种团队的合作精神。学校能否可持续发展，关键在于是否拥有一支团结进取、富有战斗力的阶梯性教师队伍。学校根据师资队伍的实际情况，在各种教学活动中，实施分层培养，逐步建立各学科教学人才梯队，促进团队发展。

（1）发挥骨干教师的引领作用。通过搭建平台，聚焦课堂教学，开设专场教学研讨等机制，充分发挥区、镇、校各级骨干教师在敬业、乐业、专业等方面的示范引领作用，同时积极为骨干教师创造更高层次的学习培训机会。

学校教导主任黄景芬老师是宝山区数学学科带头人、"高境镇黄景芬数学名师工作室"领衔人，她带领学校数学组全体教师深入开展教材分析、课堂教学实践研讨、课后练习设计等系列实践研究，有效地促进了数学教师的专业成长，从而提升了办学质量。

语文组徐丽莉老师是宝山区教学能手、学科指导团成员、语言文字工作的"长江块"负责人。她带领全体语文教师开发了"经典诵读"校本课程，开展了"虚实融合下儿童经典诵读生态化实施策略的研究"区级课题的实践研究，创新形成了深受学生喜欢的古诗词教学"四部递进教学法"，获得了宝山区科研成果二等奖。学校也因此连续被评为上海市语言文字工作示范校、上海市中小学古诗文阅读推广基地学校、上海市中华经典诵写讲基地学校。

体育组曹丽珍老师是宝山区教学能手、学科指导团成员、泗塘学区体育工作负责人，同时也是学校特色花样跳绳项目的负责人，以及"高境镇曹丽珍跨学段体育名师工作室"的领衔人。在她的引领下，学校体育教研组获评区优秀教研组，校本课程"绳舞飞扬"获宝山区校本课程评比二等奖。

（2）落实对青年教师的培养。青年教师的培养为学校的明天播下希望的种子。在青年教师培养过程中我们以师德教育为抓手，培养青年教师的职业精神，帮助青年教师强化基础，提高素养，早日站稳讲台。学校除了采用"送出去，请进来"的研修模式，通过外出培训、名师进校点评课堂实践来提升青年教师的专业素养外，还为青年教师校内一对一地聘请了师傅，采取师徒带教的方式手把手地帮助加速青年教师的成长。跟踪课堂教学听课、课后反思调整，逐步形成了以课堂为主阵地，以"问题—目标—措施—实践—反思"为基本流程的多轮循环反思性实践青年教师培养模式。

学校围绕"青春献教育，成长在岗位"这一主题开展了一系列活动，给青年教师搭建展示锻炼的平台。坚持以课堂为主阵地开展活动，引导青年教师聚焦课堂教学实践。"杏坛杯"课堂教学评比、演讲比赛、三笔字比赛等各类实践活动的相继举办，让青年教师各显身手、各显其能……一次次地听课，一次次地研讨，一次次地亮相，激发了青年教师自我学习的内在动机，变"要我学"为"我要学"，促使他们尽快地成熟起来，成为学校教育教学的主力军，与此同时也进一步促进了不同教师之间的情感交流，将学校营造成为一个温暖的大家庭。

附：

关爱，助我成长

俗话说，一个好汉三个帮，作为一名教龄尚浅的新教师，无论是在教学方面，还是班级管理方面，都离不开其他老师的帮助与合作。在与他们的合作中，我收获满满，进步多多。

记得刚刚走上小学教育岗位时，我很忐忑，担心自己把握不准教学方向，教不好学生。还好有学校安排的师傅、同组室的老师，他们在教学方法、管理学生以及其他方面都毫不保留地给了我许多的指导和帮助，不断地鼓励我、指导我、帮助我，使我渐渐地成长起来。

爱，在相处点滴中。

第一年，作为新老师的我初入组室，就感受到办公室紧张而和谐的气氛，活泼而又严谨的作风。老师们工作紧张，上课匆匆，下课匆匆；在教学上老师们工作严谨，每一个细节都不放过，每一个学生都不落下。老师们的工作方式活泼，在幽默的言语中传播了知识，在和风细雨中教育了学生；同事之间和谐共处，有困难互相帮助，有问题互让宽容。

每当班主任请来一个学生家长来校交流，商讨如何教育孩子时，我们所有任课教师都会一起与家长交流，共同寻找问题的症结，一起出谋划策，让家长感受到来自老师们的真心，这也让我这个年轻老师学会了如何与家长沟通。

我们办公室不时会有笑声飞出，因为有几位老师幽默而睿智，他们如平民中的笑星，以他们的聪明和口才，让我们在紧张的工作中缓解了压力、调节了情绪。在办公室里，给我感受最深的是那浓浓的人情味。

爱，在严格要求中。

在新教师教学评比的时候，不到一年教龄的我其实对上好一堂公开课没有什么把握。我记得那时候我师父（带教老师，我称其师父）和我说了一句话，瞬间为我加满了能量，她说："怕什么呀，到时候我们那么多人帮你一起磨课，总会上好的。"是啊，有着一群热心的同事相助，有什么困难都可以迎刃而解。

在第一次试教后，师父问："你觉得上得怎么样？"我摇摇头，"感觉学生读不好课文，让人感受不到课文的美。""是啊，这篇课文你自己都没有解读到位，所以学生也无法体会、感受课文的美，你自己好好再钻研一下，放学前告诉我。"听了师父的话，我开始反思。的确，第一次试教时，对于教材没有深入解读，只是从网上找了一些教案，把觉得好的版块拼拼凑凑，整合了起来，而对于教学目标是不是能达成，根本没有考虑过，都是我太草率了，于是，我重新摆正心态，开始认认真真钻研课文。

当我解读好课文去找师父时，已经快要放学了。师父听了我对课文的解读后，说："你急着回去吗？不急的话，放学后，我再和你慢慢说。"我点点头，有师父的指导当然是最好的。等学生都放学回家后，我到办公室看见师父已经把教材、教参都摆好，在她的位子旁边也已经搬好了一张椅子。我把自己解读的内容和师父沟通，师父点点头，说："解读得不错，有用心思考。我再和你一起研究研究，把课文解读透。"

在师父的鼓励里，我感受到师父的良苦用心。接着，师父开始和我分析课文，整理思路……时间滴答、滴答地过去，不知不觉已经讲了一个小时，师父却没有回家的意思。在师父的讲解下，我对课文有了更深的认识，条理也更加清楚，我们也讨论好教案大致的方向。天色渐渐暗了下来，办公室的其他老师都已走了，整个学校只有我们办公室的灯还亮着。我回家就能吃得上饭，师父还要回家烧饭，她的孩子还等着她辅导功课。此时，心里满满的感激已经无法用言语表达。师父用自己私人的时间为我指点，为的是我能够在教学比赛中脱颖而出。我知道，能不能上好这堂课，师父其实比我更关心、更在意，这就是她对我的关心，对我的期望啊！

第二次试教结束，当我在师父的指导下再次修改完教案，在办公室提起准备第三次试教时，办公室里其他老师轻轻地说："小周啊，下次试教我们也来听，帮你提提意见，好吗？"我一听欣喜若狂，"当然好啊，有各位老师的帮助，肯定会把课教得更好。"其实，我本身就有这个想法，但是，让他们牺牲休息的时间，我不大好意思。

第三次试教时，他们认真地做着记录，等我上完，一个一个轮着给我讲，每一个细节他们都为我留意到，从语言的表达到板书的设计，从面部的表情到朗读的指导，他们没有一丝一毫的保留，把他们知道的倾囊而授。

爱，在无声细语中。

比赛课在同事们的帮助下，我取得了不错的成绩。当我把这个好消息告诉他们并感谢他们的帮助时，他们的脸上露出了笑容，却说这都是我自己的功劳，他们又没帮什么忙。

其实，我知道在我正式上课那天，当我紧张得不知所措的时候，是张老师帮我去班级后面放的椅子，是刘老师把黑板擦得没有一点痕迹，是陈老师帮我分发一份份的教案……我们不是亲人，却胜似亲人，朝夕相处的感情早已将我们的心连在一起。

（周雅婷）

（3）催化中老年教师的转变。学校以任务驱动、完善积分制考核为策略，发挥中老教师在教研组内的参与、指导作用，帮助他们克服职业倦怠，突破自我，实现专业的再成长。加强学习，更新观念，改进评价，让他们充分认识到新课程改革的重要性，参与课程改革是历史赋予每位教师的神圣职责，必须要坚持不断学习，敢于迎接挑战。同时，充分发挥他们教学经验与教育智慧丰富的优势，带教青年教师，给他们创造展示自我、感受成功、学习交流的舞台，让他们在这一过程中充分获得成就感，从而挖掘他们在学科教学中的潜力，激发他们的内驱力。

附：

我的同事

导师一样的同事

首先来说说我的第一位导师——吴老师，她是一位老教师，有着丰富的教学经验，当然，她也是一位亲切和蔼、教学认真的导师。

记得还在实习期的我每次上课的时候，吴老师都会认真地听，并在课后及时耐心地指导我的课堂教学。吴老师在教我备课的同时，也教我如何与学生相处。上课中，有时候我因为紧张而忘记了下面要讲的内容，吴老师也会帮我打圆场，吴老师一个鼓励的信息就会让我信心十足。在我看来，吴老师不仅是我的同事，更是一位亲切温和的长辈。和吴老师的合作，是温馨又快乐的。作为我的导师和同事，吴老师的帮助让我在教师的职业生涯上迈出了良好的一步。

朋友一样的同事

由于学校工作的需要，初入职场的我被调派到三年级学习和教学，这是我在学校第一次自己独立带一个班级，而且还是一个转折的年级——三年级。同时，也遇到了我的第二位导师，也是我的"忘年闺蜜"——黄老师。

因为有了和吴老师的相处经验，我也不再像刚刚进学校的时候那样紧张，和黄老师相处得很好，俩人很快就黏在了一起，或者应该说我很黏黄老师。

在工作的时候，黄老师总是非常地认真投入。由于是我第一次教三年级，经验丰富的黄老师在新课前，总会传授我许多针对小学中高年级学生的上课要求与方法。在工作上，黄老师也像吴老师一样耐心辅导我、提点我；在生活中，黄老师更像一个知心大姐姐，时常与我谈谈心，开玩笑，不亦乐乎。

"同一战线"的同事

由于工作需要，我进入了一年级组，我们的一年级组的老师们都非常友好、热情。"老张"和我年纪相同，如今我们是131办公室的最佳"损友"。另一个办公室的张老师则是位安静温和的老教师，在工作上，我们时常有许多疑问要向她请教，张老师十分热心地为我们一一答疑解惑。我们都称杨老师她为"杨丁"，在教学工作上，我确实受到杨老师的许多照顾，杨老师真的像园丁一样，不厌其烦地教我们教学方法及做好班主任工作等。在这个办公室里，我们一起工作，一起面对困难。因为有这些亦师亦友的好同事、好师傅，我总能够以一颗真诚的心，参与到集体中。

（吴晨蕊）

学校还着眼于多通道、开放式的教师培训体系的构建，以课程改革为切入点，务实、有效地开展教师自培工作，努力营造互相学习、互相交流、共同发展的学习氛围，努力促进教师专业发展，推进学校管理和教育教学质量的提升。如今，高境科创实验小学已经打造出一支结构合理稳定、教师有特长、教学有特色、工作有成效的，制度完善、凝聚力强的优秀教师团队。

3. 精细管理推进评价

学校积极落实"基于课程标准的教学与评价"的推进工作，在抓好一二年级的分项评价工作的基础上，逐步落实中高年级的等第制评价推进工作。学校组织教师开展全校范围的专题学习来转变教师教学与评价观念。教导处根据课程标准的教学与评价，基于我校实际情况，制定了一系列的评价考核机制。通过一系列的工作部署，有效落实评价推进工作。强调淡化评价甄别功能，强化评价激励功能，促进学生健康快乐成长。2016年，结合上海市课程与教学大调研工作，学校进一步推进了学校拓展探究课程的整体建设与发展。目前，学校前期形成的经典诵读、花样跳绳等特色课程已经在更多、更广的层面取得影响力与辐射力。花样跳绳的拓展型课堂教学模式在上海市课程与教学大视导中深受市专家的好评。

三、巩固成效亮点，全面提高办学质量

在教育3.0时代，所有的学校都感受到改革之力量，都将被深度卷入，并且开始思考和行动。通过"阳光绳韵"的文化建设，高镜科创实验小学收获的不仅仅是教师专业素养的提高，还有教师的职业道德和敬业精神的提升。

（一）教师师德修养明显提升

近两年，高境科创实验小学紧紧围绕"以绳育人，文化立校；科创浸润，全面发展"的办学理念，用"阳光绳韵"的激情和精神引领学校的教师以自己的执着、热情、奉献，努力践行着"阳光绳韵，引领师生健康快乐地成长"的共同愿景，教师更加敬业、乐业。

（二）教师专业素养迅速提高

"绳韵课程"体系的构建，进一步推动了日常教学管理，先进的教学理念"倒逼"着教师教学行为的转变，也助推着教师专业素养的迅速发展。近几年来，学校教师在各级各类评选活动中崭露头角，在见习期教师"两选三评"活动中，1名老师获得课堂教学评比一等奖，1名老师获得演讲比赛二等奖；在"少先队活动课"比赛中，1名老师获得宝山区第一名，上海市比赛二等奖，成为上海市优秀班主任；在"上海市第六届学校心理健康教育活动课"中大赛中，1名老师获得一等奖；在"诗教中国"古诗词教学比赛中，1名老师获得上海市一等奖、全国优秀奖；在宝山区中青年教学大奖赛中，4位老师荣获等第奖；在宝山区教育技术有效性教学展评中，4位老师获等第奖；学校曹丽珍老师参加上海市教委"课程与教学"的调研活动，得到了市教研员的好评。

2016年至今，学校承担各级各类课堂教学研究课32节次；16人次在宝山区获区级以上交流发言；到目前为止，学校共立项市级课题4项，区级重点课题2项，区级一般课题14项。81人次的教师论文、案例获区级以上奖项；130人次在区级各类评选中获奖；学校在区级各项评比中获得103个集体成果奖……

（三）学校办学影响不断扩大

六年来，新华社、中央电视台、中国教育报等20多家新闻媒体对"绳韵教育"进行了深度报道；学校接待外国友人及外省、市、区兄弟学校来校参观交流36次；全国体育教练培训班也在高境科创实验小学举办了8次；成功举办了2016陈伯吹国际儿童文学奖校园阅读季暨中外名家进

校园活动……一次次的亮相，一次次的展示，一次次的交流，无形中提高了学校在全国、市和区的知名度。学校也获得了全国学校体育工作示范校、全国跳绳示范校等市级以上荣誉称号15项。

第三节　学习名师智慧，夯实教师德业根基

华东师范大学叶澜教授指出，具有教育智慧，是未来教师专业素养达到成熟水平的标志。加拿大著名学者马克斯·范梅南把教育智慧理解为师爱与教育教学能力的总和，认为"教育智慧与其说是一种知识，不如说是对孩子们的关心，是一种指向人的心灵、情感和身体的关心"。可见，教育智慧是教师德业的综合体，具有两层含义：一方面，教育智慧是一种知识，是教师对教育教学规律的认识；另一方面，教育智慧是对学生的关心和对学生的爱。

宝山是陶行知的第二故乡，是陶行知教育思想最主要的产生地和实践地。陶行知教育思想是宝山教育最宝贵的财富，"学陶师陶"是宝山教育永远高举的旗帜。于漪是当代人民教育家，是上海教师的骄傲。学校组织教师学习名师，以陶行知和于漪为主要典型，学习他们先进的教学理念和教学艺术，以及高尚的师德，结合自己的教学加以践行，在实践中领悟，形成自己的教育智慧，为自己的专业发展夯实根基。

一、学陶师陶：打造"教学做合一"课堂

（一）"亦生亦师，师生共赢"教学实践

"教学做合一"，根据陶行知先生的观点应该解释为：教师教学的方法根据学生学习的方法，学生学习的方法根据学生实践的方法。学生实践要怎样做就怎样去学习，学生怎样学习老师就怎样教。

高境科创实验小学语文低年段教研组抓住小学低年级语文教学中的一个重、难点——识字教学，开展了实践研究。教研组以提高学生的识字能力和识字兴趣为重点，通过"亦生亦师，教学做合一"的语文教学模式逐步地进行培养与锻炼学生，使学生在学习的过程中达到举一反三的目的，让学生在学习中对识字感兴趣，提高识字量，养成良好的识字习惯。

《小学语文课程标准（2011年版）》指出："识字教学要将儿童熟识的语言因素作为主要材料，同时充分利用儿童的生活经验，注重教给识字方法，力求识用结合。"记忆力的训练在小学低年级语文教学中占有特殊重要的地位。从传授知识这个角度来说，小学低年级语文课传授的主要是拼音、识字、看图说话和写话、阅读等基本知识，这些都是少年儿童今后学习、工

作的基础。因此，教师就要想方设法使学生增强记忆力，以便运用"记忆"这个手段去掌握新的知识，而不是机械地让学生去死记硬背。

在前期调查中发现，低年级学生语文成绩普遍集中在合格，其次分布在良好，而优秀分布率略低于良好，另有一部分学生处于须努力状态。而低年级语文教学还存在机械记忆，盲目扩大识字，采取简单、机械的抄写方法，让学生脱离语境、枯燥乏味地记忆字词。为了更好地提升低年级学生的记忆力，学校低年级语文组开展了"亦生亦师，教学做合一"的语文教学模式，通过在做中教，充分调动学生的学习兴趣；在做中学，组织学习竞赛，激发识字斗志；在学中悟，习得识字方法，丰富知识积累，从而让更多的良以下的学生能进入优良的行列，最终达到"亦生亦师，师生共赢"的教学目标。主要做法如下：

1. 在做中教，营造良好氛围，调动学习兴趣

良好的课堂氛围能够让学生融入课堂教学之中。学生往往对所学习的内容是有盲区的，毕竟他们阅历少、经验少，有时对教师的一些讲解会表示不理解，这样也不利于教学的顺利进行。这时，教师就可以通过一定的教学手段和教学方法，营造让师生积极学习相处、和谐愉悦的课堂状态。"亦生亦师，教学做合一"教学模式中，重视营造出既活泼又生动的课堂氛围，调动学生识字的兴趣，让他们既能认真思考又没有心理压力，在轻松愉悦的氛围下主动完成学习任务。如根据低年级学生年龄小，特别爱听故事、爱讲故事的特点，"亦生亦师，教学做合一"教学模式借用故事，鼓励学生根据自己的能力学习掌握一些词语，并在讲故事时练习使用，调动学生识字兴趣。或创设情景，引导学生无痕识字。在识字教学中，通过简笔画、动作、语言等，创设情景，使汉字与事物形象地联系起来，能有效地提高识字效率。如教"哭"字时，发现学生比较容易漏写一点，这时，老师可以出示一幅小妹妹哭的图画，让学生用简笔画画出她哭的样子，再让学生说出"哭"怎么记？学生联系到"哭"会流泪，这样，学生写"哭"字时，就会想到这滴眼泪，就不会漏写这一点了。又如教"跑""跳"等字时，可让学生做做这些动作，体会这些字的部首与意思的关系，从而加深印象记住这些字的字形。

2. 在做中学，组织学习竞赛，激发识字斗志

（1）引入游戏，燃起识字热情。兴趣是激发儿童从事学习的动力。游戏是儿童喜闻乐见的形式，儿童喜欢模仿，喜欢表现。通过游戏，如猜字谜、找朋友、摘苹果、风车转转等，激发学生学习抽象文字符号的兴趣，将这些游戏引入课堂，使课堂成为学生学习的乐园。学生在课堂上感受到了游戏的乐趣，对识字就会兴趣盎然。如学生在一上《小小的船》（学部编版）时，在复习字词部分时，学生们一个个背起小箩筐，一起去玩摘苹果的游

戏。游戏规则是如果学生发现会读这些字词，就把苹果摘到自己的小箩筐里。最后通过比一比、赛一赛，看哪位学生摘的苹果数量最多。通过此游戏，学生们的思想更集中，变得更睿智，在轻松愉快的氛围中学到新知识，燃起对识字热情。

（2）组织比赛，激发识字斗志。小学生好胜心强，一提起比赛，他们就来劲了，所以在识字时，穿插一些比赛，能提高教学效果。如学生在学习《大小多少》时，运用开火车比赛，教了生字"少"后，开两列火车比赛，看哪组同学读得又快又准，就评出哪列火车开得又快又好；又如组词比赛，教了生字"头"，让学生口头组词，看谁组的词多；再如说话比赛，让学生用当堂学到的词语进行口语表达，看谁的运用能力更强。这些比赛，既能激起学生的学习兴趣，又能培养学生的口头表达能力。

3. 在学中悟，习得识字方法，丰富知识积累

（1）运用方法，学会自主识字。《小学语文课程标准（2011年版）》指出："识字教学要将儿童熟识的语言因素作为主要材料，同时充分利用儿童的生活经验，注重教给识字方法，力求识用结合。"学生们逐步培养自主识字的能力。在课堂上，孩子们能够熟练地运用已经掌握的各种方法来自主识字了，如"编顺口溜、猜字谜、找反义词、换一换、加一加、减一减"等。在《金木水火土》中，学生们在学习生字"金"时，他们会说"完全"的"全"字加上点和撇就是"金"。这种"加一加"的方法，就是他们联系已有知识、联系生活经验进行识字。这个方法成为孩子们识字的一大"良方"。

巧妙的学习方式，解决了识字教学的"枯燥无味"的问题。通过转换学习角度，降低了识字难度，减轻了学生的负担。在丰富多彩的识字方法的潜移默化熏陶下，学生感受到学习汉字的乐趣，感受祖国语言文字的无限魅力，这样会越来越喜欢汉字，并能逐渐养成自主识字的习惯，进而提高了独特识字的能力，为以后的语言文字知识、能力的发展打下坚实的基础。

（2）联系生活，丰富知识积累。理论上的丰富知识体系指以语文课堂教学为核心，将语文资源的获取途径不断延伸至生活中，包括学校生活、家庭生活、社会生活，将整个社会都视作语文教育的一个空间，通过任何一个途径都可以提高学生的语文素养。在教学实践中，我们发现将源于生活的素材融入语文教学，更能调动学生的积极性，学生对问题的思考探究欲望更强烈。

学生为了丰富知识积累，自主地在生活中识字。有的学生反馈是在乘轨道交通时听广播报站后，无意识地就认识了一些站名；有的学生反馈是在看电视时，通过字幕习得了很多新字；甚至还有学生反馈在吃零食的时候，通过阅读包装袋的配料表，请教家长，积累了很多书本上所没学的新字……因

此,从另一角度看,"教学做合一"就是生活教育,对生活教育的贯彻与落实。

经过一段时间实践,"亦生亦师,教学做合一"的语文教学模式取得了一定的实效。在测试内容难度有所上升的条件下,学生优秀率提升格外显著,学生良好率略有进步。在运用"教学做合一"思想提升小学一年级学生识字记忆能力的实践中,老师们坚信:只要教学得法,那么每个学生都是可塑的。"亦生亦师,教学做合一"的语文教学实践中,进步尤为显著的是男生,他们的记忆能力得到了提升,字词积累得到了突破,真正达到了"亦生亦师,师生共赢"的最终目的。

(二)学做"第三种先生",教书育人

陶行知先生曾说,世界上的先生可分为三种:第一种先生只会教书,只会拿一本书要儿童来读它、记它,把小孩子作为书架子。第二种先生不是教书,乃是教学生。凡是学生需要的,他都拿来给他们。把学生需要的知识给学生,先生仍以教为中心。不是引导学生自己主动去学,学生仍然是在"被动的地位",接受教师传授现成的知识。第三种先生不是教书,不是教学生,而是教学生学。陶行知认为,第三种先生才是最好的。我们组织全校教师学习陶行知,做"第三种先生",强化教师教书育人的职责,实现教师德业双发展。

1. 教师的责任在教学生学

陶行知先生指出:教学生学,就是把教和学联络起来。一方面要先生负指导的责任,一方面要学生负学习的责任。我们希望的不是直接用现成的解决办法来传授学生,而是指导他自己将这个方法找出来,并能够利用之前的经验理想来解决别的问题。

2. 教的法子要根据学的法子

从前的先生,只管照自己意思去教学生,凡是学生的才能兴味,一概不顾,要学生来"凑"他的教法,"配"他的教材。现在的老师清楚学生是学习的主体,却仍时常避免不了在设计教学、实施教学时站在自己的角度,而非学生的角度。

3. 先生须一面教一面学

以教人者教己,通俗来讲,如果想要让自己的学生掌握某一方面的知识,首先自己要学会这方面的知识并终身学习。不但要拿教的法子和学生学的法子联络,而且需和自己的学问联络起来,然后在其中有所挑选,用贴合学生的认知发展水平的方式进行教学。

一是学习有依据地对教学内容进行取舍。不是要拿书本配学生,凡是学生需要的,都拿来教给他们。在日常教学时,老师们常常会走入这样的一个误区，即认为多教点好。总是会不由自主地去寻找一些自己认为学生需要知道的知识点，觉得好像什么都不能少，什么知识点都需要提到。这样在进行教学设计时就变成了将所有的知识点串联起来，照本宣科。其实很多时候，需要教师根据课程标准合理地对教学内容进行取舍。

二是学习教学设计时应贴近学生的认知发展水平。教学设计，要更关注核心素养和学生认知水平。朱熹曾有言"读书无疑者，须教有疑"，教师要懂得不断设置有价值的问题，让学生产生认知冲突、经历思考。学生没有经历深入思考是无法发现问题的，只会停留在表面直接的信息。以思维为核心，注重情境创设和问题设置，激发学生积极思维，才是教学的目标。

二、学习于漪：一辈子做教师，一辈子学做教师

于漪老师有句名言："一辈子做教师，一辈子学做教师"。教师，这个职业寄托着她一生的追求与热爱。从教68年，于漪老师一辈子大部分时间都奉献给了三尺讲台，奉献给了她热爱的基础教育事业。著名教育家苏霍姆林斯基说过，"做教师最快乐的事莫过于穷尽毕生精力，研究如何做一个最优秀、最受学生欢迎的老师"。

学习于漪，一辈子学做教师，首先要心怀热爱、收获幸福。选择了教师这个职业，就要发自内心地热爱这个职业，努力上好每一节课。教师，不单单是一份职业，更应该被视为一份事业。学习于漪老师"站上讲台，就是用生命歌唱"，有了这样的热情和热爱才能树立起"甘为春蚕吐丝尽，愿化红烛照人寰"的职业追求，才能做到"落红不是无情物，化作春泥更护花"的职业态度。

学习于漪，一辈子学做教师，其次要精益求精、永不满足。学习于漪三次备课，精益求精、永不满足的态度。第一次按照自己的理解备出一份教案；第二次结合学情备出第二份教案；第三次初上后结合反思再进行备课，以便为后面班级教学提供改进。

附：

学习于漪老师三次备课有感

于漪老师从教60多年，开设公开课近2000节，写下论文专著数百万字，在语文课程改革建设中不断创新，敢于实践。年过八旬的她仍在通过各种方式，为教育事业贡献自己最大的力量。于漪老师从一个普通教师通过努力成为教育家，她的话可以作为我们普通教师的内心的准则，她的话更是激励我们不断提升自己，做一个合格的人民教师。

让我印象最深刻的是于漪老师的"三次备课"和她的课后反思。第一

次备课不看任何参考书，全凭自己对教材的理解。第二次备课，搜集资料，参考名家课堂教学设计，同时思考：哪些是名家和我都想到了？哪些是名家想到，我没想到的？哪些是名家没想到，我想到了？第三次备课是在上一个平行班的课后总结和反思的基础上再备课。不仅如此，在每次上完课后，她总是觉得这里不行，那里不行，她会写教后记，记下学生学习的闪光点和自己教学的不足，甚至是"废话"。她说："我教了一辈子，一辈子都在反思"。

从中，我看到了于老师保持精细、严谨的教学态度，不断钻研的奋斗精神，坚持自我反思的良好习惯。不论是在课前还是课后，她都在不断自我反思，就这样坚持了一辈子。与于老师相比，我对待备课和反思会显得有些"马虎"。我会根据班级学生的情况及时修改教案，但并不是每节课，对一节课中的一些环节设计或教师的提问可能想得并不深、不细，更没有像于老师做到"三次备课"。我在课后也是有反思的，有时会记录学生的回答，是当时我没有做出良好回应的；有时我会记录设计得不好的环节，并提出一些想法，以便于下一次教时可以不断尝试、改进，但没有像于老师那样精细、全面。在学习于老师的事迹之后，我对我自己的教学也有了新的认识。

从于老师的"三次备课"中，我明白了怎样才能做到"心中有书"。

1. 在备课中认清自己

第一次备课，没有参考任何资料，凭自己对教材的解读，能读出什么？这其实是在认清自己，我能想到的是什么？第二次备课，把自己的想法与参考资料相比较，更能认清自己的优势和不足。于老师曾说她的心中有"两把尺子"，一把尺子是来量别人的长处，一把尺子是来量自己的不足。名家之所以是名家，肯定有他的过人之处，他们的教学理念，教学方法，提出的教学理论值得我们去学习。一个人的智慧是有限的，博采众家之长，方能取长补短，不断进步。而第三次备课也是取长补短的过程，从学生课堂回答及表现来反馈自己备课的情况，教学相长，总结经验。

2. 在思考时不断积累

如果每一节课都能经过这样的"三次备课"，第一次备课会比上一节课想到的更多；第二次备课时，与名家想到的相比，可能相同的也会更多，最终会有更多自己的想法，还可能与名家是不一样的，但是也是可操作的；第三次备课时，由于经验积累，对学生的回答更能回应自如了。这样不断积累总结，善用心中的两把尺子，提升自己理论和实践水平，方能厚积薄发，成为一个优秀的教师。

（柏　云）

于漪老师说："语言是思维的形式，思维是语言的内容。"在上课前，于漪老师会把讲课稿逐字逐句地写下来，对专业词汇反复斟酌、核查，把书面语言口语化，不断去记忆练习，以此来达到出口成章，落笔成文的效果。在教学上于漪老师从来不重复自己。即使是同一篇课文反复地教，也坚持绝不"复制"。为了备好一堂课，于漪老师常常是"明灯伴我过午夜"。正是这种"精益求精、永不满足"的信念在支撑着她在基础教育的道路上不断探索追寻。于漪老师说："我当了一辈子教师，教了一辈子语文，上了一辈子深感遗憾的课。我深深地体会到永不满足是必须遵循的信条。"

附：

一节课的磨课经历

不下20次的教学设计推翻重来，超过百处的细节修改，一节课光在教案确定这个部分仿佛就磨掉了我所有的力气。这是我第一次想起于漪老师那句"用一生的时间在备一节课"，当时只是单纯地理解为"没错，要备好一节课真的太难了！连对于漪老师这么优秀的老师来说，要备好一节课也不是一件容易的事。"

第一次试教，我自以为自己做了万全的准备，教案早已烂熟于心，教学会没有任何障碍地顺利推进下去，但学生一个个"不按常理出牌"的答案彻底打乱了我的节奏，影响了课堂教学进程，最后是我在慌乱中结束了这节课。这使我第二次想起于漪老师那句"用一生的时间在备一节课"，当时我很气馁，觉得光我精心准备有什么用，学生又不受控制，根本是白费力气。

第三次试教，吸取之前的教训，我提前做了好多种的预设，虽然还是会有猝不及防的时候，但就是在一次又一次"见招拆招"中，我第三次想起于漪老师那句"用一生的时间在备一节课"。一次一次地备课让我改变了之前的想法，备课不是为老师唱独角戏写剧本，备课的对象是学生，每批的学生都不一样、每班的学生都不一样、每个学生也都不一样，要备好一节课可不是需要一辈子的时间嘛。"教育的力量在于教师的成长，而教师成长的根本在于深度的内心觉醒"。

正式上课时，得到了带教老师一句"有点像样了"的评价，我特别开心，但我自知这节课离一节好课还差得远，课后回想起来总有"当时这个问题这样问就好了"，"当初再引导一下别急着公布答案也许学生就能自己想出来"等等的感觉，准备了这么长时间的一节课到头来还是有这么多小缺陷。遗憾失落难免会有，但却不再是之前觉得学生不配合的"恼羞成怒"，更多的是一种对课堂意犹未尽的眷恋。

当我自信说出再让我上一次我肯定上得更好时，才明白我之前对于漪老师"用一生的时间在备一节课"有曲解，我想于漪老师在说这句话的时候心情一定不是抱怨、气愤的，而应该是很幸福的，因为她一辈子都在坚持做着自己热爱的事业。我也终于明白了于漪老师为什么会说她上了一辈子深感遗憾的课。因为只有真正享受课堂，全身心投入到课堂里的人才会感到遗憾，也只有一个用尽一生时间热爱自己教育事业的人才会感到遗憾。

（周雅婷）

学习于漪，一辈子学做教师，还要勤于反思、弥补遗憾。每节课后，于漪老师都会对整节课的教学设计和实施过程进行回顾和小结，记录下学生的闪光点，记录下自己的不足、缺陷，以利于改进。连课堂上的生成资源，于漪老师也都把它们记下，记录下巧妙化解的感悟，记录下没有合理处理的遗憾。久而久之，这些"教学后记"就成了于漪老师教学中一面镜子，通过这面镜子，能够反映课堂存在的不足，为弥补课堂出现的遗憾提供依据。

附：

三 "思"——从崇拜到践行

因为工作的调动，我来到上海工作，从教中学改成教小学，虽然参加教学工作也近十年了，但我又有了刚走上工作岗位时的那种局促感。这时我想起了于漪老师提到过"教师是一个充满理想的职业，追求理想的路途并不容易""理想的追求要求教师不断进步与超越"。我想唯有多思考，多学习肯实践，才能不断超越自己。

1. 思考我想成为怎样的老师

时代的发展非常得快，知识的更新要跟上时代的步伐，所以要不断学习，要有丰富的智力生活，做到"问渠那得清如许，为有源头活水来"。

小学语文的教学和中学的差别很大，我开始反思自己的教学，将书中学到的理论用到自己的教学实践中去。每一次上课的教案、课件，在上过一次之后，如发现不足，及时更改，而不是一年年、一届届的重复，每一次的进步，每一次对自己的超越，都是在理想的路途上不断攀登。我经常问自己，经常反省自己、督促自己、超越自己、塑造新的自己。我们每一天的辛勤耕耘，每一次的点滴收获，其实都构成了我们进步的每一个脚印。

2. 思考我想教出什么样的学生

于漪老师说到她的学生观：学生是学习的主人。我们要平等对待，理解学生，尊重学生，要有和他们对话的意识，特别是要关注差异，因材施教。就好比在耕种的时候，首先要明确，我们种的庄稼最后出来的粮食是庄稼长成的，所以我们要明确庄稼的喜好，了解庄稼的习性，这样庄稼才能长得好，产出的粮食才多。

3. 思考我要如何去教

关于如何去教，于漪老师也提出了很多自己的想法，我对"拨动心灵琴弦：给学生以审美享受"这个观点最为认同。因为很长的一段时间，语文的工具性作用占据了主流，而忽视了语文的人文性。语文教学就其特征而言，应该是包容丰富情感活动的过程。选入语文教材的作品，大多是文质兼美的名篇，本身就具有审美的价值，因此，语文课要上成语文课，必须开通学生的情感通道，达到审美的状态。在让学生感受到美的享受之前，教师首先要能够感染自己，让自己先"燃烧"起来，然后给学生创设美好的情境，让学生去分辨美丑、分清善恶，奠定学生生命航程好方向。

人们总是把教师比喻成辛勤的园丁，那么我们在辛勤耕耘的同时也要思考，如何使我们的辛勤换成丰硕的成果，见证丰收的时节。也许三"思"中的三还可以代表很多的意思，在教育的路上，思考从不会停止，在思考中教育之路才会走得更远。

虽然从未见过于漪老师，但是从年少时的"初识"到刚走上工作岗位时的"再见"，再到教师角色转变时的"三思"，一路走来，成长的脚步中处处都能看到于漪老师教育思想的影子。人们爱将教师比喻成红烛，那么就以于漪老师最喜欢的一首诗勉励自己："红烛啊！流吧！你怎能不流呢？请将你的脂膏，不息地流向人间，培出慰藉的花儿，结成快乐的果子。"

（徐　丹）

第二章　绳韵课程：结构与内容

课程是学校教育中为学生发展创设的教育空间；课程是学校育人目标的直接体现；也是学校育人内容的直接载体；课程是学校办学特色的集中体现。伴随着课程改革的不断深入，课程建设成为一所学校的办学之重。近年来，学校倡导"师生共同发展"的办学思想，由此确立了学校课程目标——使每一位师生获得成长。

第一节　基于师生共发展的绳韵课程结构体系

一、明确三维发展目标，整体架构三类课程

基于课程标准构建课程是构建学校课程的前提，明确契合校情的育人目标则是保证课程有效实施的基础。学校在对校情、师情、生情进行了比较全面的分析之后，在新一轮五年规划中明确了适合师生共发展的目标（图2-1）。

1. 学生发展目标——培养懂礼仪、强体魄、爱学习的阳光学生

拓展学生的知识领域，教会学生学会主动学习，提升学生人文素养和创新精神，发展学生探究能力和实践能力，使学生在全面发展的基础上，发挥个性特长，促进学生形成良好的自我发展观和终身学习的价值观。

2. 教师发展目标——塑造爱学生、有激情、勤钻研的活力教师

调动教师的积极性和创造性，促进教师更新教育理念，增强课程意识，提高课程开发能力，发挥个性特长，促进实践反思和专业发展，培养一专多能的复合型、科研型教师群体，从而提高教师队伍的整体水平。

3. 学校发展目标——营造重人本、求发展、兴文化的欢乐校园

在扎实、稳步推进的基础上开发出具有学校特色的校本课程，形成一批校本课程的教学成果，逐步总结提炼出校本课程的开发机制、教研机制、评价机制和改进机制，从而推进学校课程建设，促进学校在素质教育轨道上的内涵式发展，把学校办成一所信息科技领先，教育质量上升，办学特色鲜明、人文环境和谐，受到社会广泛认可的现代化小学。

在确定学校三方位发展目标的基础上，学校通过对目标、结构、内容、评价等方面不断优化课程结构，寻找有效教学资源，调整课程设置，为实现师生共同发展目标为主导。首先，学校依据三类课程目标，将学校各类教育

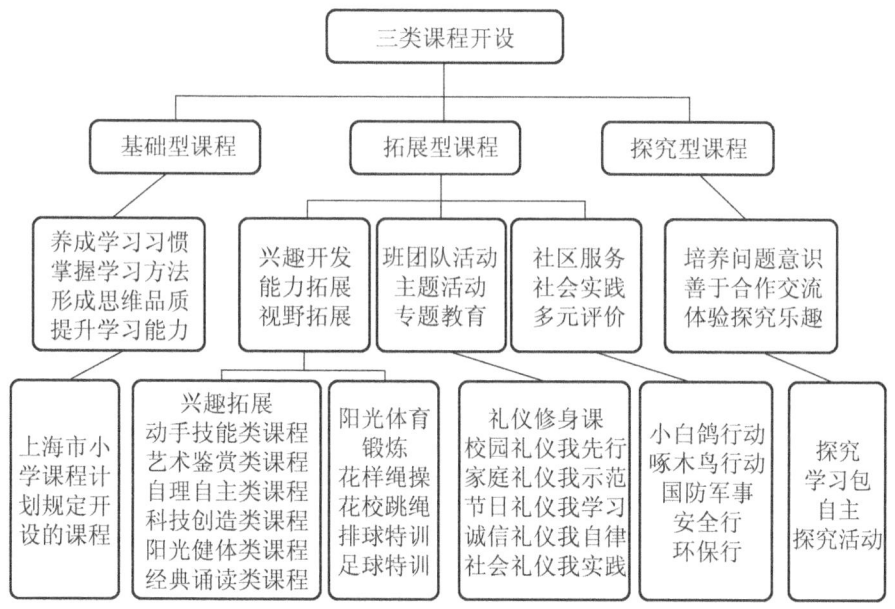

图 2-1 三类课程目标

教学工作进行整合,精心安排学生学习生活。其次,在课程目标的引领下,整体把握单元学科知识的内在连贯性,做好从知识内部结构之间的衔接铺垫和相互渗透。最后,根据课程结构与学生身心发展水平之间的适应性,以丰富多样的课程内容促进学生多方面的兴趣与差异性的成长及教师的专业持续发展。

近年来,学校课程建设以"教育资源优质化、特色课程多元化、教师队伍专业化"的课程理念为指导,以"活动综合、资源整合、课程融合、评价结合"为主攻方向,进一步整合学习准备期、快乐活动日、班团队活动、校外社会实践活动、阳光体育健身等教育内容,注重基础型课程校本化实施、拓展型课程优质化推进、探究型课程有序化研究,不断完善学校三类课程建设。

二、关注学生个性发展,推进校本特色课程

满足学生的个性发展需要适应当前教育的发展趋势。学校单纯地依靠国家标准的必修课程是不能满足学生个性发展需要的,因此学校强化"特色课程多元化"发展,紧紧围绕绳文化,用"以绳育德、以绳增智、以绳健体、以绳审美、以绳聚心"来寻找教育的原始命意。学校通过研究绳文化,将德、智、体、美、劳五育与学生核心素养培养的要求结合起来,提出

"绳韵课程"体系建设（图2-2），架构了绳韵德育课程、绳韵科学课程、绳韵艺术课程、绳韵健康课程、绳韵阅读课程，这五类课程相互联系，就像跳绳上的一个珠节，随着未来教育的发展将会不断增设调整的，一个个珠节的连接，则表示学校课程建设目标——培养学生的核心素养，丰富的课程为学生核心素养的发展夯实了根基。同时，激活了办学活力。

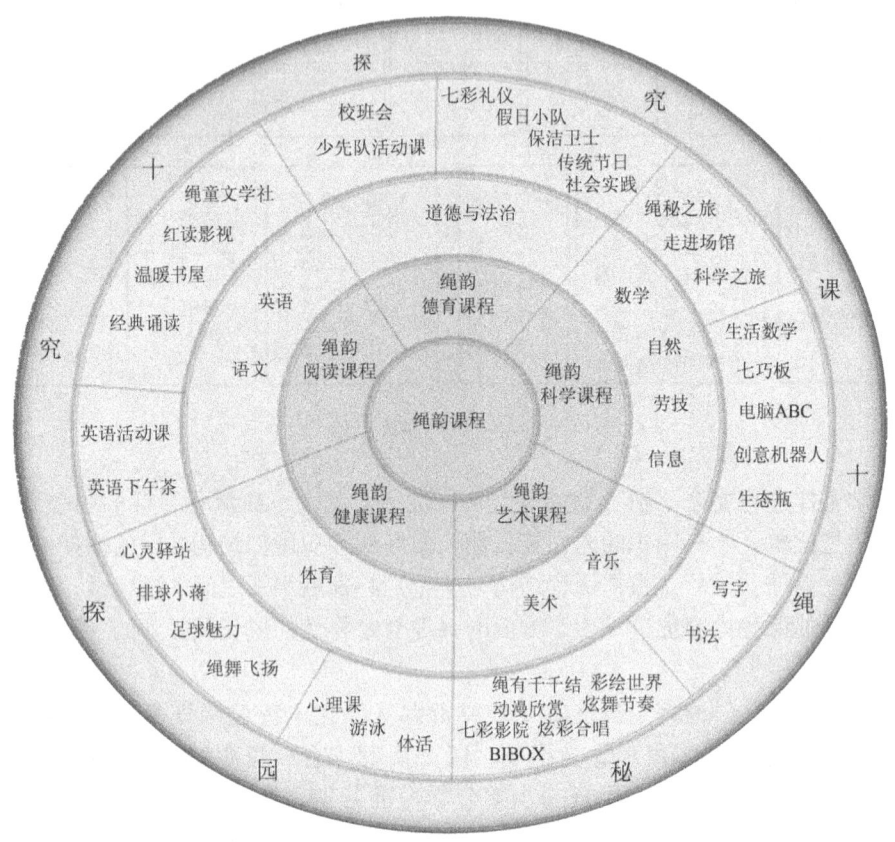

图2-2 高境科创实验小学"绳韵课程"结构图

学校根据学生的需要，充分挖掘本校教师队伍中丰富的教学资源，绳艺、表演、合唱、科技（机器人）、体育（花绳、足球外教）、经典诵读等各类专业技术的优秀教师，设置绳韵艺术类、科技类、体育类、阅读类等单一技能内容学习的20多门课程，满足学生的个人学习兴趣及发展需求，拓宽学习视野。实现"让每一个学生获得成长"的目标，遵循因材施教的原则，给每一个学生提供自主选择的空间，鼓励学生通过选修课程，促进学生个性化、多元化的发展。例如，在学校的花样跳绳课程中出现了许多全国顶尖的金牌选手、在经典课程的表演中涌现了一批出色的小演员。在这个过程中，也为学校的许多教师发挥专业技能提供了展示的舞台。

在开设的二十多门课程中，学校实施"跨年级选修"和"跨班级选修"两种办法。跨年级选修课是指没有年级限制的课程。学校在全校学生报名的基础上，对报名学生重新编班，进行为期一学年的学习。新学年开始，学生可以继续上学年的学习，也可以重新选择，更换学习内容。跨班级选修课是根据年级段组成的学习团队。选修的内容对学生的年龄层次、认知水平等有具体要求。例如，电脑、书法、科技类课程，学生可以选择喜欢的老师，可以选择喜欢的课程，也可以选择感兴趣的方式；通过重组，结识新的学习伙伴，激励学生学有所长，发展强项。学校在不断地反思、改进中提高课程实施质量，形成了具有特色、充满活力的课程教学新体系，确保人人学有所得。以满足学生个性特长、发展教师专业能力为办学目标而构建了更加丰富的教学资源和更加优良的教学环境。

近几年来，学校组织编写了《中华诗词游乐园》《花样跳绳》《千千中国结》《创创成长记（机器人）》等等8套校本读本，经过了多次修改完善，现已形成较为成熟的校本课程。特别是"花样跳绳"特色课程，该课程在多年的实践中已形成学校独有的校园特色文化，以绳育人的教育理念已经渗透到学校各类课程教育教学中，同时，学校花样跳绳队在全国范围比赛中屡获金奖，享有良好声誉，并辐射带动了一批兄弟学校。

三、注重学生品质发展，深化学校德育课程

学校以《小学生日常行为规范（修订）》为纲要，结合学校日常管理，以品社教材为蓝本，寻找资料，以礼仪交往和主题教育为切入口，形成了年级校本读本，引导学生从身边小事做起，根据新课程的理念和精神，建设适应学生需求的德育校本课程。

教学实施方法：知→赏→会→礼，培养学生成为"知礼、明礼、行礼"自信的"高科实小人"，让学生掌握基本的礼貌、礼节规范，在学习、生活实践中初步养成讲文明、讲卫生、讲秩序、讲公德的良好习惯和自信的人格，从而培养懂礼仪、会合作的阳光少年。年段课程设置如图2-3所示。

从图2-3中可见，各年级段的活动是对学生进行自我认识和集体主义意识的培养，同时学生也在这些课程中展现自我的风采。通过主题活动，配合目标逐步落实，慢慢影响，达成目标成螺旋形上升，持续渗透，逐步培养健全的人格。

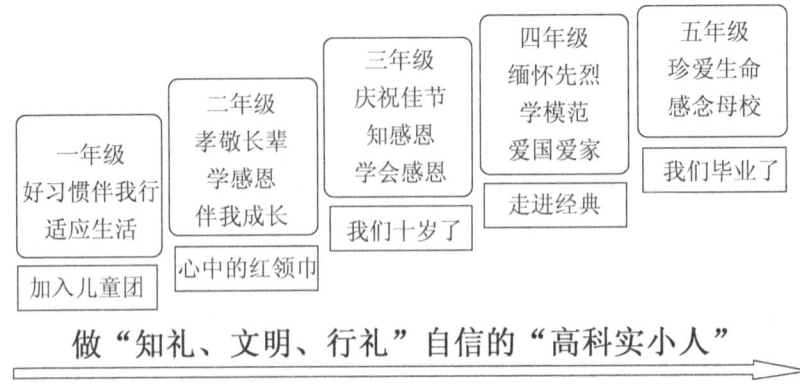

图 2-3 各年段课程设置

四、基于课程评价标准,实施三维评价工作

课程是学生发展的空间,课堂是学生发展的场所,评价是学生发展的动力。学校在推进教学与评价工作中,注重评价的过程性、多元性、特色性。淡化对学生的评价甄别性、标签性,通过日常的三维评价来强化评价的诊断、改进与激励功能,更有利于学生的健康发展。

(一)关注日常发展,逐步完善评价

(1)制定学校评价实施指南。评价的目的是有效促进学生的发展,学校改变以往只关注学生成绩的评价做法,依据课程标准和学生年龄特征,将评价重点落在重视基础知识与基本技能、过程与方法、情感态度与价值观等方面的全面评价。为此,学校教导处结合学校的特点,对语文、数学、英语三门学科分别制订了《高境科创实验小学基于课程标准评价实施办法》,确定评价内容。

(2)开展阶段性评价成常规。为有效落实学生日常学习活动中的阶段性评价工作,学校教导处制定了低年级常态评价机制:教研组确定评价内容—制定评价方案—实施评价活动—形成阶段性评价。教导处落实两次阶段分项评价、一次阶段综合性评价、学科实践性活动评价、低年级口试评价,每个学期教师根据以上系列评价活动再给出每位学生的综合性评价。

(3)多元化评价方式促成长。全校统一采用等第制和评语相结合的评价方式,从基础知识和基本技能的掌握、语言实践活动的参与、兴趣、态度和习惯的养成等维度对学生进行全面评价,综合反映学生学业发展状况。学校常规采用的评价方式如下:

①结合校本特色课程经典诵读的争章活动及少先队争章活动，激励学生通过努力获取成绩。

②同时结合学校每月一次的七彩影院活动，对综合表现好的学生给予免费发放影票的形式以调动学生积极向上的进取心态。

③在各级各类的活动中，对表现突出的学生在每周的升旗仪式中设置上台授奖仪式环节，增强全校每一位学生追求荣誉的积极心理。

（二）融入学校特色，开展表现性评价

近年来，花样跳绳成为学校的特色品牌课程，学校确立了"以绳育人，文化立校；科创浸润，全面发展"的办学宗旨，推出了具有学校特色"争绳结做七彩绳童"行规评价方式整合了学校德育评价，使学生日常在校的学习生活的评价落于实处，学校推出了以学科为主的"七彩绳结"。每个科任老师可以用"绳结"奖励学生在课堂中的良好表现，班主任可以用"绳结"奖励在行规表现突出的学生，鼓励学生通过日常的课堂学习获取绳结、积累绳结，争当高科实小全面发展的"七彩绳童"。

为了统一并规范"绳童"评价机制，教导处组织各学科组撰写评价案例，推出优秀评价范例，教师在日常课堂学习中进行自主评价的落实，整理出的评价办法操作性较强、评价面广，教师的课堂评价得到了较为有效的落实，促进学生在学习习惯、学习兴趣等方面积极正面的发展。

几年来，学校在课程研发中取得了一些成果，学校的教学核心工作在紧紧围绕课程开展的各种教育教学系列活动中又激发和加速了更多课程的开发。在课程开发的同时聚焦课堂、深度研修，通过推进各类课程的教学及评价工作，促使师生共同成长。

第二节 绳韵阅读课程：经典诗词游园乐

在中国五千年的悠久文化中，经典美文是一颗璀璨的明珠，不仅映射着中国文化的文学之美，而且蕴含着中华民族的胸怀、风骨、智慧、情趣。一个挺立于世界民族之林的国家，必须要有优秀的民族传统文化、优秀的民族人文精神，这就要求新的一代人具备这种人文素养，而这些千古美文是培养人文素养的重要精神资源。

学校以跳绳为特色，开展的"绳韵教育"特色建设，具有广泛的含义，不仅强调让学生身体健康、灵活，不怕吃苦，敢于创新和拼搏，还十分重视对学生人文素养的培育。只要"孩子"具有了高尚的情操、良好的涵养、坚强的意志、强健的体魄、敏捷的头脑和丰厚的人文底蕴，无论将来他们经受怎样的磨难，无论经受怎样的风浪，都能昂首挺胸面对一切。这才是"绳韵教育"的本色追求。

高境科创实验小学是宝山区唯一一所"中华颂·经典诵读行动"试点学校，从2011年就开始了经典诵读试点工作的探索。在经典诵读行动试点的伊始阶段，学校在平时的诵读活动中以及和学生的访谈中，深深地感受到学校中高年级的学生对古诗词学习有着向往的同时也带着一种敬畏，主要原因有：①有些古诗词太难读懂，背起来很吃力；②学古诗词比较无聊，一般由老师带领大家读正确，然后逐句解释一番，最后回家背出、默出，很枯燥；③在试点工作中，学校发现许多学生是外地生，虽然有着较强的学习能力，但是从小受到古诗词的熏陶不够，加上年龄小的原因，他们对古诗词所表达的意境、情感的体会能力还不强。同时，学生们对于怎样根据意境，以及作者所想表达的思想感情来诵读古诗的能力也有待于老师进一步的培养。④老师们缺少引导学生根据意境，以及作者所想表达的思想感情来诵读古诗的策略，无法让学生感受吟诵古诗的快乐。

基于以上四点，学校决定在全校开设"经典诗词游园乐"课程，其目的是弘扬中国优秀的传统文化，培养塑造一代具有丰厚文化底蕴及现代意识为一体的跨世纪人才，继承和发扬中华民族传统美德。同时，在诵读中开发儿童的记忆潜能、陶冶情操，丰富学校"绳韵教育"的内涵，为学校"绳娃"健全人格的发展与良好的性情修养形成做好奠基。

经典诵读拓展课程在实施过程中，首先根据各年段学生的年龄特征、学业水平、学习能力等，在梳理了他们以往所学的古诗词后，为他们"量身定制"——开发了适合他们学习的经典诵读的校本读本。这些古诗主要来源于"中华经典诵读网"上的要求小学生背诵的古诗词。学校还开发了与校本教材配套的经典诵读雏鹰争章手册，结合大队部的争章活动开展经典诵读活动，把经典诵读活动常规化。

其中，开发的高年级段的校本教材还被评为宝山区百门优质课程，教材简介如下：

一、教材的框架及内容要点

学校开发的经典诵读校本读本有两个章节，第一章是"最风流是唐诗"，第二章是"唐诗何以变宋词"。两章共有四个单元，总计由十八个课题组成。前两个单元"唐诗游园乐"中的十首古诗可以满足四年级的学生一个学年的拓展学习；后两个单元"宋词游园乐"可以满足五年级学生一个学年的使用需求。本教材的每一课题的内容容量一般可分为三个课时使用。

二、具体单元划分、主题及内容要点概要

单元序列	单元题目	课题	技能要点	拓展	
				古诗词知识点	学科整合
第一章 最风流是唐诗	第一单元 唐诗游园乐（一）	第一课《劝学》唐·颜真卿	学生能按照平仄原则读出诗韵	品味语言，体会前两句通过对学习环境描写来表达年轻时学习的重要性，后两句通过对比的手法突出读书学习要趁早，不要老后悔	①明白珍惜时间和学习的重要性，提高学生学习的积极性。②掌握平仄原则，能根据平仄原则读出诗韵
		第二课《滁州西涧》唐·韦应物	学生边读诗边想象，如临其境，如见其人，如睹其物——想出诗中画面，读出诗中意境	品味语言，了解诗歌点染的写法。这是一首山水诗，可以用欣赏山水国画的方法来欣赏它。国画中有一种技法称为点染法，和我们文学中讲的"文眼"有异曲同工之妙	①欣赏以高雅闲淡著称的诗人韦应物的作品，感悟诗人不在其位，无法为百姓做事的苦闷，学习作者时时处处关心民生的品质；②能把诗歌的意境画出来，通过绘画讲解诗歌的意境
		第三课《江畔独步寻花》（其五）唐·杜甫	学生能透过文字想象画面，感悟诗中美景，体会作者喜悦之情感	品味语言，了解这首古诗诗人借助桃花、春风、春光等描绘出春天美丽景色的写作手法	①体会作者流露在诗中的喜爱和赞叹之情；激发学生对大自然的热爱和赞美之情；②学会利用网络收集资料，通过开诗会学会合作与分享
		第四课《题乌江亭》唐·杜牧	探究把握此类诗歌主旨的一般方法；培养学生准确鉴赏咏史怀古诗的能力	品味语言，了解咏史怀古诗的思想内容和艺术特色	①感受我国古代文人强烈的社会责任感和使命意识，继承其优秀的文化传统，增强为民族复兴而努力的使命感和社会责任感；②尝试课本剧的改编，在改编的过程中进一步理解诗歌，通过表演去讲解自己对古诗的了解

续上表

单元序列	单元题目	课题	技能要点	拓展 古诗词知识点	拓展 学科整合
第一章 最风流是唐诗	第一单元 唐诗游园乐（一）	第五课《题破山寺后禅院》唐·常建	运用想像在心中描绘诗的画面与意境，诵出诗情	品味语言，了解诗人通过对田园景色的描绘，表现对大自然秀丽风光的热爱和对悠闲恬静的田园生活的向往，及对污浊官场的厌恶	①激发学生热爱祖国文化，热爱大自然，激发学生在双休日也去一游古寺，进行一次陶冶性情、纯净心灵之旅；②了解扇面艺术，在制作扇面的过程中学习团扇书写古诗的规则
第二章 唐诗何以变宋词	第二单元 唐诗游园乐（二）	第六课《使至塞上》唐·王维	边诵边想，脑中要有画面感，融进诗的意境中，充分体味诗的美感，能诵出诗情	品味语言，了解诗歌以创作的白描手法与绘画的白描融合的写作手法	①体会作者表达的情感；培育热爱大自然，热爱祖国大好河山的情感；②通过画画古诗的意境进一步了解古诗的意境；能在举办画展的过程中为小伙伴们讲解自己的体会
第二章 唐诗何以变宋词	第二单元 唐诗游园乐（二）	第七课《过故人庄》唐·孟浩然	想象感悟诗中田园生活的优美意境，从中受到美的熏陶	品味语言，了解作者将景、事、情完美结合的写法，体会强烈的艺术感染力	①感受朋友之间聚散两依依的浓浓情谊，激发学生珍惜人间友谊的美好；②尝试用情景剧的方式为大家讲解古诗，在排练中提升自己对古诗的理解力与讲解力
第二章 唐诗何以变宋词	第二单元 唐诗游园乐（二）	第八课《送杜少府之任蜀州》唐·王勃	放手让学生用自己的话来说说看到了诗中的哪些画面，说出自己对诗句的理解，从而感知意境	品味语言，了解作者看似写景，实则劝慰友人的写作手法	①理解作者对朋友的真挚情感；感悟诗中浓浓的挚情，树立正确的交友观；②能通过制作小书签、开展书签展的形式来讲解古诗
第二章 唐诗何以变宋词	第二单元 唐诗游园乐（二）	第九课《送友人》唐·李白	借助想象，描绘自己在诗句中"看"到的画面，用自己的话说出诗境	品味语言，了解作者运用借景抒情的手法表达情感。比如借"孤蓬""浮云""落日""斑马"表达了对朋友的依依惜别之情	①理解诗人送别友人的真挚而复杂的感受，树立积极向上的正确友情观；②能迅速利用网络收集资料，并通过书签展分享资料

续上表

单元序列	单元题目	课题	技能要点	拓展	
				古诗词知识点	学科整合
第二章 唐诗何以变宋词	第二单元 唐诗游园乐（二）	第十课《黄鹤楼》唐·崔颢	了解诗中涉及的传说，感受作者对物是人非的感慨，读懂该诗	品味语言，了解诗人登临古迹黄鹤楼，泛览眼前景物，即景而生情的写作手法。感悟全诗的意中有像、虚实结合的意境美	①感受诗歌所体现的物是人非、归思难禁的思想感情，懂得珍惜身边的人和物；②能通过跳跳、唱唱方式来表达自己对古诗的理解
		第十一课《赠外孙》宋·王安石	根据平仄原则读出诗韵，借助想象说说自己对诗的理解	品味语言，了解诗人用南山的小凤凰比喻外孙的可爱，用画上的人来衬托外孙的好看，描绘出小外孙天真活泼的形象，表现出诗人对外孙的无限爱怜的写作手法	①感受诗人对外孙真挚的爱抚中充满着无限的期望，以及诗人尽享天伦之乐的心情；懂得博览群书对成长的重要性；②尝试创作一首小诗，在创作中体会长辈对小辈的期望与喜爱
	第三单元 宋词游园乐（一）	第十二课《浣溪沙》宋·晏殊	借助注释疏通文义，理清诗词的思路结构，提高诗词理解阅读能力	品味语言，了解作者似乎于无意间描写司空见惯的现象，却有哲理的意味，启迪人们从更高层次思索宇宙人生问题	①感受诗人伤春之情，体会诗中蕴含的人生哲理；②能用画面画下自己对这首诗的理解
		第十三课《如梦令》宋·李清照	理清写作的主线，借助想象描绘语境，体会作者的情感，能吟出"沉醉"的感觉	品味语言，理解诗人曲折抒发的惜春之情；感受李清照言浅意深、含蓄曲折的语言风格	①感悟词人的快乐心情及对大自然、美好生活的热爱；②通过收集诗人的逸闻趣事，讲述这些小故事的活动走近诗人
		第十四课《过零丁洋》宋·文天祥	在自主合作、探究中通过各种形式的诵读，发挥学生的主体能动性和创新精神	品味语言，了解作者用比喻的修辞手法，写国事和身世；以地形的险恶来暗示诗人处境的艰危	①感受文天祥宁死不屈的高尚情操和民族气节。激发学生的爱国热情；②收集其他爱国诗人的作品，制作书签分享自己的所得

续上表

单元序列	单元题目	课题	技能要点	拓展	
				古诗词知识点	学科整合
第二章 唐诗何以变宋词	第四单元 宋词游园乐（二）	第十五课《水调歌头》宋·苏轼	美好的诗词意境总能引发人们无穷的创造。试发挥想象力，根据这首词的内容画一幅简笔画或编一段舞蹈或创造一幅书法作品	品味语言，理解词中名句"人有悲欢离合，月有阴晴圆缺，此事古难全"和"但愿人长久，千里共婵娟"的人生哲理	①体会作者出世与入世的矛盾，但最后还是以理遣情，不脱离现实，无悲观消极情绪，却是豁达乐观的祝福，获得乐观豁达的人生思考；②通过学唱活动感悟词的意境与情感
		第十六课《西江月·夜行黄沙道中》宋·辛弃疾	读出词的节奏和韵味，抓住主线理解词句的意思，想象词句所描绘的画面，体会作者的思想感情；能用现代文改编这首词	品味语言，了解诗人描绘稻花盛开，表达心头的甜蜜之感，以蛙声说丰年的新奇的创作手法	①感受词中所表现的自然美，感悟作者热爱大自然，关心人民，企盼丰年的思想感情。激发学生对大自然、对中国古诗词的热爱与赞美之情；②通过收集资料，讲述诗人抗金的英勇事迹提升自己的讲解能力
		第十七课《卜算子·咏梅》宋·陆游	抓诗眼、找意象、感意境、品语言、悟情感、赏手法，自主学习	品味语言，了解作者采取拟人化的手法，用梅花比喻自己，借以表现他的信念和品格	①了解词的大意，体会作者不畏艰险的革命气概和乐观主义精神，激励学生勇敢面对困难，树立必胜的信念；②通过画一画，开画展等活动提升学生的讲解书写能力

续上表

单元序列	单元题目	课题	技能要点	拓展	
				古诗词知识点	学科整合
第二章 唐诗何以变宋词	第四单元 宋词游园乐（二）	第十八课《苏幕遮》宋·范仲淹	自主选择同样写乡思的范仲淹的《苏幕遮》进行比较学习，加深对本词情感的把握	①品味语言，了解借景抒情，情景交融的写作手法。了解作者借黄叶、秋色、寒烟、斜阳、芳草等意象组成了深秋特有的景色，寄托情感，抒发作者的思乡之情和愁肠悲伤之感。②反衬手法：通过描写景物，表现词人胸怀开阔和对美好生活的向往，以及对大自然的热爱，从而反衬忧愁伤神的离情	①感受词人深深的思乡之情，激发学生对家乡的热爱之情；②通过唱唱古诗、跳跳古诗感受古诗的意境美，学会采用不同的方式去讲解古诗

三、教学设计的要求

第一课时

（1）诗人或者同类作品引入环节：提供作者的背景资料或者诗词创作的背景材料，使学生尽快进入学习的主题，激发学生学习和诵读经典的兴趣。

（2）读正确：扫除生字障碍，指名读正确。

（3）读出诗韵：为诗词标上平仄调，根据平仄原则读出诗词的韵味。

（4）解词理解诗意：学生提出疑问，通过解词，初步理解古诗词的意思。

（5）借助想象描绘诗境：通过听老师吟诵或者欣赏音频等展开想象，细细描绘自己仿佛看到的画面，把诗境描绘出来。

（6）在描绘诗境的过程中，学生已经深深感受到诗情，诵读诗情便是水到渠成。

（7）总结拓展环节：对本首诗词的写作方法或者诗词中的名句进行总结。拓展同一位诗人的其他作品，或者与本首诗词同类题材或主题的作品进行学习。

（8）练习与评价环节：课后练习旨在引导学生进行欣赏与拓展诗词，并通过评价激发学生学习诵读、积累的兴趣。

教学案例：

《暮江吟》第一课时教学设计

【教学目标】
1. 能通过想象画面理解《暮江吟》的诗意，感悟诗境，并体会作者的思想感情。
2. 能通过想象诗句中的画面，感受诗境并描述出来。
3. 能体会诗中准确生动的表达，感受诗人连续细致的观察。

【教学重点】
能在学习诗的内容时想象诗中描写的情景，体会诗中准确生动的表达。

【教学难点】
能结合诗句展开想象，并能把自己感悟到的诗境描述出来。

【学生准备】
查阅资料了解有关词的知识、了解白居易。

【教师准备】
备好课件（包括词语、音乐、画面、古诗等）。

【教学过程】
一、诗句导入，揭示课题

1. 导入。师：同学们，在古代，诗人常常借景抒情，留下了不少脍炙人口的写景诗。

（1）当杜甫看到春回大地，万物苏醒的景象，便通过《绝句》表达了自己对春天的喜爱之情。（齐读：迟日江山丽，春风花草香）

（2）当叶绍翁从一枝盛开的红杏花领略到满园热闹的春色，便写下了《游园不值》，以此表达了自己意外看到红杏后激动的心情。（齐读：春色满园关不住，一枝红杏出墙来）

（3）《小池》中，杨万里通过细腻地描写小池周边自然景物，抒发了自己对生活的热爱之情。（齐读：小荷才露尖尖角，早有蜻蜓立上头）

2. 揭示课题，齐读课题。

师：今天，我们来学习另一首诗于黄昏时分在江边所作的写景诗。它就是出自白居易笔下的（齐读：《暮江吟》）。

过渡：当时朝廷政治昏暗，斗争激烈，白居易品尽了朝官的滋味，自求外任，在赴杭州任刺史的途中写下了这首诗。

二、借助平仄，读出诗韵

1. 学生听诵读，听老师是怎么读的。（播放音频）

2. 根据已学习的方法，用平仄原则来读，读出诗韵。

一二为（平），三四为（仄）。

平（长），仄（短）。

平（轻），仄（重）。

3. 学生自己试着去读，边读边标上平仄。

4. 师：和老师标的一样吗？不对的修改一下。师范读。

5. 指名学生读。师点评：瞧，像他一样平长仄短，就能读出诗的韵味。

6. 齐读。

三、理解诗意，想象诗境，体会诗情

（一）朗读诗句，梳理景物

师：想想刚才你在读诗的时候，仿佛看到了什么景物？

指名学生交流。（随机板贴：残阳、江水、露珠、月亮）

点评：你看得真仔细。

过渡。师：现在请你们去读这两句诗，看得再仔细些，等会儿把你们看到的画面给大家细细地、美美地描绘一下。

（二）随机学诗句一：一道残阳铺水中

1. 读诗句，师引导思考：你们仿佛看到了什么？

2. 指名学生交流。

3. 师：那我们能用"照"字代替"铺"字吗？

4. 指名交流。

5. 师小结：是的，这个"铺"字也显得委婉、平缓，诗人这样写，也体现出了秋天夕阳独特的柔和，像是有人拿了一块红绸子从天边慢慢地铺了过来，给人亲切、安闲的感觉。

6. 再读读诗句，感受画面，再请同学来说一说。

7. 指名交流。

8. 师小结：可见白居易观察多么仔细，用词多么准确，表达是多么生动。一个"铺"字让我们感受到夕阳是那么的柔和。

9. 师：多美的一幅画面啊！谁能把这柔美的诗境读出来？

10. 借助平仄原则读出"一道残阳铺水中"的诗境。

师点评：我仿佛看到了夕阳倒映在江水上的美景。/如果你把这个"铺"字拉长一些，读得柔一些，画面感会更强。你再来试试。/你的朗读让我们仿佛身临其境。

11. 师：如果漫步在江边，看到日落下这番美景，你们的心情是怎样的？

12. 指名学生交流。

13. 师：是呀，更何况是诗人呢，赴任途中，长途跋涉，让他疲惫不堪，突然江边出现了这番美景，他怎能不高兴呢？谁能借助平仄原则来读一读？

14. 借助平仄原则读出"一道残阳铺水中"的诗情。（指导"铺"字拖长音。）

15. 师：你们听，用上平仄原则，不仅能让我们读出诗韵，更能让我们在体会诗境后读出诗情。

16. 学生齐读。

（三）随机学诗句二：半江瑟瑟半江红

1. 出示第二句，读后思考：还看到了什么画面？

2. 指名学生交流。

3. 师：你说得真细致。瑟瑟就是绿色的意思。可为什么同一片江水，颜色会不一样呢？仔细看这幅图，想一想。

4. 指名学生交流。

5. 师：是呀，在白居易的笔下傍晚江边的景色多美呀。这样一红一绿强烈的色彩对比，使画面变得那么鲜艳、明快。谁能通过朗读把这个画面展现出来？

6. 借助平仄原则读出诗境：半江瑟瑟半江红。

7. 师小结：夕阳西下的江水就是这么美啊！我觉得你的眼中是有画面的，所以你把诗境读出来了。

8. 师：傍晚，当我们站在江边，看到江水波光粼粼，光色瞬息变化，你的心情是怎样的？

9. 指名学生交流。

10. 借助平仄原则读出"半江瑟瑟半江红"的诗情。

11. 师小结：回忆一下我们刚才怎么学诗的，我们首先读诗想象了画面，理解了诗意。接着再读古诗，进一步想象了画面，体会诗境。最后我们运用平仄原则读出了诗情。

（四）自主学习三四句：可怜九月初三夜，露似真珠月似弓

1. 多美的江边夕照图啊，面对如此美景，诗人留连忘返，不觉天色已晚，此刻他又有什么新发现呢？请读一读。

2. 指名读出诗韵：可怜九月初三夜，露似真珠月似弓

3. 有一个词尽显了白居易当时的心情可怜。为何说"可怜"？

4. 指名学生交流。（"可怜"就是指值得怜爱）

5. 师：那作者究竟是看到什么景色觉得可爱呢？

6. 指名学生交流。

7. 师：瞧，作者的想象多么生动啊，将天上的月亮和地上的露珠融合到了一起，你来读一读吧。

8. 师：指名读出诗境：可怜九月初三夜，露似真珠月似弓。

9. 师：读得真不错，从你的朗读中让我们感受到那幅宁静祥和的月夜图了。多美的一幅画面呀！

10. 师：看到这么美的景色，你的心情？

11. 指名学生交流。

12. 师：所以，面对这样美的景色，诗人情不自禁发出了这样的感叹。

13. 指名读出诗情：可怜九月初三夜，露似真珠月似弓。

四、回顾全诗，吟诵抒情

1. 师：同学们，你们看，这首诗都是诗人通过连续细致的观察，从傍晚到夜晚，从远处的残阳到近处的江水，从地上的露水到天上的月亮，将画面描绘得生动形象，富有美感，让人心情愉悦。（板书：乐景乐情）属于……

2. 学生齐读：乐景乐情。

3. 师：诗人离开朝廷到外地任职，离开了朝廷意味着不能追求功名利禄了，但他却没有丝毫失落感，转而流连于幽美壮丽的自然风光中，这是多么乐观、豁达的个性啊。让我们带着诗人这种轻松、闲适的心情，再次漫步江边。全体起立，让我们配上音乐，一起感受眼前幽美的自然风光吧！

4. 师小结：这节课，我们不但通过读懂古诗，了解了诗意，还通过想象画面感悟了诗境，体会了诗情。此外，我们还在平仄原则的帮助下更好地读出了诗韵、诗境与诗情。希望在以后的学习中，大家要进一步运用这些方法学懂古诗、吟诵古诗。

5. 布置作业：

（1）回家借助平仄原则向父母展示自己的朗读成果。

（2）寻找"乐景乐情"的诗读一读。

第二课时

学生自主讲解、诵读、书写上节课学习的诗或者词，分组活动，教师指导。这里的讲解是指让学生画画古诗，唱唱、跳跳古诗；演演古诗，把古诗的情境编成故事写下来等方式来讲解古诗词。

第三课时

分组上台展示自己诵读、讲解、书写经典的成果，进行评价表彰。

四、技术使用原则和要求

（1）本教材适合小学阶段高年级段使用。

（2）本教材编写时的主要目标对象为上述学校的高年级学生。如果有的学校用作中年级使用，则需要教师在指导学生活动的过程中对教材内容做适当降低难度的选择和处理。

（3）本教材主要供学校拓展型课程使用，也可以供学校社团开展的兴趣活动使用。

第三节　绳韵科学课程：创新机器人

学校开发的绳韵科学课程——创新机器人共分三册，供三至五年级的学生使用。

一、三年级课程简介

本课程《机器人教育（三年级）》是学校以教育部《义务教育综合实践活动课程标准》《全日制义务教育小学科学课程标准（修改稿）》为依据，基于能力风暴机器人套件，吸收国内外相关机器人教材的实践成果，经过教师的广泛讨论，多次修改编写而成。

课程共有20课，适合小学三年级学生。按照学生认知发展规律介绍机器人的基本结构、简单机械结构、图形化编程、程序语法结构等机器人结构与功能、编程与控制的综合知识。本课程关注学生科学、技术、工程素养的培养，采用项目教学模式，通过每一个项目制作、试验与评价将学习内容由浅到深逐步呈现给学生，在动手实践过程中学习并提高能力。

1. 课程模块说明

课程中每个项目的教学按照"观察与思考""动手与实践""思维延伸""活动与探究"和"评价与总结"五个模块展开，各模块详细说明如下：

"观察与思考"：以提问和回答的对话形式，就项目主题展开讨论和问题探索，从中引出项目的设计需求。

"动手与实践"：画出项目的草图，重点在于对项目结构、功能进行分析，以利于学生通过讨论后，形成项目的初步设想。

"思维延伸"：项目任务涉及的背景知识、机械结构、传感器工作原理等知识点。

"活动与探究"：围绕项目展开试验活动，对传感器的属性、机械结构、程序逻辑判断进行深入探索，从中感受项目的乐趣，以及巩固知识，发展观察、思考的能力。

"评价与总结"：在学生进行项目的展示后，师生对每一组的项目展开自评和互评，评价学习效果，总结学习知识。

2. 课程内容

第 1 课　安全的梯子；	第 2 课　牢固的篮球架；
第 3 课　简易的时钟；	第 4 课　没风的风扇；
第 5 课　自动人行道；	第 6 课　海陆空三用车；
第 7 课　家里的新朋友；	第 8 课　神奇的闹钟；
第 9 课　走失的宠物；	第 10 课　有耳朵的灯；
第 11 课　电动钓鱼竿；	第 12 课　神奇的遥控车；
第 13 课　火焰报警器；	第 14 课　认路的小车；
第 15 课　恒温系统；	第 16 课　摇头电风扇；
第 17 课　迷宫机器人；	第 18 课　自动洗衣机；
第 19 课　自动安全门；	第 20 课　便捷的电梯。

二、四年级课程简介

本阶段课程让学生通过马达驱动设计并制作一系列生动有趣的项目，探索齿轮与齿轮传动、涡轮与蜗杆传动、滑轮传动等工作原理，并对这些原理的技术条件、结构因素进行观察与试验探究，感悟机械传动与智能机械为生活提高工作效率发挥的作用，发展技术设计与逻辑编程能力。

本阶段课程是能力风暴 C 系列体系中以电动和编程项目为主的课程，建议使用"创新课程动力传动套装"，实现本课程中参考项目的搭建。

本课程依据与借鉴的相关课程标准如下。

《全日制义务教育小学科学课程标准（修改稿）》：技术领域，对学生进行科学和技术两方面的教育，是当前科学教育的发展方向，提高学生综合应用和实践创新的能力。学生通过对技术方面的学习，初步能运用综合知识和经验，进行简单的设计和制作，在亲历科学探究的过程中，感受以设计为特色的技术同以探究为特点的科学相并存的过程，逐步领悟一些普适的科学规律和主题，发展学生综合解决实际问题的能力，同时在总体上对科学和技术是人类进行的创新活动有所体验。

1. 课程模块说明

课程中每个项目的教学按照"知识宝典""设计与实施""活动与探究""展示与评价"模块展开，各模块详细说明如下。

"知识宝典"：介绍项目相关的一些基础知识和编程模块，从中引出项目的设计需求。

"设计与实施"：理解程序的要求和目的，<u>重点在于对项目要求进行分析，以利于学生通过完成简单的项目，加深对编程模块的理解。</u>

"活动与探究"：围绕项目展开试验活动，对传感器的属性、程序逻辑判断进行深入探索，从中感受项目的乐趣，以及巩固知识，发展观察、思考的能力。

"展示与评价"：在学生进行项目的展示后，师生对每一组的项目展开自评和互评，评价学习效果，总结学习知识。

2. 课程内容

第一单元

第一课：杠杆；第二课：斜面；第三课：滑轮。

第二单元

第四课：齿轮传动Ⅰ；第五课：齿轮传动Ⅱ；第六课：涡轮与蜗杆传动；第七课：滑轮传动；第八课：螺旋传动；第九课：皮带传动；第十课：曲柄摇杆传动。

第三单元

第十一课：认识智能火车；第十二课：直线运动；第十三课：转弯运动；第十四课：触碰传感器；第十五课：红外传感器；第十六课：光敏传感器；第十七课：灰度传感器；第十八课：声音传感器；第十九课：火焰传感器；第二十课：综合活动。

三、五年级课程简介

本课程《机器人教育（五年级）》是学校以教育部《义务教育综合实践活动课程标准》《全日制义务教育小学科学课程标准（修改稿）》为依据，基于乐高EV3教育机器人套件，吸收国内外相关机器人教材的实践成果，经过教师的广泛讨论，多次修改编写完成。

课程共20课，适合小学五年级学生。按照学生认知发展规律介绍图形化编程的基本思路、程序语法结构等编程与控制的综合知识，并加入了数组、变量、逻辑值等学科类知识。

课程关注学生科学、技术、工程素养的培养，采用项目教学模式，通过每一个项目制作、试验与评价将学习内容由浅到深逐步呈现给学生，在动手实践过程中学习并提高能力。

1. 课程模块说明

课程中每个项目的教学按照"知识宝典""设计与实施""活动与探究""展示与评价"模块展开，各模块详细说明如下。

"知识宝典"：介绍项目相关的一些基础知识和编程模块，从中引出项目的设计需求。

"设计与实施"：理解程序的要求和目的，重点在于对项目要求进行分析,以利于学生通过完成简单的项目,加深对编程模块的理解。

"活动与探究":围绕项目展开试验活动,对传感器的属性、程序逻辑判断进行深入探索,从中感受项目的乐趣,以及巩固知识,发展观察、思考的能力。

"展示与评价":在学生进行项目的展示后,师生对每一组的项目展开自评和互评,评价学习效果,总结学习知识。

2. 课程内容

第一课:设计小车;第二课:电机的控制;第三课:组合电机;第四课:触动传感器;第五课:颜色传感器;第六课:反射光线强度;第七课:陀螺仪传感器;第八课:超声波传感器;第九课:综合避障;第十课:小球搬运;第十一课:变量交换;第十二课:屏幕显示;第十三课:远程遥控;第十四课:换挡小车;第十五课:保险柜设计;第十六课:比例控制巡线;第十七课:陀螺仪传感器;第十八课:数组;第十九课:并行和中断;第二十课:自定义模块。

第四节 绳韵德育课程:低年级行规校本课程

教育已经迈向了一个新的时代,以培养学生核心素养为主要内容的养成教育是新时期德育工作的新目标。时代给予我们的使命,是将学生培养成有人文底蕴、有科学精神、学会学习、健康生活、能担当责任、能创新实践的全面人才。在这种要求下,行为规范教育自然成为培养人才的基础。养成教育与核心素养的培养,相辅相成,不可分割。

一、低年级学生行为规范培养目标

2017年,结合学生行规现状,针对低年级,高科实小细化了《中小学生守则》。依据细化的《中小学生守则》,初步制定低年级学生行为规范培养目标,并构建了低年级行规校本读本框架。

中小学生守则	培养目标
爱党爱国爱人民	1. 了解我国国旗、国徽 2. 增强对中国共产党的热爱,认识到党的重要性 3. 认真参加升旗仪式,嘹亮自豪地演唱国歌 4. 仪式时穿好校服,严肃认真对待,有一定的自理能力,能自行准备

续上表

中小学生守则	培养目标
好学多问肯钻研	1. 上课时能专心听讲，保持端正坐姿 2. 课堂上认真思考，能积极发表见解 3. 热爱阅读，养成阅读好习惯
勤劳笃行乐奉献	1. 自己的事情能自己做，有一定自理能力 2. 能帮助家长，主动分担家务 3. 能较好地整理自己的桌肚与书包，保持干净整洁
明礼守法讲美德	1. 课间休息不打闹，自觉礼让，文明生活 2. 排队时安静有序，不与人发生争执 3. 热爱班级与学校，看到纸屑能立刻捡起，扔进垃圾桶 4. 遵守学校纪律，有问题时及时寻求帮助
孝亲尊师善待人	1. 尊重家长，入校时能与家长道别，放学接送时能自己拿些力所能及的东西 2. 尊重教师，能及时向老师问好，礼貌用语不离口 3. 能与同学打招呼，友好相处，虚心接受批评
诚实守信有担当	1. 答应别人的事情要及时做到 2. 不能说谎，借了别人的东西要及时归还 3. 知道错误后及时坦白并改正，不抱侥幸心理
自强自律健身心	1. 积极参加学校体育锻炼，保持强健体魄 2. 每天带好竹节绳，保证一人一绳，完成锻炼项目 3. 平时尽量远离电子产品，保持学习专注力
珍爱生命保安全	1. 知道一些常见的交通信号、交通标志和交通标线的作用 2. 不在走廊奔跑、追逐打闹 3. 进出教室要有序，做到文明生活，文明休息 4. 上下楼梯时，尽量靠边行走，不要奔跑 5. 不在教室追逐打闹，在活动空间狭小的地方，一定注意安全
勤俭节约护家园	1. 不破坏公共财产，爱护花草树木 2. 所有同学离开教室时，最后一名学生关灯，节约用电 3. 看到水龙头开着，一定要帮着关上，注意节约用水

二、低年级行规校本课程内容与目标

本套读本分为一、二年级两部分，结合学生实际校园生活和阶段特点，每个年级分成四个单元，从学生的"衣食学行"出发进行学习并巩固，总计十个课题。满足学生一、二年级各学年的使用。读本的每一课题的内容容量一般可分为两个课时使用。

年级序列	单元题目	课程目标		
		知识	技能	行为
一年级	第一课 学校穿衣有讲究	学生知道来校前需准备哪些物品	能在家长的帮助下准备好来校前穿着的服装、佩戴的铭牌与红领巾	有助于培养集体意识，树立集体责任感和荣誉感，展示集体精神风貌
	第二课 校园用餐重礼仪	掌握正确的洗手方法，做一个讲卫生的好学生	动手做一做，知道学校用餐的基本操作与用餐前、用餐时、用餐后的基本礼仪	继承中华民族崇尚勤俭节约、以礼示人的传统美德，符合当前开展的"低碳""绿色环保"等理念，努力建设节约型社会
	第三课 家庭用餐讲道德	知道在家用餐时的基本礼仪，长辈先动筷，帮助拿筷、整理残羹等	在家用餐时，能展现基本用餐礼仪，还需给家长搭把手，递递碗筷，整理残羹等，有一定动手能力	懂得正确的家庭餐桌礼仪知识，并学以致用地进行推广和宣传
	第四课 小小课堂谁最棒	掌握课堂上正确的站坐、读书等姿势，明白课堂上要做到什么	1. 学会正确的坐姿、站姿、读书姿势和写字姿势 2. 上课回答问题时，注意站姿挺拔，声音响亮，要让其他同学都能听到	感受倾听是一种美德，是一种艺术。倾听更是一个人良好素质的体现
	第五课 进校礼仪表现好	知道主动热情、声音响亮地跟人打招呼，开开心心进校园	早上进校门时，知道和保安叔叔、老师、同学打招呼	重视及能够在校园遵守这些礼仪规范
	第六课 自理能力谁最棒	知道桌肚里应保持整洁，左边、右边、中间各位置应如何放置文具、书籍	能主动整理桌肚，保持干净整齐；能每天整理书包，将用品摆放整齐	学会整理自己学习的物品和空间，学会合理安排自己的学习活动，学会集中精力学习，掌握一些方法和技能，提高自主学习的能力

续上表

年级序列	单元题目	课程目标		
		知识	技能	行为
二年级	第一课 学校穿衣有讲究	学生能自己准备并穿好校服，戴好配套标志	能自己穿戴衣物，拍好穿戴照片进行班级评比	理解红领巾的重要性，知道红领巾上的历史沉淀，努力做一个有理想、有抱负的学生
	第二课 不同民族习惯多	能简单知道各民族、国家的特色食物，能掌握外出用餐的一些文明礼仪	能做到外出用餐不浪费粮食，吃完碗筷收拾好，桌上垃圾整理掉	了解古今中外的饮食文明，知道有礼、有序、节约是文明用餐的主旋律
	第三课 小小课堂谁最棒	能掌握良好的课堂学习习惯，课堂上认真思考，积极发言	认真思考后再踊跃发言，注意力集中，不睡觉	专心学习，学会更多技巧，沉积更多底蕴，为建设祖国积极奋斗
	第四课 课间相处休息好	学会课间文明休息，做有益身心健康的事	明白课间休息时要文明，不在楼梯上打闹，不互相推挤，不在走廊里嬉戏	学会取舍，树立正确的价值观，增强自我保护意识和能力，学会过安全、文明、快乐的课间十分钟

三、低年级学生行规校本读本

1. 编排形式

本读本使用每课"认说做评"的编写形式，采取每课占 2 到 3 页的呈现方式，便于教师在较短的时间内理清教学内容开展教学，指导学生"读一读、做一做、评一评"等实践活动。读本每一课题里大致包含以下五个方面的内容。

（1）说一说。本读本联系学生学校、家庭生活实际，从学生身边的人、事引入教学，激发学生的学习兴趣，同时让学生迅速进入状态，自己平时的行为在老师、同学的眼中究竟是什么样子的。

（2）做一做。本读本主要是让学生对文明礼仪具有一定的认识，以培养他们自主矫正行为，提高他们一定的自理能力为目标。因此，读本设置了实践环节，活动由扶到放，通过在实践中对正确行为的学习，或对错误行为的纠正再实践，让学生在课堂上得以模拟自己平日的行为，并恰当地进行导行。

（3）读一读。根据低年级学生的学习特点，每课均为学生们准备了对应的儿歌，或是将简短的儿歌放在评价中，或是将长段儿歌放在课文里，通过朗朗上口的节奏加强学生的记忆，通过平日的诵读，潜移默化地自主指导言行。

（4）辨一辨。在学生已经明白怎样才算是恰当的行为，并且已经做过一定模拟练习的情形下，让学生通过自己的双眼辨别哪些行为是文明的，哪些是不文明的，进一步让他们形成正确的价值观，同时培养学生如何有针对性地提出改正意见的能力。

（5）评一评。在读本中设置这一环节，是想通过多角色、多形式来让学生正确认清自己的行为，加以纠正或巩固。每一课设有不同的评价人，与家庭生活息息相关的，由家长和教师来评价；与学校生活有关的，则由教师、同学、学生自己等不同角色基于评价，让学生得到全方位的视角点评。这个评价环节也是引导学生在家自主动手的过程，让他们或在家长的帮助下，或能自主完成任务，放在班级这个大环境中，得到老师与同学的点评。这既能修正学生在学校的行为，又能影响他们在家里的行为。

2. 具体内容

年级序列	单元题目	课题	目标要点	知识点
一年级	衣	第一课 学校穿衣有讲究	学生知道来校前需准备哪些物品	1. 学生应能判断自己或同学是否做好来校准备 2. 学生对何种场合需穿校服有一定概念 3. 能在家长的帮助下准备好来校时穿着的服装、佩戴的铭牌与红领巾
	食	第二课 校园用餐重礼仪	动手做一做，知道学校用餐的基本操作与用餐前、用餐时、用餐后的基本礼仪	1. 读一读、做一做，掌握正确的洗手方法，做一个讲卫生的好学生 2. 明白排队盛饭时需讲文明，人与人之间有空隙，不交头接耳，不打闹，保持安静 3. 明白用餐时不挑食、不浪费，不与同学说话，减少用餐危险，不延长用餐时间

续上表

年级序列	单元题目	课题	目标要点	知识点
一年级	食	第三课 家庭用餐讲道德	知道在家用餐时的基本礼仪，长辈先动筷，帮助拿筷、整理残羹等	1. 知道关于筷子的故事，并能将这个故事讲给同学或家长听 2. 掌握一定用筷技巧 3. 在家用餐时，能展现基本用餐礼仪，除用餐时少说话，不挑食、不浪费外，还需给家长搭把手，递递碗筷，整理残羹等，有一定动手能力
	学	第四课 小小课堂谁最棒	掌握课堂上正确的站坐、读书等姿势，明白课堂上要做什么	1. 知道上课铃声响，就要静坐等候老师进教室上课 2. 发言前先举手 3. 学会正确的坐姿、站姿、读书姿势和写字姿势 4. 上课回答问题时，注意站姿挺拔，声音响亮，要让其他同学都能听到 5. 听同学回答问题时，学会认真倾听，不插嘴，不开小差
	行	第五课 进校礼仪表现好	能主动热情、声音响亮地跟人打招呼，开开心心进校园	1. 早上进校门时，知道和保安叔叔、老师、同学打招呼 2. 学会诵读儿歌《进校歌》 3. 知道进校门后，应立即走向教室，不在广场逗留，不与同学追逐打闹
		第六课 自理能力谁最棒	能主动整理课桌，保持干净整齐；能每天整理书包，将用品摆放整齐	1. 能按照一定顺序与规律，自己简单整理书包 2. 学习诵读儿歌，并能按照儿歌学习整理书包 3. 知道课桌里应保持整洁，左边、右边、中间各位置应如何放置文具、书籍

续上表

年级序列	单元题目	课题	目标要点	知识点
二年级	衣	第一课 学校穿衣有讲究	学生能自己准备并穿好校服，戴好配套标志	1. 学生能自己知道不同季节穿不同款式的校服 2. 能自己系红领巾，爱护红领巾，并妥善保管好 3. 知道学校社团，如跳绳队、足球队的队服样式 4. 能自己穿戴衣物，拍好穿戴照片进行班级评比
	食	第二课 不同民族习惯多	能简单知道各民族、国家的特色食物，能掌握外出用餐的一些文明礼仪	1. 能简单了解各个民族、国家的美食特点 2. 诵读儿歌，知道健康饮食的重要性 3. 能做到外出用餐不浪费粮食，吃完碗筷收拾好，桌上垃圾整理掉
	学	第三课 小小课堂谁最棒	能掌握良好的课堂学习习惯，课堂上认真思考，积极发言	1. 能尊重老师，正确行礼问好 2. 掌握不同学科课堂上要求的端坐姿势，手平放在桌上，叉腰，放膝盖的姿势，并能根据教师口令迅速调整 3. 课堂不随意，能保持端正的坐姿、站姿，认真听讲 4. 认真思考后再踊跃发言，注意力集中，不睡觉
	行	第四课 课间相处休息好	学会课间文明休息，做有益身心健康的事	1. 学会演唱歌曲《哦，课间十分钟》 2. 明白课间休息时要文明，不在楼梯上打闹，不互相推挤，不在走廊里嬉戏 3. 诵读儿歌，将课间十分钟的好习惯记在心里

3. 设计思考

本读本在每一课的编排上，主要编排模式如下：

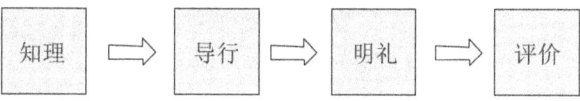

一年级课程内容概要

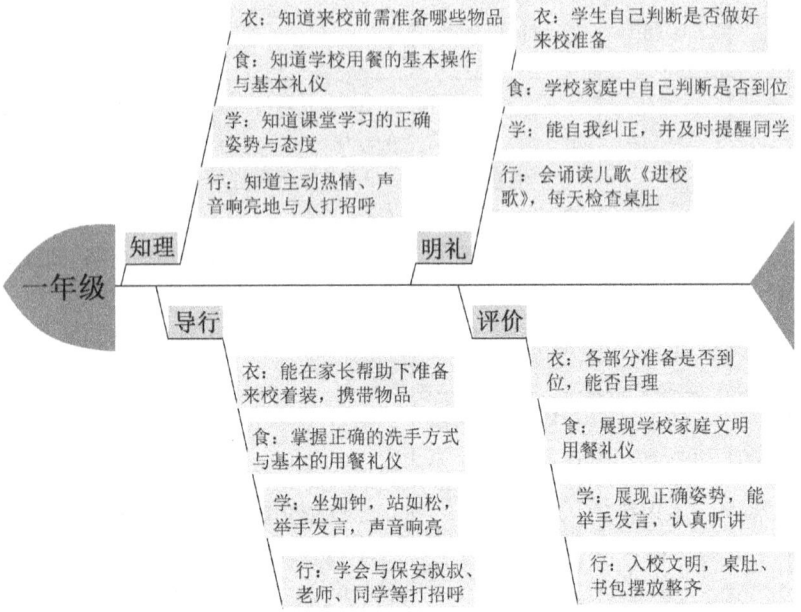

二年级课程内容概要

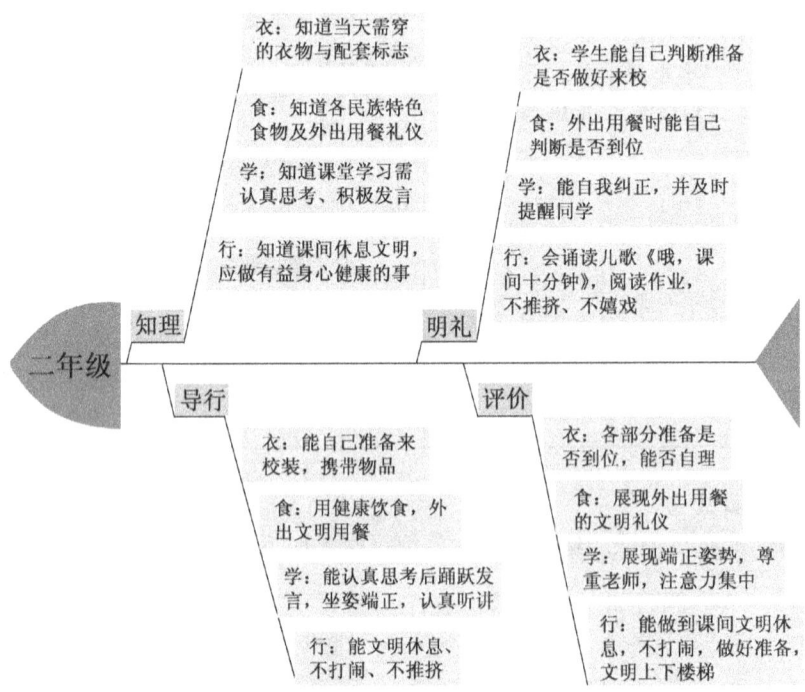

（1）读本内容编排有侧重。考虑到一年级学生刚进校园，刚脱离幼儿园生活，对小学生活具有较强的陌生感，需要从头学起。并且根据学校七色花评比内容，学生需要掌握较多行规内容，包括进校门与值班教师、高年级哥哥姐姐、保安叔叔打招呼，做一个有礼貌的孩子，还要记得每天上学前要准备的东西，做一个文明的孩子。

一年级主要侧重小学的上课规矩、中午在教室的用餐礼仪，还包括课桌、书包的整理，这些都是需要孩子们在短时间内掌握的。关于这方面的内容，学校倾向于把它放在一年级的校本读本中，如学生在学校里的文明用餐情况，因与幼儿园不同，学生需要在班级中用餐，且班级人数较多，所以各个学生需要掌握基本的用餐步骤，努力做到有条不紊，文明有序。

二年级的学生已有一年的学校生活基础，所以在二年级的读本内容中，主要体现的是巩固加拓展，一些基本的行规会涉及，但不再重复。如文明用餐这一块，虽然还是提到不挑食，注意用餐礼仪，但将一些重点放在了营养用餐及各民族的用餐上。这是因为高创科境实验小学虽然大部分学生是汉族，但还有个别维吾尔族的孩子，他们的饮食习惯与其他人不同，这样的不同容易造成孩子们的偏见与疑问，所以这一部分的设计有助于改善学生的疑问，并且对学生之间的关系也能起到良好的作用。低年级是行规养成的黄金时期，所以倾向于走出学校，走进社会，知道在公共场合应该如何表现。还是文明用餐这一部分，学校不再将目光只局限在学校、家庭用餐上，而是指导学生如果走出学校、走出家庭，在公共场合又该如何用餐。通过找一找、辨一辨等方式，让学生知道在外用餐应注意哪些礼仪，怎样做一个高创科境实验小学的文明孩子。

（2）读本内容编排生活化。"道德与法治"的课程是为了让学生明礼知法的，那么编写这本读本是否显得多此一举呢？其实不然。《道德与法治》读本的内容很广，希望学生能在快乐学习的过程中，懂得快乐地生活，它渗透了学校、家庭、生活的方方面面，但因为这本教材是向全国的小学生用的，在编排上就有大众化的特点，很多内容需要教师额外进行拓展，搜集资料，为教学带来些不便。

学校组织编写这本读本的一大原因，就是希望能帮教师扫清一些障碍，为他们提供一些符合本校实际情况的资料。

根据学校"七彩绳童"行规评比结果，从中筛选出些学生容易出现问题的部分，如每天早上来学校时，忘带铭牌，又比如课间休息常出现追逐打闹现象，用餐时部分教室没有安静用餐等，搜集整理这些评比结果后，学校又根据各班级发现的不文明情况，如课间不文明休息、上厕所吵闹、未对家长志愿者道谢、衣服敞开、不会系鞋带、浪费粮食、剩饭剩菜乱倒、不会进行自我管理、红领巾佩戴不规范等进行整理，两者融合分析后，选择相应的问题点，再进行读本的编排。

这样不仅能从细小处有针对性地帮助教师进行教学，还能帮助学生巩固认知，改善这些薄弱处。事实上，通过部分实践后，学生确实在这些问题上有相应改善，且持续时间较长，有其积极的一面。

（3）读本内容编排重实践。读本内容与学生学习生活息息相关，学生通过学习对照能从中发现自己的优点与不足之处，为规范学生的行为规范起到了一个很好的辅助功能。教师不仅能在课堂上进行教学，模拟实践，在课后、午会、班会仍能进行拓展延伸，做到有迹可循，有理可依。无论是课前预备铃，还是课间的十分钟休息，甚至在用餐到午会的时间，这些都成了复习巩固的舞台，每日都能进行重复的实践活动，帮助学生养成良好的行为习惯。如有些班级的学生倒残渣常常倒在圆桶外面，教师通过每天检查，观察每个孩子的倒残渣动作，并及时从旁进行指导，通过反复地指导与训练来改善学生的行为。像这样的实践操练可以发生在学校生活的每时每刻，真正做到了从量变到质变。

（4）读本评价内容融入绳结。评价反馈是帮助学生自我发现并改善行为的一大良方。如何结合评价机制进行读本编写，在第三部分有较详细的讲解。这一部分主要说明评价内容中的绳结特色。这两年学校一直在推广全校绳结评价机制，不管是课堂还是行规，都有对应的绳结评价内容，需要班主任对这些内容不断进行完善，特别是低年级又与高年级不同，变化十分迅速，小小一枚绳结，说不定就能让他们发生翻天覆地的变化。而在涉及班主任这一部分的绳结奖励中，班主任们时常因为需要顾及的方面太多，而失去一个统一的标准。考虑到这两个方面，读本的评价内容方面也结合了学校的绳结特色。这部分内容的增加，让这本读本不是单独的个体，而是融入到学校绳结评价中去。学生得到的绳结，可以贴在绳结本上，作为这一学期的丰硕成果，这样既能提高学生上课的积极性，又能改善学生的行为习惯，一举两得。

第三章　绳韵课堂：培育学生核心素养

课堂是教学改革的核心，是落实学科核心素养的关键阵地。学校推崇的"阳光绳童"培育，不仅要求学生通过跳绳运动强健身体，强化合作意识与技能，打造阳光的心态和活泼的形象，还必须使学生具有适应未来社会发展的核心素养。

核心素养包括核心知识、核心能力、核心品质，学生核心素养是指学生应具备的、能够适应终身发展和社会发展需要的必备品格和关键能力。课堂教学对培养学生的核心素养起着至关重要的作用，课堂教学能增强学生的人文底蕴，促进学生的自我管理，让学生在实践与创新，培育探究精神。因此，以核心素养的培育为关键，打造"绳韵课堂"尤为重要。学校结合"阳光绳童"的培育，开展了基于核心素养的课堂教学实践。

第一节　基于核心素养培育的语文教学实践

语文素养是学生学好其他课程以及实现全面发展的前提，其重要性不言而喻。语文核心素养就是指学生在接受语文教育的过程中形成的能适应未来社会的最基本的情感、态度、价值观、审美情趣及文化底蕴。通过强化学生的语文核心素养培养，能够为实现学生的全面发展和纵深发展奠定坚实的基础。围绕语文学科核心素养的培育，高境科创实验小学的语文教学重点开展了以下三方面的实践。

一、学生语文质疑能力培养的教学实践

语言建构与运用、思维发展与提升、审美鉴赏与创造、文化传承与发展是语文学科发展四大核心素养。其中，思维发展与提升是指学生在语文学习过程发展思维能力，提升思维品质。美国社会法学派大法官本杰明·N·卡多佐曾在法学院的毕业典礼上说："你们所获得的，不仅仅是一些纯粹与原则、规则和先例有关的东西，你们学到的有更为重要的，就是以法律方式思考问题的能力"。可见，思维对人的职业发展具有重要意义。要提升学生的语文思维能力，就要充分培养和提高学生的阅读能力。质疑是学生阅读能力培养的起点，学生通过质疑能力的提升逐步培养独立阅读的能力，从而实现阅读的个性化，提高阅读水平。

《小学语文课程标准（2011年版）》强调"语文课程必须根据学生身心

发展和语文学习的特点，爱护学生的好奇心、求知欲，鼓励自主阅读、自由表达，充分激发他们的问题意识和进取精神，关注个体差异和不同的学习需求，积极倡导自主、合作、探究的学习方式。"语文教学要为学生的长远发展服务，要重视学生"质疑能力"的培养，围绕这一目标，语文组加强对语文教材分析，立足课堂教学，开展学生语文"质疑能力"培养的实践。

（一）培育学生的质疑能力是语文学科的重要素养和重要目标

《小学语文课程标准（2011年版）》第一学段（1—2年级）综合性学习目标提出"对周围事物有好奇心，能就感兴趣的内容提出问题，结合课内外阅读共同讨论"；第二学段（3—4年级）阅读目标提出"能对课文中不理解的地方提出疑问"，综合性学习目标又提出"能提出学习和生活中的问题，有目的地搜集资料，共同讨论"；第三学段（5—6年级）阅读目标提出"在交流和讨论中，敢于提出看法，做出自己的判断"；第四学段（7—9年级）阅读目标提出"对课文的内容和表达有自己的心得，能提出自己的看法，并能运用合作的方式，共同探讨、分析、解决疑难问题"。

从不同学段对涉及质疑能力达成的目标来看，"质疑能力"的培养是一个循序渐进的过程，不同学段侧重的教学点不尽相同，符合学生认知规律发展的过程。一种能力的培养要求教师从"教学内容的确定，教学方法的选择，评价方式的设计，都应有助于这种学习方式的形成"。

现阶段，语文教学强调单元整体性，因为"着眼于促进学生语文核心能力发展的目的，同时考虑到单篇教学方法在多年来形成的碎片化、繁琐化、程式化、高耗低效等问题，语文学科课堂改进实验研究主要围绕'专题教学'方式展开。"[①] 学校语文教研组结合学段特点——小学语文中高学段，系统分析沪教版小学中高学段教材中的单元教学目标，结合课文的选择和配套课后习题的设置，通过有效的课堂教学评价，探索学生"质疑能力"的培育。

（二）单元教学目标中体现出的"质疑能力"培养循序渐进的特点

沪教版三至五年级的语文教材中分别都有涉及质疑能力培养的单元，单元导语呈现出质疑能力培养在不同阶段的教学目标。如三年级第二学期第七单元导语："当你漫步本单元，与文中的人和事进行亲密接触的时候，一定会产生不少疑问。大胆质疑吧！要知道'学贵有疑'，问题是思维的摇篮，问题是创造的基石。"三年级第二学期第八单元导语："可能有些地方你还

[①]郑国明. 基于学生核心素养的语文学科能力研究[M]. 北京：北京师范大学出版社，2017.

不懂，没关系，这正是我们需要学习的，把这些疑问提出来吧，让我们一起想办法解决。"

对比三年级两个单元导语，可以发现教材从第一次明确向学生提出"质疑"到"想办法解决"，它们一脉相承而又有层次性；课后习题的提法也呈现出阶梯性，后一个单元课后习题更侧重通过一些问题的示范，帮助学生进一步学习如何质疑到点子上。

四年级第二学期第三单元导语："只要你用心去读，边读边想，可以对课题、课文内容等提提问题，相信你定能从中得到很多有益的启示和借鉴。"四年级第二学期第四单元导语："学习的过程中，除了用你的心去探寻名胜古迹，感受风土人情之外，还要学习提出问题，尤其是对课文中不理解的语句、内容等提出问题，并试着解答。"到了四年级，对于质疑能力的培养，发展到提示学生可以从哪些方面提出疑问，并且也在课后配套习题中出现可操作性的题目体现训练的痕迹，让教师和学生有可以实际借鉴的质疑方向。

五年级第一学期第四单元强调"仔细品读重点词句，随时记录读文时的疑惑和体会"；第五单元再次重申"学贵有疑"，要求学生"在阅读课文时，学会发现问题，敢于提出问题，并努力用各种方法自己去解决疑难问题吧"；第六单元告诉学生"在学习过程中，我们要学会边读边思，学会在阅读中提出问题，解决问题，做一个会读书的人"。五年级教材不同于三四年级教材，更多的是方法指导，更加重视学生综合能力的运用，相对应《小学语文课程标准（2011年版）》中不同学段的教学目标是相吻合的。

（三）课后习题的设置体现出"质疑能力"培养的方向性和可操作性的特点

（1）课后习题的设置，指明"质疑"方向。三年级第二学期第七单元的课后习题几乎都出现了关于提问的问题，例如，"默读课文，用直线画出描写诺贝尔进行烈性炸药实验的句子，对自己感兴趣的语句提提问题"；"预习课文，围绕课题质疑问难"；"预习课文，初步理解相关词语，围绕这些词语提问"；"预习课文，想想你有什么问题，提出来与大家一起讨论"。

上文提到的涉及"质疑能力"培养的单元，课后习题的提示语都可以总结出指导学生从以下方面开展质疑：对课题质疑，对课文中的关键词语质疑，抓住课文中的关键语句发问，对课文中的特殊标点提出问题，对课文中的一些情节提问……这些课后习题既是问题，又帮助学生在思考问题的同时，明确可以从哪些方面"质疑"，进一步明确"质疑"的方向。

（2）课后习题的提示，展示"质疑"的具体方法。沪教版教材在课后习题中，设置出相应的梯度，通过典型的例子给学生具体可以学习的方法，如四年级第二学期第四单元《颐和园》课后习题这样设置："读下面的句子，学着提出问题，你还可以对课文的其他地方提出问题。"

这么多的狮子，姿态不一，也没有哪两只是相同的。
例：为什么这句话要用上"也"这个字？
游船、画舫在湖面上慢慢地滑过，几乎不留一点儿痕迹。

题目向学生示范如何对课文中的句子提问，通过例子抓住关键词句提问的方法，让学生通过模仿去"质疑"，不仅进一步提升了学生"质疑能力"的掌握，还在教师指导学生通过联系上下文解答这一疑问的过程中让学生体会到作者用词的准确性、形象性，培养了学生的多种学习能力，让"质疑能力"的培养变得具体可操作。

（四）课堂中教师有效的实时评价，引导学生实现"质疑能力"的有效性

（1）激励性的课堂评价鼓励质疑。课堂上，教师必须放下架子，态度要和蔼，语气要亲切，充分尊重学生，和学生建立起朋友关系，鼓励学生敢于发表意见，不懂就问，敢于提问。教师通过激励性的话语，鼓励各种富有创造性的问题的提出，营造一种民主、宽松、师生平等、师生合作的课堂教学氛围，让学生敢问，这是培养学生质疑能力的基础。

小学生都喜欢表现自我，他们为了发现问题必定开动脑筋思考，挖空心思找疑问，这样就激起他们质疑的兴趣。对于学生提出的问题，如果问错了，不指责，还要肯定其积极动脑的一面；如果问对了，问得好，要给予肯定、鼓励和表扬。其中有价值的问题，引导全班同学从文中找答案，一起解决；有争议的问题，组织同学们开辟论会。

（2）针对性的课堂评价引导质疑。教师在课堂上给予学生怎样的评价将在很大的程度上影响学生学习兴趣和求知欲望。因此，教师应认真倾听学生提出的问题，及时准确地做出评价。答案见解独特、富有创新的，就不吝啬表扬；答案错误、存在这样或那样问题的，就应该明确地实事求是地指出来，当然也要注意方式上的委婉，让学生知道问题所在。

（3）发展性的课堂评价发展质疑。教育以促进学生发展为根本目的，教师的课堂评价作为教育的重要组成部分，自然也应该以此为己任。学生是在发展中的，课堂也是实时生成的，对于学生的质疑，教师的评价除了能体现激励性、有针对性以外，还要有利于学生的长期发展。

还是以上面提到《颐和园》的课后习题为例，题目引导学生试着对语句中的关键词句提出自己的问题，学生在质疑的时候，可能并不清楚自己抓住了什么知识点，教师可以通过及时的评价明确："你的提问抓住了句子中

的关键词，看来你已经体会到了作者在表达上的不同之处了。"从长远来看，学生在这个提问中不仅学会了质疑，还在无形中发展了从语句中抓关键词的能力，以及知道可以通过发现关键词的作用，体会文章表情达意方面的特点。

教师通过自己的课堂评价，实现了对学生"质疑能力"培养的目的性引导，通过激励性语言鼓励学生敢于大胆"质疑"，对学生提出的"质疑"问题有针对性地点评做到正向引导，并关注学生的长期发展，从学生的"质疑"出发，使用评价语言实现学生能力的多向发展。

二、中年级学生口语表达能力培养的实践探索

表达能力是语言构建与运用的重要表现，是语文学科核心素养之一。著名教育家叶圣陶先生指出："在语言文字的训练'听、说、读、写'四字中间，'说'字最基本，说的工夫差不多，听、读、写三项就容易办了。"叶圣陶先生还指出："儿童时期如果不进行说话的训练，真是遗弃了一个最宝贵的钥匙，若讲弊病，充其量将使学校里种种的教科书与教师的教育全然无效，终生不会有完整的思想和浓厚的感情。"

《小学语文课程标准（2011年版）》也强调："能正确运用规范的语言进行口语交际，能在不同的场合，得体、清晰地表达自己的见解和思想感情。"然而到了中年级，大部分学生都普遍存在同一个问题：羞于表达或不知如何表达。这与当代社会开放发展的格局显得格格不入，也与学校"阳光绳童"的要求不匹配。为改变这一现状，顺应社会发展的需求，学校语文课堂根据学生年龄特点，通过激发学生兴趣，让学生乐表达；听读训练，让学生学表达；创设情境，让学生练表达；发展思维，让学生会表达四个层次逐步让学生会表达，落实"神韵教育"精神内涵，促进学生素质的全面发展，培育阳光少年。

（一）激发兴趣，让学生乐表达

口头表达是语言实践的重要工具，是书面表达的有力基础。重视在语文教学中培养学生的说话能力，有利于锻炼学生的逻辑思维能力。锻炼说话能力，首先要激发学生的说话兴趣。兴趣是最好的老师，学生一旦对说话有了兴趣，就会在说话活动过程中伴有愉快的情绪体验，从而产生进一步学习的需要，起到事半功倍的效果。

在肯定中激发兴趣，"说得好！""回答得真棒！""有进步！""我相信你再考虑一下会说得更好！"除了这些表扬、激励和肯定的话语外，老师还可用"绳结"作为评价载体奖励孩子，让学生在被肯定的愉快氛围中学习，

越说越爱说。在活动中激发兴趣，教师有意识地创造条件，引导学生去做、去玩、去说。如开展班队活动、参观访问、游戏、体育比赛、游览等，通过丰富多彩活动来激发学生说话的兴趣。除了利用游戏、活动等方法来激发兴趣外，还利用现代多媒体教学设备，充分调动学生的口、眼、手、脚等多种器官，更有助于激发学生表达的兴趣。

表达训练有兴趣，兴趣激发表达，一旦学生把表达训练当作是一件十分有意思的事来做时，说话教学就进入了良性发展阶段。正如心理学家所说："当一个学生对某种学习产生兴趣时，他总是积极主动，而且心情愉快地进行学习，不觉得学习是一种沉重的负担。"

（二）听读训练，让学生学表达

1. 听中学表达

一般人在幼年阶段，口头表达能力远远高于书面表达能力，这就是"听中学说"的成果。进入小学以后，尤其是中年级阶段，教师应努力使孩子们的这种习惯保持下来。课堂上，教师可随时提问："谁能重复一下老师刚才说过的话？""前面那个同学说得很好，谁能学说一遍？"等话语来提高学生"听"的注意力，同时也有助于他们养成听仔细、听明白、听完整的学习习惯。在课外，教师布置一些诸如"留心生活中大人们的对话""倾听市场上买卖双方的交谈""收听新闻、少儿节目"等听话训练，再利用"口语交际"组织他们学说，并给予具体指导和鼓励性评价，使学生从小学会"倾听"，养成向生活、向他人学习口头语言的良好习惯。

2. 读中学表达

语文教材是经过严格选择和组织的书面语言材料，是人们学习和运用语言的典范。朗读、背诵是把书面语言用口头语言表达出来的一种方式。它可以使学生的口语受到严格的训练，是提高学生的口头表达能力的有效手段。朗读、背诵除了具有使学生深入理解课文内容，增强记忆的作用以外，还有利于提高学生正确而有表情的说话能力。朗读还可以增强学生的语感，并使学生在反复诵读过程中，把课文的语言变成自己的语言，增加词汇量，学到多种多样的句式，提高口语的表达能力。

因此，诵读课文是训练学生口头表达能力的重要的方法。在教学中根据需要灵活运用诵读的多种形式：范读、齐读、个别读、引读、小组读等等。把无声的文字变成有声有色的语言，使学生受到强烈的艺术感染，进入审美的情境中。如教学《我骄傲，我是中国人》一文时，教师用高涨的情绪、激昂的语调、时快时慢的语速率先进行范读，同学们深受感染，也都跃跃欲试要进行朗读。朗读过程中，即使平时上课不太积极的同学也都进行了抑扬顿挫的朗读，神情是那么专注，感情是那么投入。在一遍又一遍形式多样的朗读中，同学们都为自己是一个中国人而由衷地感到自豪，他们的爱国情怀被激发了，感情得到了升华。

加强朗读指导是贯穿小学语文低、中、高各年段的教学重点之一。在学生读正确、读流利的基础上，教师通过示范和指导抓重点词句，抓语气、表情朗读，抓"课本剧"表演等形式，让学生在理解文章内容的基础上，练习将作者的思想感情通过自己的"口头"充分表达出来，这就是读中学表达。读中学表达，既给学生提供了规范学习语言的范本，又让他们体验到规范语言的力量，进而建立起学习语言的目标。

（三）创设情境，让学生练表达

情境是学生增强生活体验，激发思维与口语表达的环境条件和动力之源。教学中依据教学内容创设情境，形成良好的氛围，让学生在这种情境气氛中产生交流的欲望，无拘无束地参与，有利于学生说话能力的训练与提高及个性和思维能力的充分发展。

1. 创设想象之境，引导学生创造性表达

想象是人脑在原有的表象的基础上加工改造形成的过程，想象能够引导学生进行创造性的表达。课堂教学要重视挖掘一些想象说话的因素，培养学生的口头表达能力。如一些富有教育意义、为学生所能理解的图片或课文插图，启发学生用恰当的语言讲述图片内容；教师可以通过生动形象的多媒体演示，激发学生的学习兴趣，引导学生进行创造性表达。

《啊，故乡那轮明月》是一篇借景抒情的散文，语言优美，感情强烈。课文描写了故乡一年四季各具魅力的月夜景色。这篇课文所描绘的海滩月夜以及渔民生活对于孩子来说是陌生的，而且课文内容虚实结合，有些内容甚至就是作者个人的主观感受。这对于小学生来讲，理解或感受有一定难度。因此，在理解语句内容基础上的想象、感受就显得格外重要。教学中，教师先让学生各自轻读四个季节月夜的内容，找出自己觉得"美"的语句，以期获得自读自悟的最初感受。接着让学生欣赏几幅月夜画面，配以几段风格各异的乐曲，请学生闭上眼睛，展开想象，感受一下所划语句相关的内容，然后再用自己的语言表述出来。从同学们的交流中，可以看到他们想象的合理、想象的神奇！

2. 创设表演之境来引导学生角色化表达

学生天性好动好玩，表演既符合中年级学生的年龄特点，又能使学生进入交际情境。对于那些情节生动、表演性极强的故事、童话等，可以通过创设表演之境来引导学生进行角色化表达。

例如,《东郭先生和狼》是一则家喻户晓的寓言故事,教学时给学生配上适当的背景音乐,让学生分别扮演东郭先生、狼、老农、猎人等角色。同学们上台表演时通过对话把狼的狡猾、凶残,东郭先生的糊涂、愚蠢,老农的机智、果断淋漓尽致地表现了出来,形象生动。这样的表演有声音、有动作,学生爱演爱说,课堂气氛异常热烈,不知不觉中锻炼了学生的说话能力。

此外,还可创设动手、游戏、联系生活等情境以激发学生的表演兴趣,丰富表演内容,训练提高学生的说话能力。

3. 创设复述机会,引导学生自我内化语言

复述,是把别人的语言变为自己的语言。复述的材料可以是课内的,也可以是课外的。复述的形式有详细复述、简要复述、创造性复述。详细复述适用于较短课文,或课文中某些段落,这种复述可对原文语句做适当变动,但不能改变课文原意,要表达出原文内容的重点和语言风格。简要复述适用于具有完整结构的课文,这种复述可让学生借助于编写提纲、概括段意、列小标题等方法来理线索、抓重点、略次要,运用原文中关键词语复述。创造性复述是增添内容的叙述,有变换人称、变换体裁、变换结构等复述,要求学生在充分理解课文内容的基础上,充分开展思维活动,以取得运用知识、发展智力、提高口语水平的效果。例如,在教学《家是什么》一课时,让学生抓住"打听……辗转数地……冒着……找到……搂……我又有家了……"等词句详细复述课文,这样的复述,为学生提供了充分内化语言的机会,有效地提高了口头表达能力。

(四)拓展思维,让学生会表达

乌申斯基指出:"谁要想发展学生的语言能力,首先要发展他的思维能力。"可见"发展思维能力"是表达训练的根本。

(1)图文对照,启发想象,发展学生的形象思维。教师在引导学生观察课文的插图时,要启发学生想象此前此后还会发生怎样的情况,然后再组织学生品读作者介绍图画的文句。这对于丰富学生的表象,发展联想和想象非常有益。

(2)寻因索果,理清脉络,发展学生的逻辑思维。在阅读教学中,要启发学生多问为什么,明确事情的始末缘由、来龙去脉、文章的结构顺序、选词用句等,也就是从思想内容到语言形式都要让学生知其然,又知所以然。这就要组织学生对课文进行分析、综合概括和比较,使学生的逻辑思维能力随文得到相应的发展,这就为"说话"训练打下了厚实的基础,逐渐达到人们公认的"会说"。

总之，表达训练是熔语言、思维、观察、表达于一炉，集听、说、读、写和课内课外于一体的综合训练，加强口语表达训练是社会对小学语文教学提出的迫切要求，是实施素质教育全面提高学生语文素养的重要一环，只要采取合适的策略，学生的口语表达能力一定会逐步提高。

三、基于陶行知"六大解放"教育思想的古诗词课堂教学

陶行知先生把腐朽思想称为"裹头巾"，号召人们"处处是创造之地，天天是创造之时，人人是创造之人"。在具体教学中，他认为要想取得好的教育教学效果，教师就必须解放学生。他提出了"六大解放"理论，即解放儿童的头脑，使之能想；解放儿童的双手，使之能干；解放儿童的眼睛，使之能看；解放儿童的嘴巴，使之能讲；解放儿童的空间，使之能接触大自然和社会；解放儿童的时间，不逼迫他们赶考，使之能学习自己渴望的东西。他的这一思想对激发学生的学习兴趣，培养学生的自主学习力、思维能力、创造力具有重要的指导意义。

高境科创实验小学是"中华诵·经典诵读"行动的试点学校。学校编撰了古诗文的校本教材，从一年级开始，学生每学期都要比其他学校的孩子多诵读十首诗。孩子们在五年的小学生涯内诵读、积累了不少古诗，具备了一些自主学习古诗词的能力。但是在平时的古诗词教学和学生的访谈中，可以看到学生对古诗词的向往和敬畏。那么，该如何激发学生学习古诗词的兴趣，提高他们的自主学习能力呢？学校尝试运用陶行知先生的"六大解放"理论来进行古诗词教学，经过几年的积极实践，取得了一定的效果。

（一）解放孩子的双手，依据平仄原则帮助孩子读出诗韵

翻阅语文课程标准，梳理课标对于小学古诗的教学要求如下：第一学段（1—2年级）诵读儿歌、童谣和浅近的古诗，展开想象，获得初步的情感体验，感受语言的优美。第二学段（3—4年级）诵读优秀诗文，注意在诵读过程中体验情感，展开想象，领悟内容。第三学段（5—6年级）诵读诗歌，读出诗韵，大体把握诗意，想象诗歌描述的情境，体会诗人的情感。

基于课标，学校尝试探索新的古诗教学模式：第一步在解词的基础上，指导学生根据平仄原则诵读古诗，读出诗韵；第二步引导学生想象画面，读出诗意；第三步在大体了解诗意的基础上，读出诗境；第四步，体悟作者的情感，读出诗情。

那么如何帮助学生达成第一步"读出诗韵"这一目标呢？解放孩子们的双手，读的时候教会孩子们根据平仄原则用双手来打拍子。在古诗词中所谓的平声就是现在汉语拼音中的第一、第二声；仄声就是汉语拼音中的第

三、第四声。读的时候平声要拉长读,仄声要读得短一点,平声要读得轻一点,仄声读得重一点,这就是所谓的平长仄短、平轻仄重的诵读原则。根据平仄原则来诵读,能让孩子们充分感受到诗歌的节奏美、韵律美。诗韵在长长短短的诵读中不知不觉地展现出来,这让学生在感到十分新奇,十分有趣。

例如,在教学《送元二使安西》这首诗时,教师让学生动手标出这首诗的平仄调,指导学生尝试运用平仄原则来诵读。

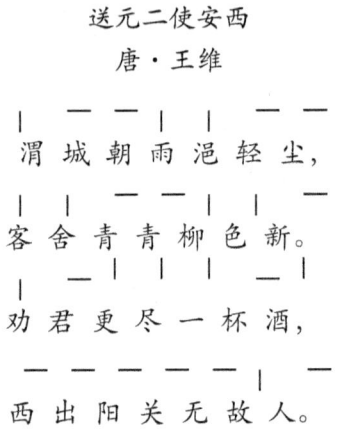

教师让学生根据自己标的平仄来读,可是学生掌握不好长短音,该读长的读成短的,该读短的却拖长了音读,孩子们很沮丧。于是,教师提议用双手来打拍子,平声时双手掌心向下,平着往两边拉开;仄声是双手变成刀状,掌心相对,从上往下切。如下图所示。

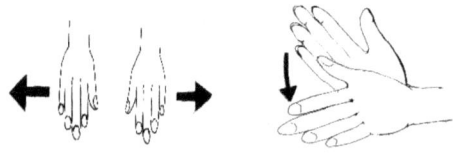

陶行知先生认为儿童的智慧就在他的手指尖上,他指出:"手和脑一块干,是创造教育的开始。"在教学这首古诗时,教师尝试在教学中利用双手,帮助孩子根据平长仄短,平轻仄重的平仄原则将诗韵读出来,充分激发了孩子们学习古诗的热情。孩子们照着提议一试,觉得特别新奇,朗读的兴趣一下子被充分激发,大家一会儿平拉,一会儿竖切,边读边打着拍子,玩得不亦乐乎,后来,孩子们还亲昵地称之为"平仄功"。"平仄功"功效极大,没多久,这首诗的诗韵就被读了出来,十分好听。

（二）解放孩子的头脑，借助想象描绘画面，理解诗意，体会诗境

"人生两件宝，双手与大脑"。陶先生指出，"我们要发展儿童的创造力，先要把儿童的头脑从迷信、成见、曲解、幻想中解放出来"。因此，我们在日常教学的各个环节，要引导学生摆脱一切束缚其思想的观念、方法，拓展思路，养成多角度、多立场看待问题、分析问题的习惯，从而培养其创造力。

古诗创新教学的第二步就是在解词的基础上引导学生想象画面，读出诗意。第三步是在大体了解诗意的基础上，读出诗境。这跟以往的传统教学最大的区别是，前者是老师说古诗每一句的意思，说作者所要在诗句中表达的意境，学生被动接受。而后者是彻底解放学生的头脑，借助想象理解诗意，体会诗境，这是一种自主的学习，老师只是引领者，参与者，学习的主体完全是学生。

例如教学《送元二使安西》一文时，教师鼓励孩子们大胆想象，描绘自己看到的画面，在理解诗意的同时，体会诗境：

师：下面老师来读这首诗，你们闭上眼睛听，听仔细些，等一会儿告诉老师，你仿佛看到了什么？闭上你的眼睛。

师：轻轻睁开你的眼。好的诗就像是一幅画。从这首诗，你仿佛看到了什么？

师：你们看到的画面真多，怪不得苏轼称王维的诗是"诗中（有画），画中（有诗）"。

（出示第一句和第二句诗）

师：现在请你自己去读这两句诗，"看"得再仔细些，等一会儿把你"看到"的给我们大家细细地、美美地描绘一下。

（随机学诗句一：渭城朝雨浥轻尘）

师：你们仿佛看到了什么？

生：描绘"渭城朝雨"的画面（比较缺乏想象力的：我看到清晨，渭城下起了雨。）

师：看得更仔细些。这雨怎么样？用个词形容一下（细雨如丝、毛毛细雨、绵绵春雨）。

师：再仔细看看，这雨丝像什么？（像牛毛，像花针，像细丝，像少女柔顺的秀发）怎么样地落下来的？（飘飘洒洒）。

师：为什么是这样的细雨呢？

生：我从"浥轻尘"感受到的。

生：描绘"浥轻尘"的画面（在老师的启发下开始动脑筋想象了：雨

水沾湿了街道上的灰尘，就算车马驶过，灰尘也扬不起来了）。

师：灰尘都扬不起来了，那此时渭城的空气，一定是非常……

生：清新。

师：现在，你能展开想象，把你读了第一句诗看到的画面细细地给我们描绘一下吗？

生：清晨，渭城下起了毛毛细雨，这雨丝如细毛、似花针、飘飘洒洒，湿润了客舍旁的驿道，平日车马奔驰，尘土飞扬的驿道今天显得特别洁净、清爽。

师：是呀！仿佛天从人愿，特意为远行的人安排一条轻尘不扬的道路。你们说的是第一句诗的意思，多么诗情画意呀！

……

诗是文学中的贵族，诗是语言中的精粹，按照传统的教学，这诗句经过老师的解释，就"什么味"也没有了。所以，老师根本不需要去多解释诗意，可以在引导学生理解关键词后，让学生抓住关键词去想象作者诗中描绘的画面，在深化诗境中帮助学生进一步读懂诗词的意思。在充分理解的基础上，学生自然而然地就品出诗情来。而这是需要老师想办法解放学生的大脑，去想象每一句诗描绘的画面才能产生的奇效。

（三）解放儿童的眼睛，帮助学生借助画面理解诗意，体会诗境

牛顿是通过眼睛观察到苹果落地的现象，才努力去发现了万有引力定律；瓦特发明蒸汽机是源于观察开水烧开时壶盖被水蒸气掀动的缘故。陶行知先生说："小孩不视便是瞎孩子。""我们要想创造新民族，只能提倡科学地看。"因此，他极力主张培养学生的观察力，提高他们分析问题、解决问题的能力。在古诗的教学中，解放学生的眼睛也相当地重要，教师也可以引导学生通过观察文中的插图进一步读懂关键词，理解诗意，体会诗境。

例如教学《送元二使安西》这首诗时，为了帮助学生更好的理解关键字词，理解诗意，体会诗境，教师充分利用了课文的插图，并请美术老师把课文插图放大画好，把诗句写在画中用封条贴起来。教学时，学生体会好一句诗境，就把这句诗上盖着的封条剥掉，诗句和后面的背景画面顿时融为一体，学生对诗句的理解和对诗境的体会更加深入。有时，在遇到较难理解的关键词句时，老师也会引导学生观察插图，帮助其理解，从而提高学生在学习古诗，理解诗意，体会诗境时分析问题、解决问题的能力。

（随机学诗句二：客舍青青柳色新）

师：还看到了什么画面？

生：我看到旅馆是绿色的。

师：她描绘的画面对吗？请大家看看图。

（老师指指图）

师：青青指的是——

生：柳树。

师：是一棵两棵柳树吗？

生：不是的，是一大片柳树林。

师：再仔细看看，是怎样的柳树林？

生：碧绿葱茏的柳树林。

师：现在，谁来把"客舍青青"这个画面再来说说？老师给你一个建议，用上"坐落"这个词，看看能说得更好吗？自己试试看。

生：白墙黑瓦的客舍坐落在一片碧绿葱茏的柳树林中。

师：对，客舍青青就是这个意思。那"柳色新"又让你看到了一副怎样的画面呢？

生：柳树的叶子很绿很嫩。

师："柳色新"的画面仅仅是这样的吗？读读上面一句诗，再看一看图，你有新——的想法吗？

生：沾满灰尘的柳叶被雨水洗涤过后，叶子显得更绿更嫩了。

师：是呀！景色是多么清新宜人。你很会观察，也很会读诗。小朋友们，像他这样解放自己的眼睛，看看图，把诗句前后联系起来读一读，就会读出和别人不一样的感受。

（拉开板书上的封条，露出第二句诗）

师：谁能把第二句诗给我们展现的画面完整的来描绘一下。

……

（四）解放孩子的嘴巴，在理解诗意、体会诗境的基础上读出诗情

陶行知主张"儿童应当有言论的自由，有话直接和先生说，并且高兴地、心甘情愿地和先生说。""小孩子得到言论自由，特别是问的自由，才能充分发挥他们的创造力。"因此，在语文教学中，我们要解放孩子的嘴巴，让他们有更多的说话机会。但是，在古诗的教学中，除了让学生说出自己心中的疑问，展开想象用嘴巴细细描绘诗句所要呈现的画面，嘴还有更大的作用就是诵读，从开始的读出诗韵、到后来的读出诗情，甚至可以轻声地吟唱古诗词。彻底解放学生的嘴巴，让他们在各种各形式的朗读中深化理解，感悟诗情，提高理解与诵读古诗的能力。

例如《送元二使安西》是盛唐著名诗人、画家和音乐家王维所著的一

首脍炙人口的送别诗。王维的好友元二将远赴西北边疆，诗人特意从长安赶到渭城来为朋友送行，其深厚的情谊，不言可知。这首诗既不刻画酒筵场面，也不直抒离别情绪，而是别具匠心地借别筵将尽、分手在即时的劝酒，表达出对友人的留恋、关切和祝福。教学这首诗的重难点是引导学生理解诗句的意思，想象诗歌所描绘的情境，体会作者与好友元二之间的那份深厚的友情，通过诵读读出诗情。

师：好，从同学们的谈话中，我们可以感受到此时此刻的王维一定充满了对朋友的留恋，还有对朋友的关心关切，同时呢！还有对朋友最好的……

生：祝福。

师：然而在这离别的时刻千言万语化成一句话，一杯酒，劝君更尽一杯酒，西出阳关无故人。同学们，此时此刻，这还是一杯简单的酒吗？这酒中还包含了王维的什么情意？包含了什么？

生：恋恋不舍之情。

师：好，带着这种感情，你来读一读。

生（读）：劝君更尽一杯酒，西出阳关无故人。

师：充满了留恋。还有呢？

生：对他的朋友充满了关爱。

师：既然有这么多的关爱，一杯酒够不够？

生：不够。

师：那我们就来多几杯酒读一读课文。

生（读）：劝君更尽一杯酒，西出阳关无故人。

师：除了留恋，除了关心，还会有什么？

生：还会有王维对元二的祝福。

师：好，你来读一读。

生（读）：劝君更尽一杯酒，西出阳关无故人。

师：好，数不清这是第几杯了，可是，喝了这杯酒，元二就要启程出发了。让我们也一起举起酒杯再送元二一程吧！劝君更尽一杯酒——预备起。

生（齐读）：劝君更尽一杯酒，西出阳关无故人。

师：同学们，在这里离别的时刻，酒逢知己千杯少，离别方知故人情。诗人和好友的深厚友谊，老师从你们刚才深情的诵读中充分感受到了，来，把这首诗连起来读，读出这份真挚深厚的友情，行吗？别忘了加上平仄原则！

……

（五）解放儿童的空间，培养学生在生活中自主学习古诗的意识

陶行知说："我们要解放孩子的空间，解放了空间，才能搜集丰富的资料，扩大认知的眼界，以发挥其内在创造力。"因此，要给学生机会，让学生走进大自然、走进社会，引导他们观察、探索、欣赏，以丰富学生的感性知识，启发其想象力，触发其灵感。在学习古诗的时候，解放儿童的空间也十分重要。我们学完一首诗或者词，总要进行相应的拓展，这就需要解放学生的空间，让他们充分利用电脑互联网，去查找作者的生平，去了解写作的背景，去寻找这位诗人的其他作品，或者其他作者相同题材的作品。去看互联网上其他视频对古诗词的讲解，去听或者去欣赏互联网上其他人的诵读或者吟唱。解放孩子们的空间，让信息技术使古诗变得更加立体，更加有血有肉，让自主学习古诗的习惯深入孩子们的骨髓，成为他们生活的一部分。

（六）解放孩子的时间，让孩子们用自己喜欢的形式自主地去讲解古诗

小学阶段，孩子的记忆能力是极强的，可塑性也是巨大的，抓住这样的契机，让学生积累更多的古诗词，尽管现在学生可能对某些古诗不能完全消化，不甚理解，但经典诗文润童年，随着年龄的增长，孩子们肚子里的诗文会慢慢孕育出奇异果来，为他们未来的精神家园奠定基础。

那么，就要解放孩子的时间，让他们用自己喜欢的方式方法去理解古诗、讲解古诗、书写古诗、诵读古诗。只有这样放开手脚地去学习古诗，在自己的时间里、在自己喜爱的学习方法中创造的潜能才会淋漓尽致地发挥出来的。因此，在课余及假期中，我尽量会少布置一些笔头作业，而是让学生能自由支配自己的时间，让他们去画画自己喜欢的古诗的意境，去唱唱跳跳自己理解的古诗，去找几个志同道合的朋友演一演古诗情景剧，去做一做古诗题材的书签，去涉猎一下扇面艺术……将这时间完全交给学生，让他们拥有不同的学习古诗词的经历，才可以使他们在自主愉快的学习中积累经验，也可以在不知不觉中积累大量的古诗词。

第二节　以形助数，培育学生数学核心素养

数形结合，是数学的基本思想，也是解决数学问题的基本技能。著名数学家华罗庚强调："数与形，本是相倚依，焉能分作两边飞。数无形时少直觉，形少数时难入微。数形结合百般好，隔离分家万事非！"在代数计算中，许多算理和数量关系，若赋予其几何意思，往往变得非常直观形象，达到事半功倍优化解题途径的目的，这种"形"与"数"的信息转换，相互

渗透，可以使解题简捷明快，开拓学生的解题思路，有利于培育学生数学核心素养。这里，数与代数的主要内容有：数的认识，数的表示，数的大小，数的运算，数量的估计；字母表示数，代数式及其运算；方程、方程组、不等式、函数等。

随着学科核心素养的提出和实践，学校数学教研组围绕数形结合，以形助数开展了课堂实践，在研究中不断改进教学，不断提升教师教学理念与能力，促进学生数学核心素养的发展。

一、梳理出"数与代数"所涉及的有关"以形助数"的相关知识内容

学校数学教研组以课题为引领，数学教师相互合作，按照小学数学课程标准中"数与运算""方程与代数""数据整理与概率统计"几大知识体系，对"数与代数"所涉及的有关"以形助数"的相关知识内容进行了详细梳理，为教师备课和课堂教学奠定了良好条件。

（一）数与运算

年级	单元	内容	知识点	形式	意图	类型
一上	20以内	数射线	1. 观察数射线，发现什么？	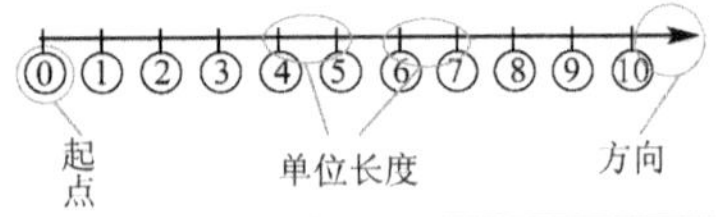 （数射线图）	通过呈现数射线，知道数射线数的有序性，会在数射线上找对应的数，会比较两个数的大小	以形助数，培养数感
			2. 把数射线补充完整	（数射线图） 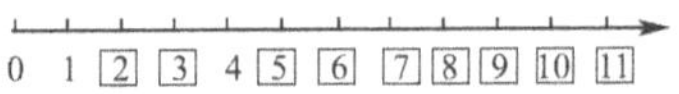		
			3. 比较数的大小	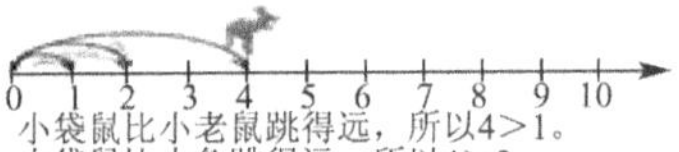 小袋鼠比小老鼠跳得远，所以4>1。 小袋鼠比小兔跳得远，所以4>2。 小兔比小老鼠跳得远，所以2>1。		
		看数射线做加减法	1. 小青蛙原来离家几格？往前跳了几格？现在离家几格？	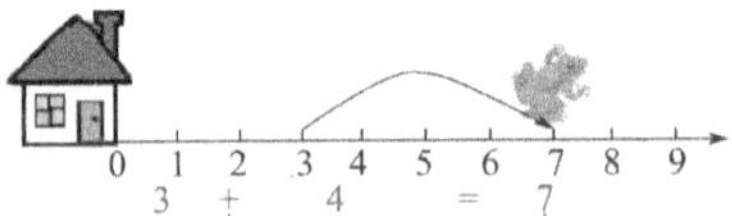 （数射线图）3+4=7 （原来）（跳了4格）（现在） 方向是向前的	通过图示建立新的运算模型，理解加就是往右跳，减就是往左跳，展示减法是加法的逆运算	以形助数，帮助理解加减法关系
			2. 小青蛙是怎么跳的？现在离家几格？怎么算？	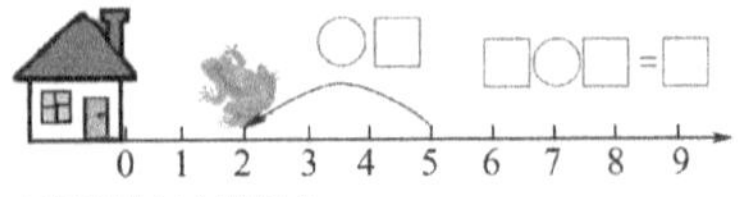 （数射线图） 小青蛙是怎么跳的？ 小青蛙现在离家几格，用什么方法做，为什么？		

续上表

年级	单元	内容	知识点	形式	意图	类型
一上	20以内	20以内数的排列	1. 标出所缺的数	空白处应填多少？ 0 1 2 3 4 □ 6 7 □ 9 □ 11 12 □ 14 15 16 17 □ 19	通过在数射线上标数，数射线上的数往右越来越大，数射线上的数按一定的规律排列	以形助数，培养数感
			2. 在数射线上找到2、4、6、8、10、12、14、16、18、20	在数射线上标出2、4、6、8、10、12、14、16、18、20 0 1		
			3. 按规律标数	按规律标数 0 3 6		
		加减法（一）	1. 在数射线上做加法	请在数射线上画画算算。 15+3=? 0 1 2 3 4 5 6 7 8 9 10 11 12 13 14 15 16 17 18 19 20	数射线帮助理解算法，掌握算法	以形助数，展示算理
			2. 在数射线上做减法	请在数射线上画画算算。 15+3=? 0 1 2 3 4 5 6 7 8 9 10 11 12 13 14 15 16 17 18 19 20		
		加减法（二）	1. 先加到十，凑成十	先加到整十数，凑成十 ●●●●● ●●●● ○　●●●●● ●●●●● 9+5= 想：5+5=10 10+4=14	20数板与数射线结合，分步理解算理	以形助数，理解算理
			2. 在数射线上做进位加法	请在数射线上画画算算。 7+5=12 0 1 2 3 4 5 6 7 8 9 10 11 12 13 14 15 16 17 18 19 第一步：7+3=10　先进到整十 第二步：10+2=12　数，凑成再加剩下的数。		
			3. 在数射线上做退位减法	请在数射线上画画算算。 0 1 2 3 4 5 6 7 8 9 10 11 12 13 14 15 16 17 18 19 20 12-5=7 第一步：12-2=10 第二步：10-3=7		

续上表

年级	单元	内容	知识点	形式	意图	类型
一下	100以内	数射线上百以内的数	1. 在数射线上找数	在数射线上标出：21、96、29、78、45、64.用小旗表示。	在数射线上感受数的有序性，会比较数的大小，初步感知邻近的整十数，为学习四舍五入做铺垫	以形助数，培养数感
			2. 找出一个数的相邻数	说出下面各数的相邻数。 20 21 22　　28 29 30		
			3. 找一个数相邻的整十数	说出下面各数的相邻整十数。 20 21 30　　20 29 30		
			4. 根据数射线比较数的大小	比较大小 73（ ）7　26（ ）62　31（ ）35		
		两位数加整十数	数射线上做加法	18+30=?	利用数射线直观展示计算的过程，明白算理	以形助数，理解算理
		两位数加减一位数	两位数加减一位数（无进位、退位）	23+2=? 3+2=5 23+2=25	利用数射线直观看到计算的过程，明白算理先加减到整十数	以形助数，理解算理
				25-4=? 5-4=1 25-4=21		
			两位数加减一位数（进位、退位）	27+5=? 27+3=30　30+2=32 32-5=? 32-2=30　30-3=27		

续上表

年级	单元	内容	知识点	形式	意图	类型
二上	第一单元	加与减	捞到5条，鱼缸里还有18条，鱼缸里原来有多少条？	捞到桶里5条　鱼缸里现在有18条 鱼缸里原来有几条鱼？ 5+18=23（条） 答：浴缸里原来有23条鱼	看线段图分析简单数量关系，解决实际问题	以形助数，分析问题
			桶里有5条鱼，鱼缸里有18条鱼，鱼缸里比桶里多几条鱼？	捞到桶里5条 浴缸里比桶里多几条鱼？ 浴缸里现在有18条 鱼缸现在有的条数−捞到桶里的条数=浴缸里比桶里多的条数		
			桃树和梨树一共80棵，桃树45棵，梨树有多少棵？	桃树45棵　梨树？棵 一共80棵 80 − 45 = 35（棵） 答：梨树有35棵。		
	第二单元	乘法引入－交换	一共有多少瓶饮料？	仔细观察这些算式，有新的发现吗？ 3个4　　　4个3 3×4=4+4+4=12(瓶)　4×3=3+3+3+3=12(瓶) 交换两个因数的位置，积不变。	从不同角度看图，感知乘法交换律	以形助数，理解关系
		2,4,8的乘法之间的关系	2、4、8之间有什么关系	0　5　10　15　20 2的乘法 4的乘法 8=1×8　　16=2×8 8=2×4　　16=4×4 8=4×2　　16=8×2 一个因数加倍，另一个因数减半，积不变。	通过数射线与表格结合，分析2、4、8之间的关系	以形助数，理解关系
		分一分与除法	18米长的绳子，用3米的钢卷尺去量，量几次？	用3米长的钢卷尺去量18米长的彩绳，需要量几次？ 18m 第1次　第2次　第3次　第4次　第5次　第6次 量了6次，18里有6个3 18 = 6 × 3	通过线段图帮助理解除法的含义	以形助数，理解概念

续上表

年级	单元	内容	知识点	形式	意图	类型
二下	第一单元	相差多少	1. 数射线草图上用补充法求相差数	65与92相差多少？ 补充法 65+（27）=92	数射线辅助，生动、清楚展示加与减的过程	以形助数，理解"补充"和"减去"的思想相配合
二下	第一单元	相差多少	2. 数射线草图上用减去法求相差数	减去法 92-65=27	数射线辅助，生动、清楚展示加与减的过程	以形助数，理解"补充"和"减去"的思想相配合
二下	第一单元	千以内数的认识	1. 根据简图写数	根据下列简图写出数。□□三…（234） □□□……（406） □□□三…（364）	以简图帮助学生对大数的认识	以形助数，培养十进制的建模能力
二下	第一单元	千以内数的认识	2. 根据图表示数	它表示 342 它由 3 个百 4 个十和 2 个一组成。	以简图帮助学生对大数的认识	以形助数，培养十进制的建模能力
二下	第二单元	数射线千	1. 在数射线上找数	在数射线上标出：20, 200, 220, 350, 780, 400, 479, 540, 621	帮助学生积累认数的方法，认识大数	以形助数，培养数感
二下	第二单元	数射线千	2. 找相邻整十数和整百数	找这些数的相邻数和相邻整十数 261 338 286 404 447 260 261 262 337 338 339 260 261 262 337 338 339 261-1 261+9 338-8 338+2 找出下列各数的相邻整百数 326 479 300 350 400 450 500 550 600 320 326 330 470 479 480 540 545 550 300 326 400 400 479 500 500 545 600 326-26 326+74 479-79 479+21 545-45 545+55	帮助学生积累认数的方法，认识大数	以形助数，培养数感

续上表

年级	单元	内容	知识点	形式	意图	类型
二下	第二单元	位置图上的游戏	1. 拿走一个小圆片	游戏一（百、十、个位图，拿走一个）	以图培养学生数的表达能力，培养学生的发散思维及有序思维	以形助数，培养思维的有序性
			2. 添上一个小圆片	加放一片：573、673、583、574		
			3. 移动一个小圆片	移动一片：573、483、474、663、564、671、582		
	第四单元	整百数、整十数的加减法	1. 数射线上做加法	小青蛙从200向前跳300，跳到几呢，算式怎么列？ +300 0 100 200 300 400 500 600 700 800 900 1000 200+300=500	借助数射线帮助理解算理	以形助数，理解算理
			2. 数射线上做减法	小青蛙从900往后跳400，跳到几，算式怎么列？ -400 0 100 200 300 400 500 600 700 800 900 1000 900-400=500		
		三位数加减法	1. 数射线上做加减法	用算线来计算 356+247 =356+7+40+200 =363+40+200 =403+200 =603 先加个再加十最后加百 7 40 200 356 363 403 603	简图算线展示算法，简单明了，理解算理	以形助数，理解算理
			2. 画简图做加减法	356 247 500 90 13 356+247=?		

续上表

年级	单元	内容	知识点	形式	意图	类型
二下	第四单元	克与千克	1. 克的认识	 1个2分硬币约重1克。大约重1克的物品有：1根橡皮筋、2粒黄豆、2个回形针、一粒花生豆……	以身边的实物培养学生对克和千克的认识	以形助数，培养量感
			2. 千克的认识	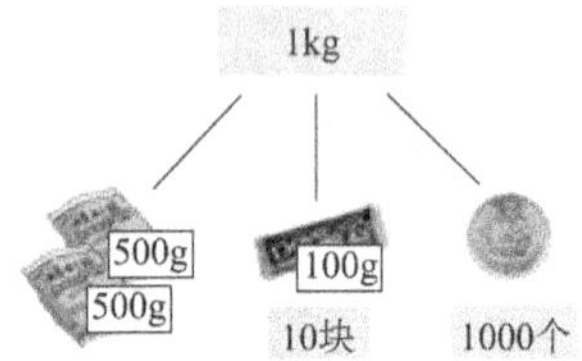 1kg 500g 500g 10块 100g 1000个		
三上	第一单元	连乘连除	1. 一箱有2盒，一盒有4罐，3箱奶粉共有几罐？	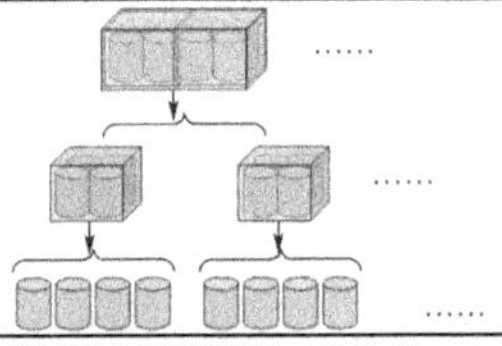	通过图示步骤，分步理解数量关系	以形助数，分析问题
			2. 32罐奶粉可以装几箱？	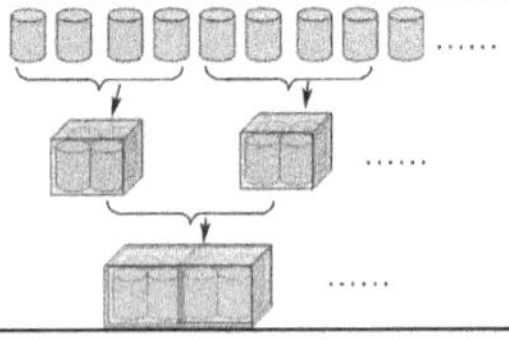		
			3. 共有多少块积木？	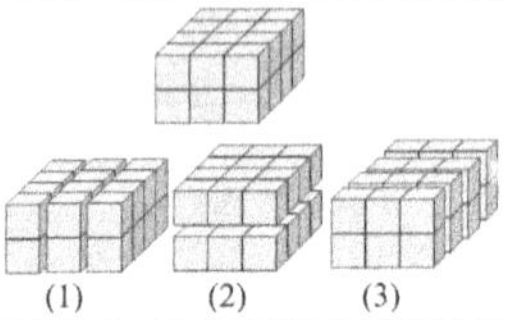 (1) (2) (3)		
	第二单元	用一位数乘	两位数、三位数与一位数乘	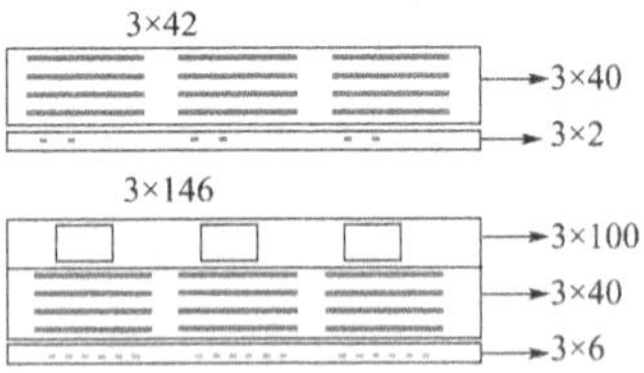 3×42 → 3×40, 3×2 3×146 → 3×100, 3×40, 3×6	数的简图演示，理解算理并掌握算法	以形助数，理解算理
	第四单元	用一位数除	两位数与一位数除	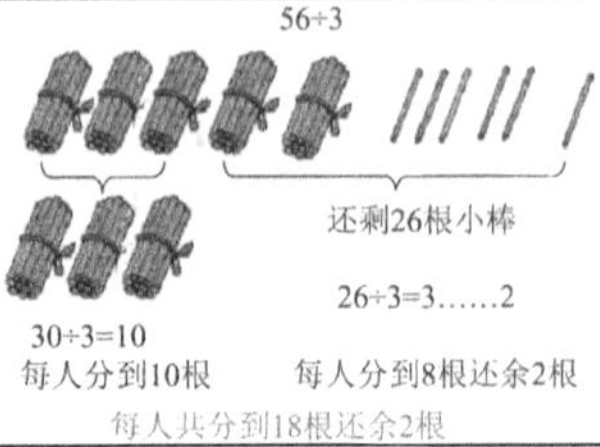 56÷3 还剩26根小棒 26÷3=3……2 30÷3=10 每人分到10根 每人分到8根还余2根 每人共分到18根还余2根	通过小棒图分的步骤，理解除法中剩余继续除的算理	以形助数，理解算理

· 84 ·

续上表

年级	单元	内容	知识点	形式	意图	类型
三上	第六单元	应用	简单的倍比、和倍问题	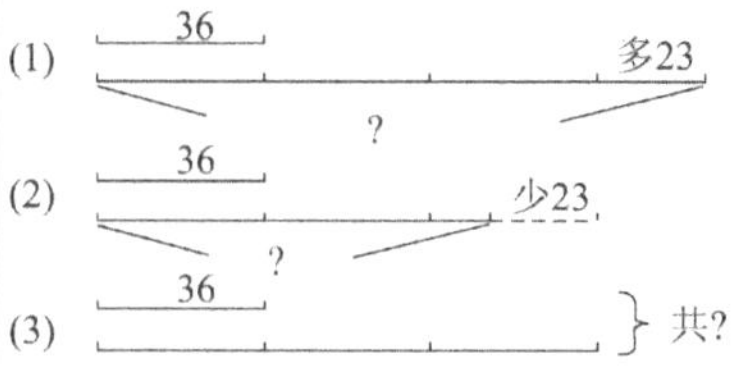 (1) 36，多23，? (2) 36，少23，? (3) 36，共?	通过线段图将题意中的数量关系更清晰展示出来	以形助数，分析问题
三下	第一单元	四则运算	一堆48千克的草料，老黄牛吃了15千克，剩下的平均分给3匹小白马，每匹小白马吃了多少千克草料?	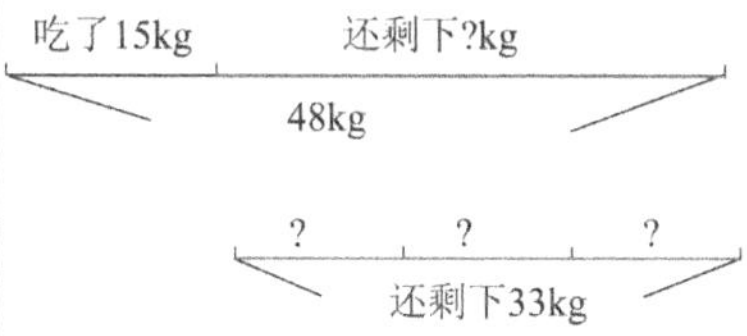 吃了15kg 还剩下?kg，48kg，? ? ?，还剩下33kg	通过线段图理清数量关系及计算顺序	以形助数，分析问题
三下	第四单元	分数	几分之一、几分之几的认识	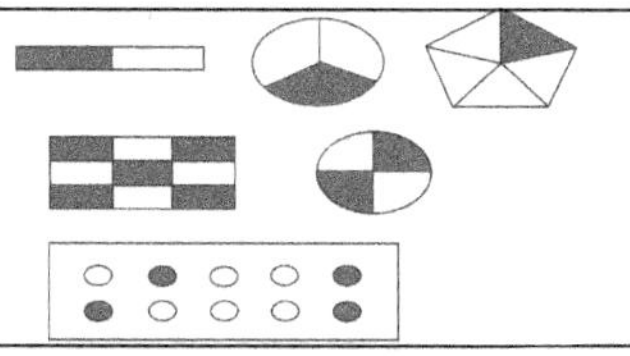	通过图示与文字表述结合的形式理解分数含义	以形助数，理解概念
四上	第一单元	加法与减法	四1班共有38人，男生21人，女生有多少人?	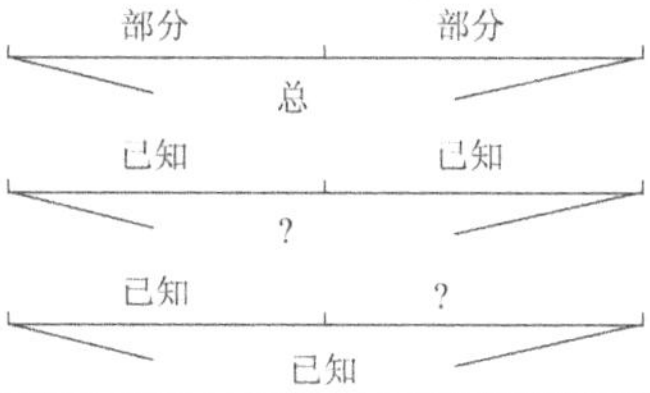 部分 部分 总 已知 已知 ? 已知 ? 已知	通过用线段图表示题意，理解加减之间部分与总数的关系	以形助数，分析问题
四上	第一单元	乘法与除法	乘除法之间关系	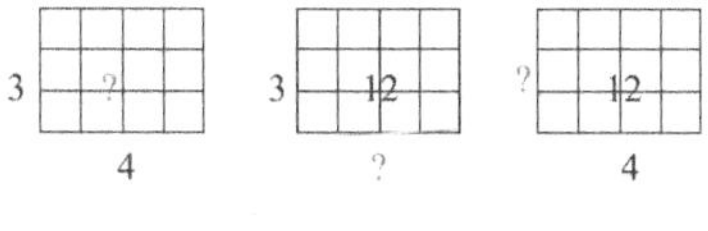 3 [?] 4 ; 3 [12] ? ; [?] [12] 4	通过计算图形的行数、列数与总数理解乘除法之间的互逆关系	以形助数，分析问题
四上	第一单元	分数	相等的分数	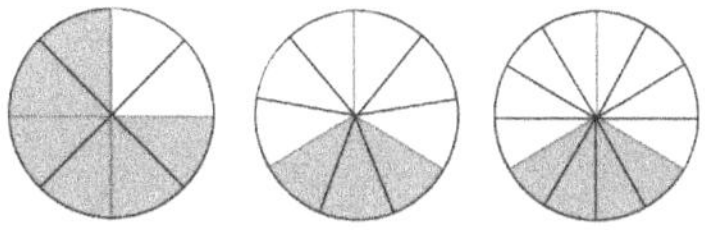	通过不同角度观察图形平均分成若干份，阴影部分占其中的几份，理解相等分数意义	以形助数，理解概念

续上表

年级	单元	内容	知识点	形式	意图	类型
四上	第二单元	数与量	大数四舍五入	(数射线图：a 9230 9500 1870 b 11500；7000 8000 9000 10000 11000 12000 13000) 1.说说 9230、10 670最接近哪个整千数，为什么？ 2.仔细观察，说说 a可能会是几？最接近哪个整千数。 3.想一想 7289、8912、12 560大概位置在哪里？	通过在数射线上感受大数的大概位置，理解并掌握四舍五入方法	以形助数，发展数感
	第三单元	分数认识	分数比大小	(分数比较图：$\frac{1}{10}$、$\frac{3}{10}$○$\frac{7}{10}$；$\frac{1}{2}$○$\frac{1}{3}$○$\frac{1}{4}$○$\frac{1}{5}$；$\frac{2}{3}$○$\frac{2}{6}$○$\frac{2}{4}$)	通过分数单位的图形大小比较分数大小	以形助数，掌握算法
			分数墙比大小	(分数墙图：$\frac{1}{4}$、$\frac{1}{8}$、$\frac{1}{12}$)	通过分数墙中分数单位组成的长短得到分数的大小和相等分数	以形助数，掌握算法
			分数加减法	(分数条图：$\frac{2}{7}$、$\frac{3}{7}$、?；?、$\frac{3}{7}$、$\frac{5}{7}$)	通过分数单位的合并、减少理解分数加减法计算方法	
	第四单元	几何	特定度数角的认识	直角90° 平角180° 周角360° 锐角小于90° 钝角大于90°小于360° (三角板：30°、60°；45°、45°)	通过图与度数的结合呈现，使学生在头脑中建构正确的图形表象，初步发展空间观念	以数助形，发展空间观念

续上表

年级	单元	内容	知识点	形式	意图	类型
四下	第一单元	倍比应用题（求一倍数）	故宫面积约72万平方米，比上海人民广场面积的5倍多2万平方米。人民广场面积约多少		理解倍比题意，明确未知量	以形助数，分析问题
	第二单元	小数认识	把整体1平均分成10份、100份、1000份……，每一份是0.1、0.01……		通过观看整体1平均分的过程，理解小数含义	以形助数，发展数感
		小数组成	0.6、0.32、3.7、2.46……		理解纯小数、带小数组成	以形助数，理解概念
		小数性质	0.3与0.30比		通过阴影面积的大小比较与长度比较理解小数性质	以形助数，理解概念
	第五单元	问题解决	小胖有3个苹果，增加2倍后就是小亚带的苹果数。	线段图	通过线段图理解"增加"和"增加到"	以形助数，分析问题
		计算比赛场次	六个参赛队，每2个队之间都要进行一场比赛，共要进行几场比赛？		理解简便计算场次方法	以形助数，分析问题

续上表

年级	单元	内容	知识点	形式	意图	类型
五上	第二单元	小数乘整数	2.6×3		通过方格图算面积或线段图求和理解小数乘法算理（3个2与3个0.6的和、3个2.6的和）	以形助数，理解算理
		小数除法	7.2米的彩带平均分给4人，每人能分到多少米？		通过分步演示小数平均分理解小数除法含义	以形助数，理解算理
五下	第二单元	正负数	正负数意义		1. 通过温度计的升降理解零上与零下温度所表示的相反意义的量认识正负数 2. 通过海拔的演示进一步认识正负数	以形助数，理解概念
			数轴		通过温度计横放衍生出数轴初步模型，更有利于数轴数序的排列及正负数大小的理解	以形助数，发展数感

通过梳理"数与运算"这一领域中，不难发现在这领域中有效渗透"以形助数"思想方法的内容相当的丰富，而且数与运算的知识体系发展也非常的系统。如沪教版低年级的数射线：从20以内的数射线，发展到100

以内的数射线,再到 1000 以内的数射线一直到大数的认识、算线;三年级时又认识小数、分数、数轴,使学生所学的数的范围渐渐增大。作为数学教师要尊重知识点的发展规律,要在知识的形成和发展过程中,及时把握渗透以形助数的思想方法的契机,使学生经历数学知识及数学思想方法的发生、发展和内化的过程,利用数射线、数轴,培养好学生的数感,使学生认识到知识获得的过程和方法的重要性。

(二)方程与代数

年级	单元	内容	知识点	形式	意图	类型
二下		方框里填几	缺加数、缺减数、缺被减数	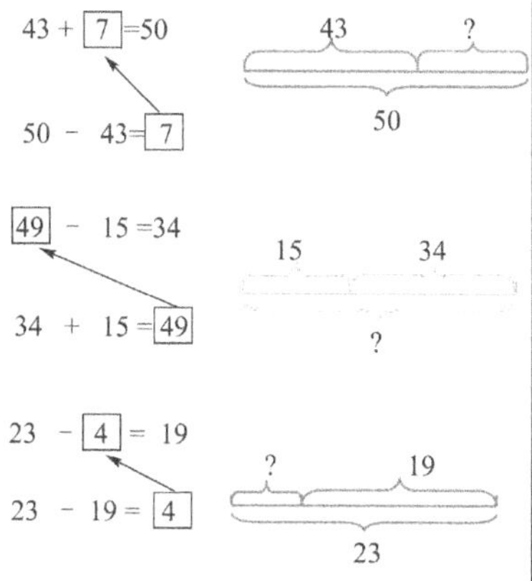 （图示：43+[7]=50；50-43=[7]；[49]-15=34；34+15=[49]；23-[4]=19；23-19=[4]，配线段图）	看线段图理解加减法之间的关系	以形助数,分析数量关系
五上	第四单元	方程	等式与方程	看天平书写体现左右关系的式子（天平图示） 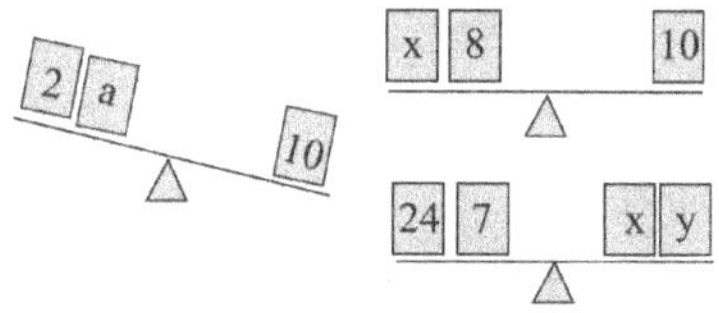	用天平两边的重量平衡关系来说明等式与方程的含义	以形助数,理解概念
		列方程解应用题	（求和、差比、倍比等类型应用题）小巧买了14支铅笔,是小丁丁买的铅笔数的2倍,小丁丁买了多少支铅笔?	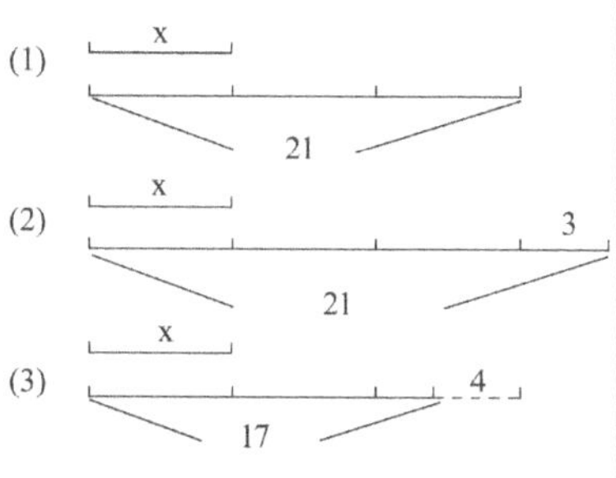 （图示线段图(1)(2)(3)）	用图示理解等量关系	以形助数,分析问题

续上表

年级	单元	内容	知识点	形式	意图	类型
五上	第三单元	列方程解应用题	行程问题	相向而行： (1) 甲→ ←乙 (2) 甲→ ←乙 (3) 甲→ ←乙 (4) 甲→ ←乙	通过线段图，能有效帮助学生理解行程问题中的等量关系。如相向而行和相背而行：几部分线段的和＝总路程。同向而行：一人行的几部分路程和＝另一人行的全称	以形助数，分析问题

在"方程与代数"中低年级主要是通过线段图，帮助直观形象地理解加数与和的关系，被减数、减数与差的关系，在初步体验和感悟的基础上抽象出数量关系。因为线段图能将显性的和隐性的数量关系直接呈现，体现一一对应，将复杂的关系简单化，因而线段图是理解抽象数量关系的形象化、视觉化的工具。到高年级在列方程解应用题，特别是行程问题，和倍、差倍以及和差问题时用线段图帮助理解数量关系，简洁易懂，但关键要处理好具体、直观与抽象、概括的关系，在低年级让学生会看线段图、会画线段图，会用线段图提炼信息，逐步适当提高学生以形助数的思想方法，让学生在潜移默化中感受数形结合的优点，同时为下阶段系统学习代数知识奠定良好的基础。

（三）数据整理与概率统计

年级	单元	内容	知识点	形式	意图	类型
二年级	第三单元	统计	学会统计整理数据	车辆情况统计表 种类：轿车 公共汽车 面包车 卡车 辆数：50 30 25 10 （正字计数）	经历分类计数的过程	以形助数，理解统计的意义和作用

续上表

年级	单元	内容	知识点	形式	意图	类型
五年级	第三单元	平均数	小丁丁、小巧、小胖、小亚每人分别得到9、5、6、4颗糖，平均每人得到多少颗？	小丁丁 小巧 小胖 小亚 2.6　　2.6　　2.6 ?	理解移多补少得到平均值的含义	以形助数，理解概念

"数据整理与概率统计"这一知识板块所涉及的内容很少，这部分内容主要是让学生联系生活实际，从相关的生活经验和已有知识出发，组织数据处理活动，以形助数，针对统计图表，处理问题，获得统计体验。也不难发现在"图形与几何"知识这一领域都是渗透"以形助数"的思想方法，而是从一维空间发展到二维、三维空间，从观察用自己的语言描述形体特征，描述方位和物体间的相互位置，到抽象出图形，认识图形的变换，它是体现以形助数的数学思想方法。

二、整理出"数与代数"所涉及的有关"以形助数"知识内容的具体教学目标

在梳理小学阶段有效渗透数形结合思想方法内容的同时，学校选择了部分内容进行了教学实践，边实践边梳理与之相对应的教学目标。

（一）"数与运算"知识目标梳理

年级	知识内容	目标	形式
一上	认识20以内数射线	1. 创设情境，经历数射线的形成过程，认识数射线及三个基本特征 2. 能利用数射线的特征找相邻数，比大小等 3. 渗透数学思想，培养对数学的美好情感	⓪①②③④⑤⑥⑦⑧⑨⑩→ 起点　　单位长度　　方向

· 91 ·

续上表

年级	知识内容	目标	形式
一上	认识20以内数射线	1. 知道20以内数的排序,并能在数射线上一样标出 2. 让学生通过数射线感受数的有序性,渗透一一对应的数形结合思想方法,培养数感	在数射线上标出2、4、6、8、10、12、14、16、18、20
	20以内加减法(一)	1. 进一步在数射线上建构加法运算,在数射线上加法就是往右跳 2. 探索看数射线计算20以内进位加法,体会"凑十"的算法	请在数射线上画画算算。 15+3=?
	20以内退位减法	1. 进一步在数射线上建构减法运算,在数射线上减法就是往左跳 2. 通过数射线的直观性,渗透数形结合思想,培养学生算法思维	请在数射线上画画算算。 7+5=12 第一步:7+3=10　　先进到整十 第二步:10+2=12　　数,凑成再 　　　　　　　　　加剩下的数。
	加减法(二)	1. 利用20数板的直观性,通过动脑、动手、动口相结合,建立和巩固凑十的数学模型 2. 通过数板的直观性,渗透数形结合思想,培养学生算法思维	先加到整十数,凑成十 9+5=　　　　　9+5= 想:5+5=10　　想:5+5=10 　　10+4=14　　　　10+4=14

续上表

年级	知识内容	目标	形式
一下	数射线上百以内的数	1. 能正确地在数射线上数 100 以内的数 2. 通过在数射线读数、标数，理解百以内数的有序性 3. 会在数射线上标数，并通过数射线找出最相近的整十数	在数射线上标出：21、96、29、78、45、64，用小旗表示。 说出下面各数的相邻数。 ___ 21 ___ ___ 29 30
	百以内加减法	1. 利用数射线直观地进行两位数加减整十数、两位数加减一位数的运算 2. 借助数射线的直观性，培养学生的算法思维以及推算能力	18+30=? 25-4=? 5-4= 1 25-4= 21 27+5=? 27+3=30 30+2=32 32-5=? 32-2=30 30-3=27

续上表

年级	知识内容	目标	形式
二上	加减法应用	1. 能从图、文字、语言中，收集自己所需的信息 2. 能看懂线段图，知道用线段图表示数量关系的好处 3. 能使用线段图分析数量之间的关系，解决简单的问题	捞到桶里5条　鱼缸里现在有18条 鱼缸里原来有几条鱼？ 5+18=23（条） 答：浴缸里原来有23条鱼 捞到桶里5条 浴缸里比桶里多几条鱼？ 浴缸里现在有18条 浴缸里现在有的条数−捞到桶里的条数=浴缸里比桶里多的条数 桃树45棵　梨树？棵 一共80棵 80 − 45 = 35（棵） 答：梨树有35棵。
二上	乘法意义	1. 通过对同一事物（对象）不同角度的观察，知道用 a 个 b 和 b 个 a 得到的结果是相等的 2. 以图助数帮助学生理解在乘法中交换两个因数的位置，积不变	仔细观察这些算式，有新的发现吗？ 3个4　　　　　4个3 3×4=4+4+4=12(瓶)　4×3=3+3+3+3=12(瓶) 交换两个因数的位置，积不变。
二上	分一分与除法	1. 通过分一分、圈一圈等操作活动理解除法的基本含义——就是重复取走相同的数，能用同数连减来表示 2. 通过动手操作，帮助学生理解"分一分与除法"之间的关系，知道"几里面有几个几"	用3米长的钢卷尺去量18米长的彩绳，需要量几次？ 18m 第1次 第2次 第3次 第4次 第5次 第6次 量了 6 次， 18里有 6 个3 18 = 6 × 3

续上表

年级	知识内容	目标	形式
二下	千以内数的认识	借助千数图直观直观认识千以内的数，能正确读写千以内的数	根据下列简图写出数。 □□≡… (234) □□□□…… (406) □□□≡… (364)
		知道千以内的数是有几个白、几个十、几个一组成的，能用板条块及千数图或算盘等多种表达形式来表示千以内的数	它表示 _342_ 它由 _3_ 个百 _4_ 个十和 _2_ 个一组成。
	数射线 千	能在数射线上标出给出的数，能写出数射线上的点所表示的数	在数射线上标出：20, 200, 220, 350, 780, 400, 479, 540, 621
		通过看数射线，写出给定数相邻的数与相邻的整十数	找这些数的相邻数和相邻整十数 261 338 286 404 447 _260_ 261 _262_ _337_ 338 _339_ _260_ 261 _262_ _337_ 338 _339_ 261-1 261+9 338-8 338+2 找出下列各数的相邻整百数 326 479 _320_ 326 _330_ _470_ 479 _480_ _540_ 545 _550_ _300_ 326 _400_ _400_ 479 _500_ _500_ 545 _600_ 326-26 326+74 479-79 479+21 545-45 545+55

· 95 ·

续上表

年级	知识内容	目标	形式
二下	位置图上的游戏	通过位置图上添加、拿走、移动小圆片体会数的变化，通过以图帮助培养学生的发散思维及有序思维的能力	游戏一 百 十 个 拿走一个 移动一片 可能是： 573 483　474 663　564 671　582
	千以内的加减法	通过媒体展示动物在数射线上跳的画面，生动展示加减法的过程。借助数射线完成整百数的加减法	小青蛙从200向前跳300，跳到几呢，算式怎么列？ +300 0 100 200 300 400 500 600 700 800 900 1000 200+300 = 500 小青蛙从900往后跳400，跳到几，算式怎么列？ -400 0 100 200 300 400 500 600 700 800 900 1000 900-400 = 500

续上表

年级	知识内容	目标	形式
二下	三位数加减法	选用算线、简数图或板条块等不同的材料帮助学生探究三位数加减法的计算方法，培养加法算法思维	用算线来计算 356+247 =356+7+40+200 =363+40+200 =403+200 =603 先加个 再加十 最后加百 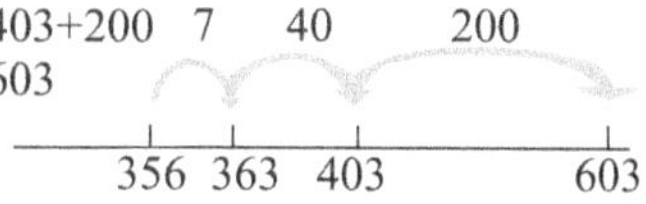 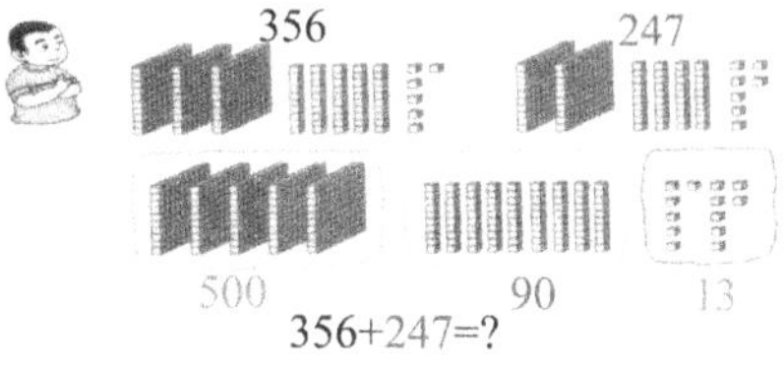 356 363 403 603 356 247 500 90 13 356+247=?
三上	连乘连除	通过图示分解，了解连乘、连除的意义，知道连乘、连除的运算顺序，并能正确计算连乘、连除两步计算式题	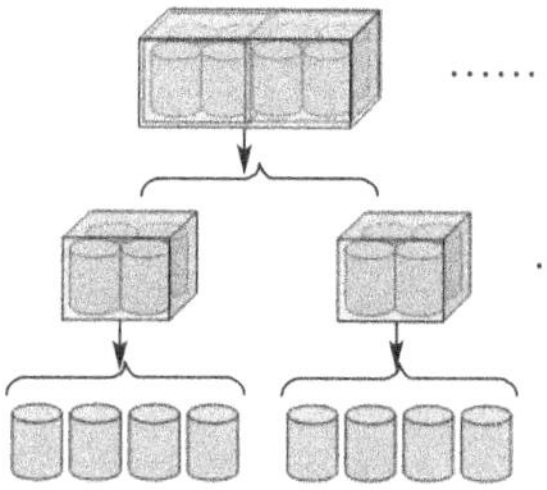 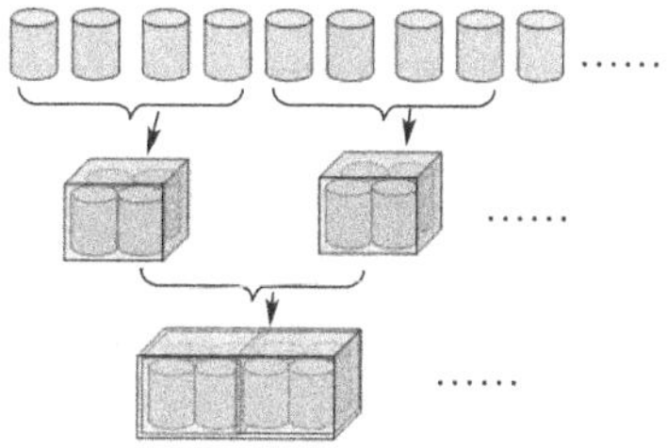 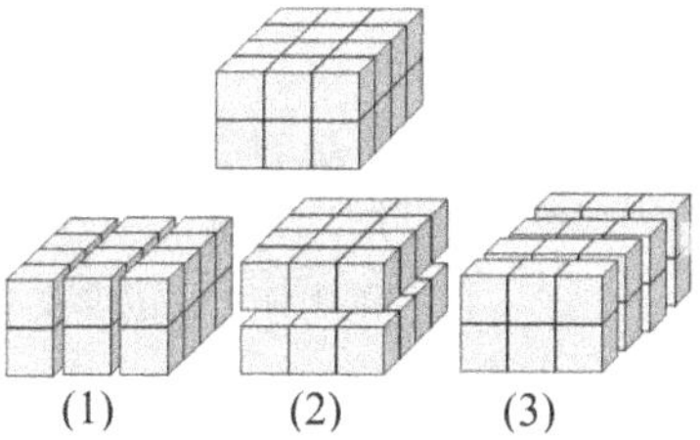 （图示）(1) (2) (3)

续上表

年级	知识内容	目标	形式
三上	用一位数乘	通过观察数图符号，初步理解一位数乘两位数、三位数的算理，掌握算法	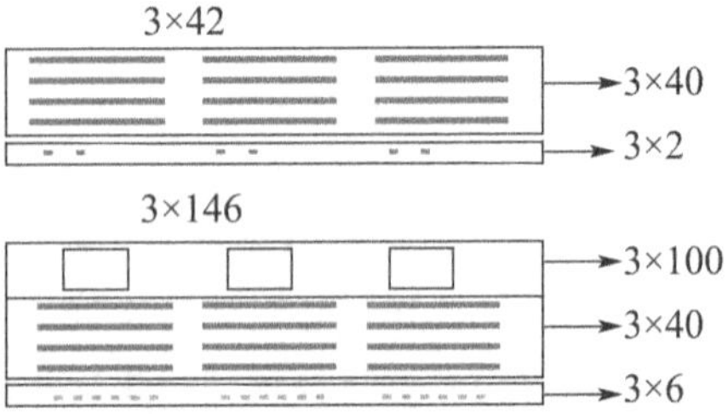 3×42；3×40；3×2；3×146；3×100；3×40；3×6
	用一位数除	通过观察实物图形动态演示，初步理解一位数除两位数、三位数的算理，掌握算法	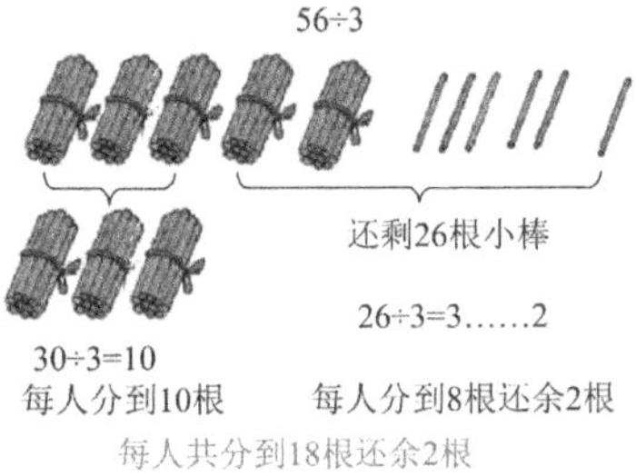 56÷3；还剩26根小棒；26÷3=3……2；30÷3=10 每人分到10根；每人分到8根余2根；每人共分到18根余2根
	应用	通过观察、读懂线段图示表示数与量之间的关系，渗透解题策略提高解决简单实际问题的能力	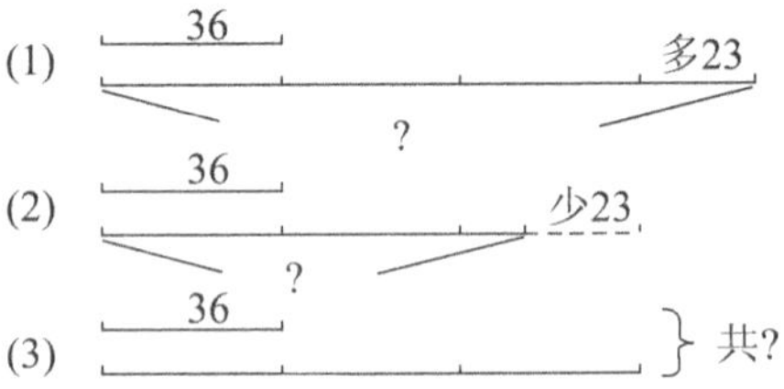 (1) 36，多23，? (2) 36，少23，? (3) 36，共?
三下	四则运算	通过观察线段图示，解析情境，掌握两步四则混合运算式题的计算方法	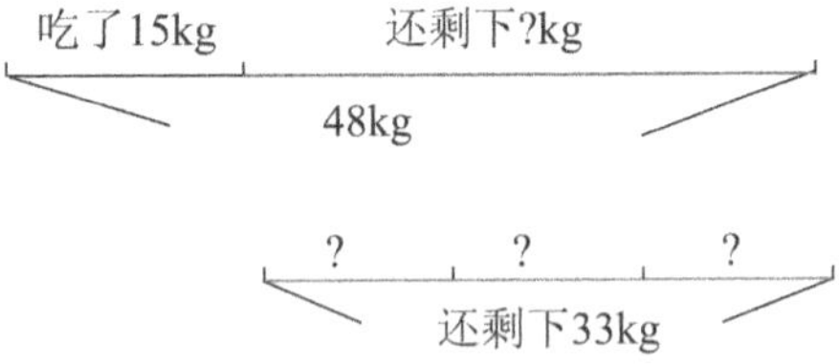 吃了15kg 还剩下?kg 48kg；? ? ? 还剩下33kg
	分数	通过观察几何图示，理解几分之一和几分之几的含义	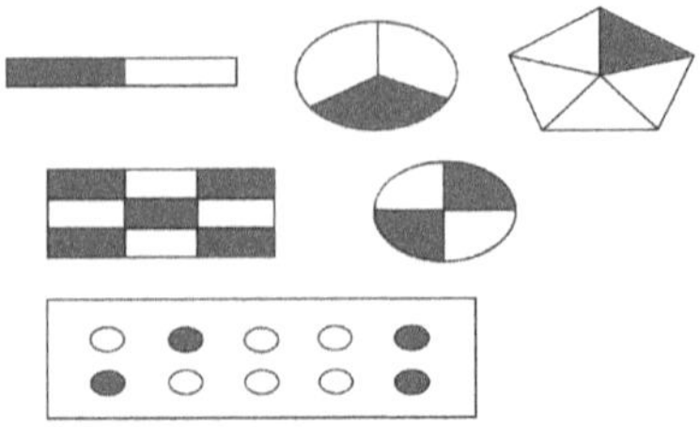

续上表

年级	知识内容	目标	形式
四上	分数	通过观察等份图形，认识相等分数	
	数与量	通过观察数射线上的数，理解四舍五入法凑整的由来，掌握四舍五入凑整方法	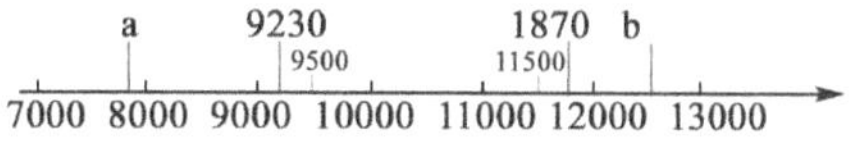 a 9230 1870 b 9500 11500 7000 8000 9000 10000 11000 12000 13000 1.说说 9230、10 670最接近哪个整千数，为什么？ 2.仔细观察，说说a可能会是几？最接近哪个整千数。 3.想一想 7289、8912、12 560大概位置在哪里？
	分数认识	通过观察图示，比较直观图形大小，归纳分数大小比较4的方法	$\frac{1}{10}$ $\frac{3}{10}$ ○ $\frac{7}{10}$ $\frac{1}{2}$ ○ $\frac{1}{3}$ ○ $\frac{1}{4}$ ○ $\frac{1}{5}$ $\frac{2}{3}$ ○ $\frac{2}{6}$ ○ $\frac{2}{4}$
		通过观察直观图示，掌握分数加减运算方法	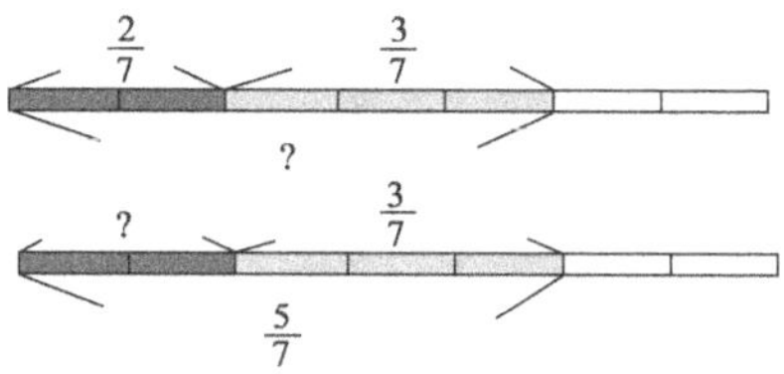 $\frac{2}{7}$ $\frac{3}{7}$? ? $\frac{3}{7}$ $\frac{5}{7}$
四下	倍比应用题（求一倍数）	通过尝试设计线段图示，理解数量之间关系，掌握求一倍数的方法	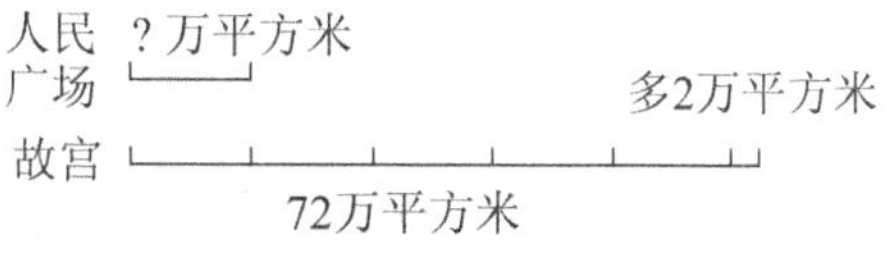 人民广场 ?万平方米 故宫 多2万平方米 72万平方米

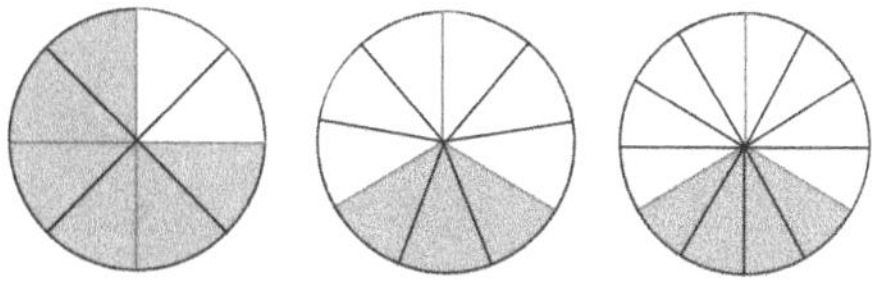

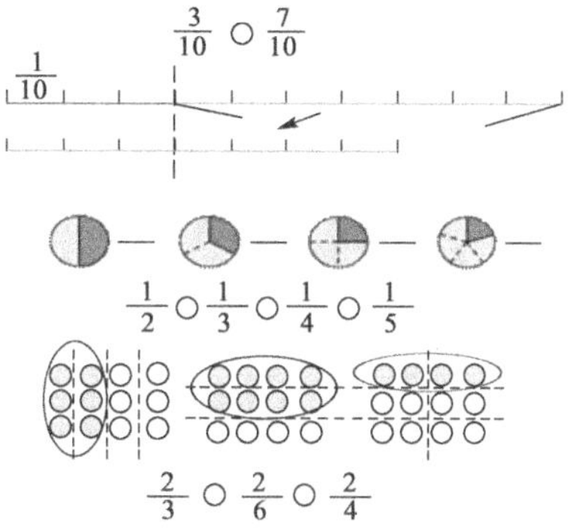

续上表

年级	知识内容	目标	形式
四下	小数认识	通过观察数射线上的等份，感知小数的大小及其数序位置	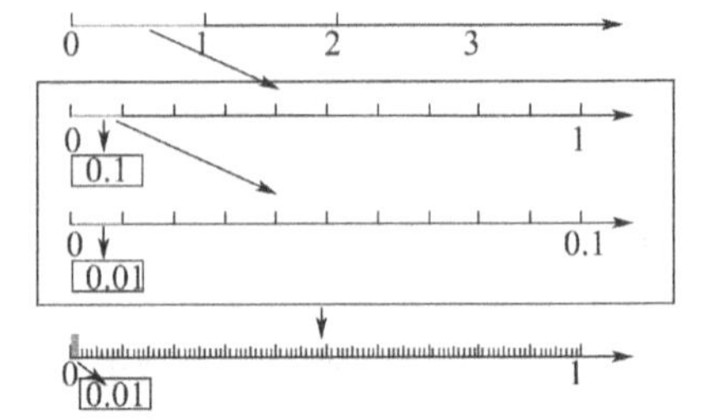 （数射线图示）
四下	小数性质	通过观察比较，知道小数部分的末尾添上"0"或者去掉"0"，小数的大小不变	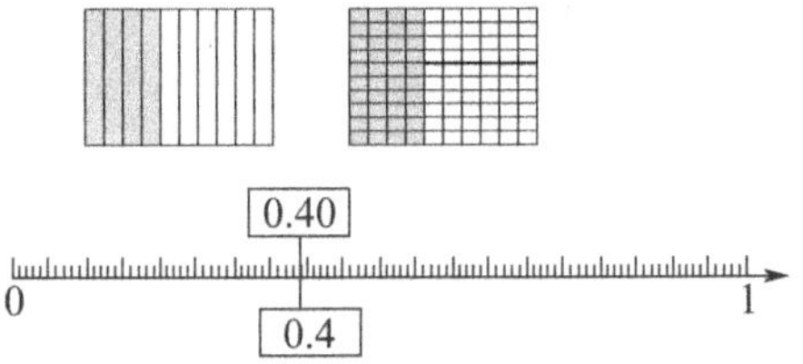 （方格图及数射线图示）
四下	计算比赛场次	通过图示法，理解比赛中的组合、搭配问题，掌握计算方法	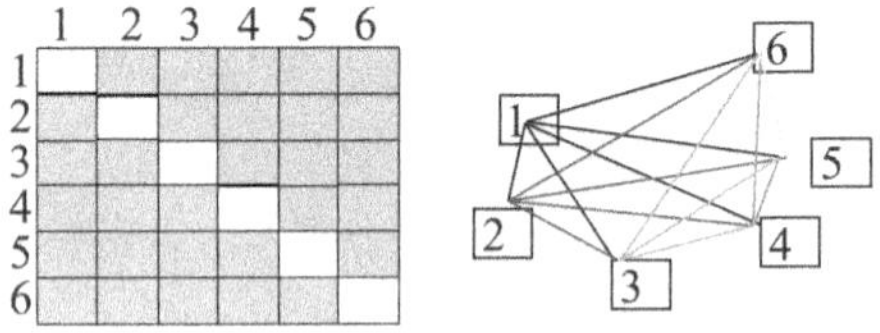 （表格与连线图示）
五上	小数乘整数	通过直观图示，理解小数乘法算理，掌握小数乘法的计算方法	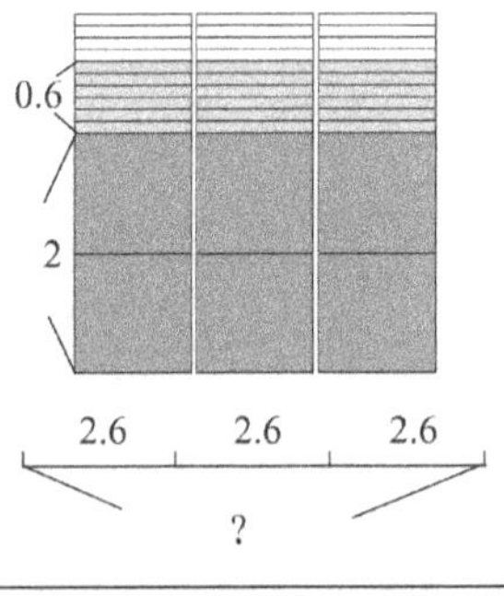 （方格图示，2.6 2.6 2.6，?）
五上	小数除法	结合线段图示，理解小数除法算理，掌握小数除法的计算算法	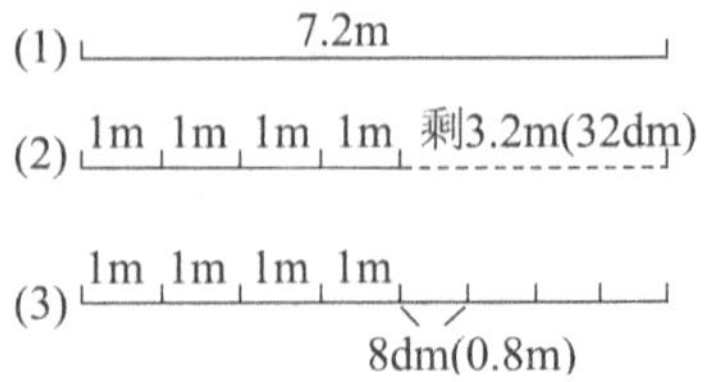 (1) 7.2m (2) 1m 1m 1m 剩3.2m(32dm) (3) 1m 1m 1m 8dm(0.8m)

续上表

年级	知识内容	目标	形式
五下	正负数	结合具体情境体验，理解相反意义的量	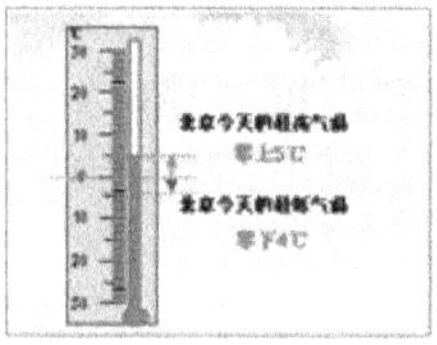 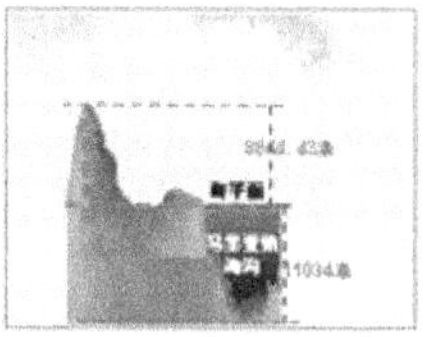
		结合直观实物演变，初步体验数轴生成	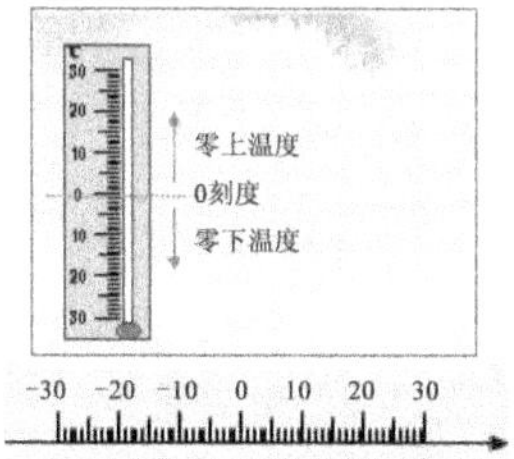 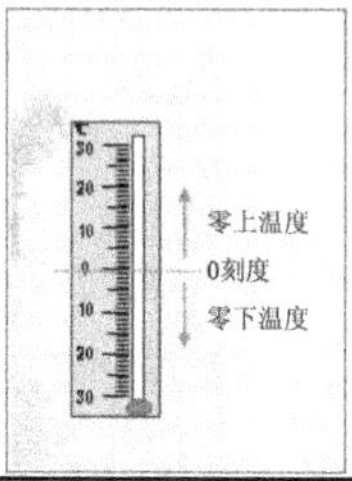

通过目标梳理，发现小学阶段"数的认识"这部分知识是根据学生的认知规律由小到大，认数时教材大部分都是利用数射线、简图、板条块等直观的材料帮助学生认数。以形思数，本身是"数"方面的问题，但通过观察可发现它具有某种几何特征，由这种几何特征可以发现数与形之间的新关系，使问题获解，渗透了数形结合的思想。

（二）"方程与代数"知识目标梳理

年级	知识内容	目标	形式
二下	方框里填几	1. 会看线段图分析简单的数量关系，初步感知等式的概念 2. 能根据线段图理解加减法之间的关系，计算所缺的数	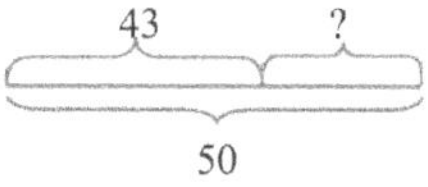 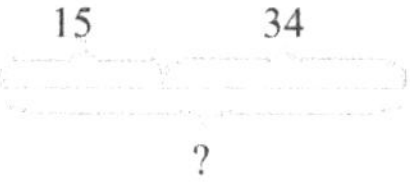 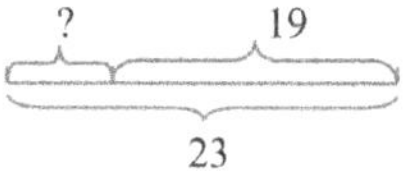

续上表

年级	知识内容	目标	形式
五上	方程	通过形象图示，直观理解方程的含义，会用方程表示简单情境中的等量关系	看天平书写体现左右关系的式子 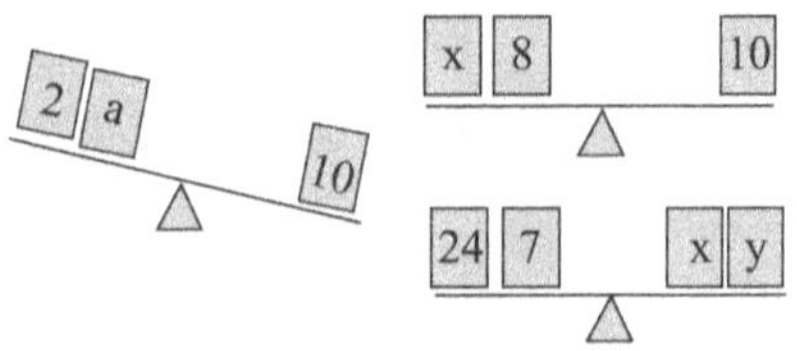
	列方程解应用题	通过观察线段图示间的关系，能正确寻找等量关系	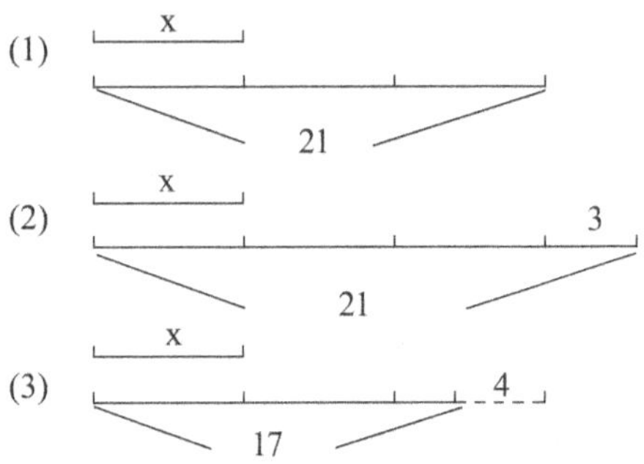 (1) (2) (3)
	列方程解应用题	通过直观图示，能初步寻找行程问题中的等量关系	相向而行：(1)(2)(3)(4) 相背而行：(1)(2) 同向而行：(1)(2) 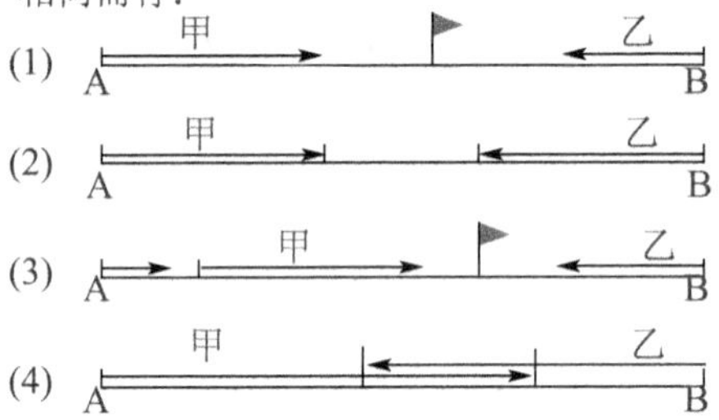 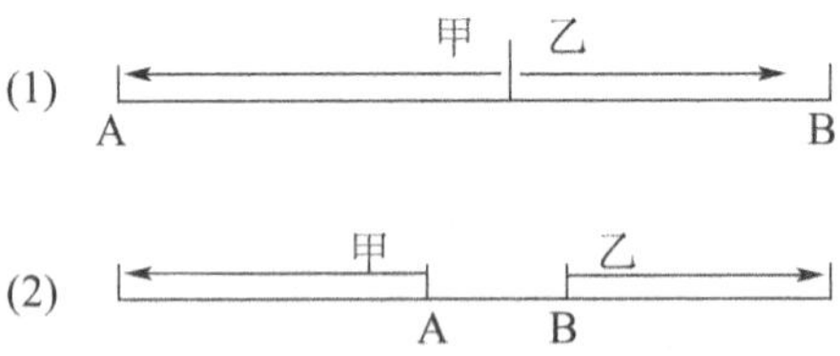 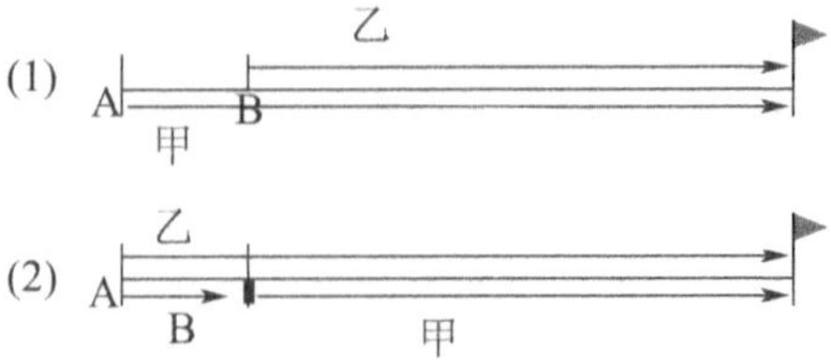

在"方程与代数"这板块知识中都是借助线段图，直观形象地理解抽象的数量关系。因为线段图能将显性的和隐性的数量关系直接呈现，体现一一对应，将复杂的关系简单化，因而是理解抽象数量关系的形象化、视觉化的工具。

（三）"数据整理与概率统计"知识目标梳理

年级	知识内容	目标	形式
二年级	统计	1. 经历数据的整理过程，并对数据进行简单的分析、决策 2. 对每类的对象进行统计并将结果填入表内，会画统计图 3. 激发学生参与统计活动的情趣，初步渗透统计思想和方法，提高学生解决实际问题的能力	 车辆情况统计表
五年级	平均数	通过直观图示的动态演示，体验移多补少的含义，正确理解平均数含义	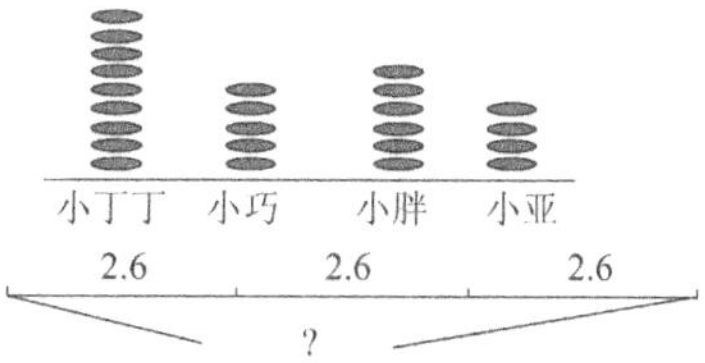

通过目标梳理，发现"数据整理与概率统计"的知识主要都是通过学生亲身经历数据整理的收集过程，或者是通过直观的演示来理解平均数的概念。

三、研究成效

课题研究使师生得到了双赢，提升了学校课堂教学的有效性。

（一）促进了学生学习力的发展

（1）学生的学习兴趣明显增强。由于教师在教学中有意识地渗透了数形结合的思想方法，达到了化抽象为直观、化难为易、化繁为简的目的，有效地降低了教学难度，使得学生便于理解，学习兴趣也明显增强，从而更加积极主动地参加到教学活动中去,提高了学习主动性。

2. 学生的思维能力明显提高。数形结合思想方法的渗透使得学生的思维能力和解决问题的能力明显提高,解题策略明显优化。学生在期末综合性评价的练习、宝山区绿色指标考试中数学成绩每次均在宝山区平均分以上,在周围各兄弟学校相比占较大优势。

(二)促进教师自主学习力的发展

(1)教师教学能力的提高。在课题研究的过程,课题组的教师不断加强理论学习,更新教学理念,改进教学方法,从而使得教学能力有了进一步的提升。教师在每学期的实践课中都能围绕课题进行实践,在实践中反思自己的行为,进行案例分析。在刚开始实践时是学校的骨干老师率先实践,当找到了渗透数形结合的方法后,成熟型的老师跟进尝试;青年教师进行学习、模仿实践并及时进行反思改进再实践。通过不断地改进实践促进了教师的成长,也促进了团队的合作。

(2)教师科研能力的提升。两年的学习和实践研究,磨炼了学校的数学教师队伍,增强了课题组成员的科研意识、课改意识。随着课题组成员理论学习和实践探索的不断深入,课题组的每个成员都结合本课题不断地反思自己的教学,撰写了相关的教育教学论文和案例发表在不同的刊物上。实践加反思促使教师由"经验型"的教师逐渐向"研究型""反思型"的教师转变。两位课题研究者2018年被评为宝山区的学科带头人,高境镇的教学骨干。数学组的老师虽然只有9名,但承担着2个区级课题,老师们在两个课题的引领下,不断进行自主学习,开微型讲座,以课题为引领进行有目的的课堂实践,形成了一个研究序列。

第三节 基于"任务型"的小学英语课堂教学的实践研究

所谓"任务型"教学,就是以具体的任务为学习动力或动机,以完成任务的过程为学习的过程,以展示任务成果的方式来体现教学成就的一种教学方式。教师将一个或更多的教学目标融合到具体的教学活动中,让学习者在完成教学"任务"的过程中,更加积极、主动,创造性地实现教学目标,以获得"即学即用"的技能。

对于小学英语课堂来讲,"任务型"的课堂教学就是在英语学科的教学目标确定之后,教师需要分析和设计具体任务,以及完成任务所需要的其他前提知识和需要采用的教学方法和技巧等，旨在将每一个教学目标拓展为教学活动中可用的具体内容。它由信息输入、活动方式、师生角色、教学环境等要素组成。

语用能力就是运用语言进行得体交际的能力，它可以简化为表达和理解两个方面。为使语言表达得体、合适，语言的使用者就必须学会针对特定语境，考虑到社会和文化因素，灵活、合理地使用语言；而为了增强对语言的理解力，语言的接受者就必须了解言语交际的一般模式和原则，以及话语意义的多层次性。因此，在小学阶段要培养学生初步运用英语进行交际的能力。

一、小学"任务型"英语课堂教学的模式

结合小学生的年龄、心理等特征，英语教研组有效整合了《牛津英语（上海版）》小学教材，并以"以学生为主体，以任务为载体，以话题为主线，以培养学生的综合语言能力为目的"为理念，在实践中提炼了小学"任务型"英语课堂教学的模式。

（一）"任务型"英语课堂教学模式的主要操作流程（图3-1）

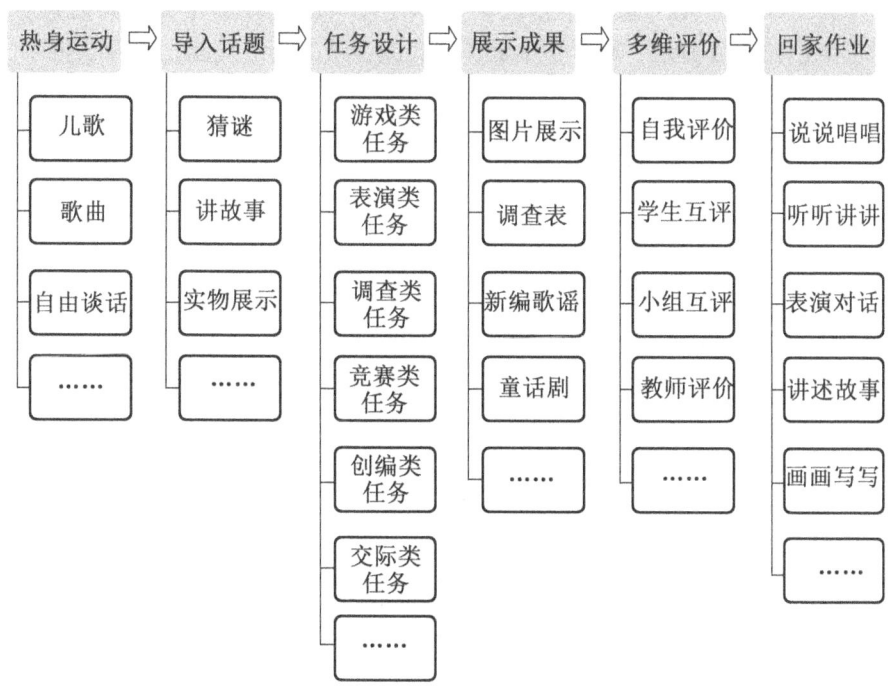

图3-1

【说明】

（1）Warming up：教师根据教学内容设计跟着录音表演儿歌、歌曲的任务，或与学生自由谈话的任务，如谈论近期发生在学生生活中的事件等形式，引导学生在情境中应用所学过的语言练习说话。

（2）Pre-task：教师通过猜谜语、讲故事、实物展示等方式导入本课话题，学生在对话题产生兴趣的同时明确本课主要任务及完成任务的具体流程。

（3）While-task：教师根据本课主要任务，分解成数个相关微型任务，设计成任务链，需注意任务链在设计时应遵循环环相扣、确保学生完成的原则。如设计：听故事设想结尾，听故事回答问题，给图片设计对话、扮演角色等任务。

（4）Post-task：在"主题"语言环境中，学生在交际性的活动中以个人、小组、自由组合等方式完成任务，展示成果。成果展示的形式可以是编故事、角色表演、调查表、小报告、童话剧表演等。

（5）Check：此处评价主要分两个部分。一是每课学习后评价，教师组织学生针对课堂教学中完成任务的情况进行自我评价、小组互评及教师总体评价；二是单元教学后评价，此时评价的内容主要是针对学生任务成果的评价。

（6）Homework：教师根据教学内容设计与课堂教学相关的课后任务，为学生创建语言情景，培养学生听、说、读、演的英语技能，提升学生综合运用语言能力。

（二）"任务型"英语课堂教学中任务设计的类型与相应的策略

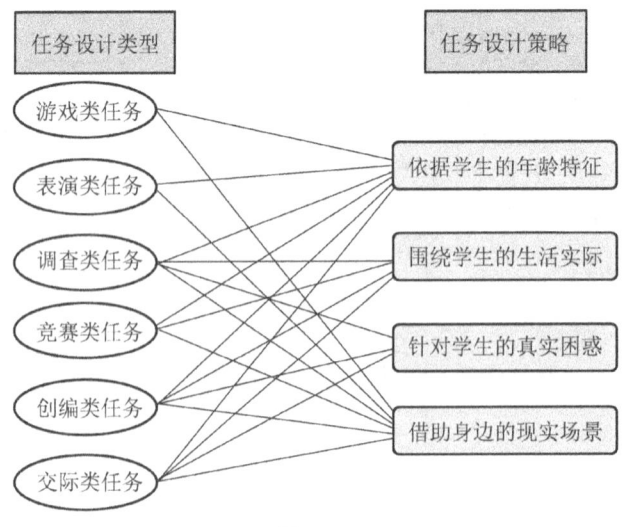

图3-2

在实施"任务型"英语课堂教学任务设计时，依据教学内容与学生的具体情况，根据任务设计的类型，采用相应的教学策略，让学生用英语完成各种真实的生活、学习、工作等任务，将课堂教学的目标真实化、任务化，从而培养其运用英语的能力（图3-2）。

下面以《牛津英语》上海版三年级第一学期第三模块第三单元《In the park》第一课时《Running kids》为例，来具体说明小学"任务型"英语课堂教学模式的实施过程。

【案例描述】

1. 本课时主文本

2. 本课时教学过程

Procedures	Contents	Methods	Purpose
Ⅰ. Warmingup	1. Free talk 2. Sing a song	1. Ask and answer about things in the classroom and their colours 2. Sing "Colour song"	1. 自由谈话任务，引出本课主题 colour 2. 表演歌曲任务，活跃课堂气氛

续上表

Procedures	Contents	Methods	Purpose
Ⅱ. Pre-task preparation	1. Listen and read 2. Introduce the game	1. Learn the sound 2. Listen to Miss Fang	1. 语音学习，引入新授 2. 讲述故事，明确学习任务
Ⅲ. While-task procedure	1. The beginning of the story	1. Know the main idea about the story.	1. 整体感知故事，展开各项任务
	2. Task1：Find the yellow flower	2－1 Listen and guess 2－2 Listen and learn：flower 2－3 Sing a song 2－4 Let's find 2－5 Listen and read	1. 听一听，猜一猜，游戏任务，引出 flower 的学习，揭示 task1 2. 歌曲演唱，表演类任务，学习巩固核心词汇 flower 和对话，帮助学生读懂大意，理解语用
	3. Task2：Shoot the green balloon	3－1 Touch and guess 3－2 Listen and learn：Balloon 3－3 Make a chant 3－4 Read in roles	1. 摸一摸，猜一猜，游戏任务，激发学生求知欲，引出 task2 2. 创编儿歌任务，操练核心词汇 balloon 3. 角色表演任务，学习、操练核心词汇 balloon 和对话

续上表

Procedures	Contents	Methods	Purpose
Ⅲ. While-task procedure	4. Task3：Colour the kite orange	4-1 Listen and learn：kite 4-2 Look and guess 4-3 Listen and think 4-4 Listen to the tape 4-5 Read in groups	1. 听录音，学习 kite，引出 task3 2. 看看猜猜，游戏类任务，引导学生推测如何得到橙色，培养学生的思考推理能力 3. 小组表演任务，激发竞争意识
	5. Task4：Find and row the yellow and blue boat	5-1 Read and underline 5-2 Listen and learn：boat 5-3 Try to say 5-4 Sing a song 5-5 Complete the dialogue	1. 通过阅读找出 Task4，培养学生的阅读理解能力 2. 儿歌表演任务和说一说，操练核心词汇 boat 和对话 3. 表演对话，表演类任务，巩固新学对话
Ⅳ. Post-task activity	1. Act out the whole story 2. Choose and act	1. Act out the whole story《Running Kids》 2. Choose one picture and act out the dialogue	1. 分角色表演故事，巩固所学内容 2. 学生自主操练后，自选任务，体验语用，展示成果
Ⅴ. Check	1. Students evaluate each other 2. Teacher evaluation	1. Give your classmates some stars. 2. According to the stickers students get in the class, give them some rewards。	1. 学生互评，采用"星级评价"，评价你同伴的表演 2. 教师评价，根据学生课堂上完成任务和展示成果后获得的小贴纸，兑换相应奖励

续上表

Procedures	Contents	Methods	Purpose
Ⅵ. Homework	1. Let's read the w 2. Let's colour and write 3. Let's read 《Running Kids》		回家作业是课堂学习的延伸，设计了三个任务：读一读、画一画、写一写。符合低年级学生的年龄特点和爱好

Blackboard design：

实践证明，任务型教学能使教学过程任务化，教师通过自己的主导作用发挥学生的主体作用，通过丰富多彩的任务活动调动学生学习的积极性，主动地投入学习。让学生积极"动"起来，让英语教学"活"起来，达到课堂教学的最优化。

二、小学"任务型"英语课堂教学中任务设计的类型

1. 游戏类任务

语言学家克鲁姆说过，新颖别致的游戏能吸引学生的注意力，最大限度地调动学生的主动性和积极性，让他们专注于所学知识，积极参与课堂活动。游戏深受小学生的喜爱，游戏类任务可谓贯穿整个小学阶段。教师在教学时可以根据教学的内容，结合学生的年龄特点，通过设计带有任务的游戏来调动学生学习的积极性。

如，在学习《牛津英语（上海版）》一年级第二学期《Weather》第一课时《Fun in the weather》中，针对低年级学生好胜心强，但注意力容易分散的特点，教师根据教学内容设计了学生喜闻乐见的游戏："听听猜猜"和"快乐大转盘"。

"听听猜猜"游戏是通过聆听风声和雨声，让学生区分 windy 和 rainy，

并且用所学句型 I hear the wind/rain. It's windy/rainy 表达是怎样的天气。此游戏让学生通过声音，感知刮风天和下雨天的特征，使学生在轻松愉悦的课堂氛围内进行学习。

低年级学生容易产生学习倦怠感，所以在 Post-task 环节，设计了"快乐大转盘"游戏。通过转盘游戏给了学生参与的机会，调动学生的积极性，学生能用 I can hear/ see the…It's…复习巩固本节课的核心内容。此游戏让学生在活动中保持持续的学习积极性，确保优质的课堂效率。学生在完成任务时表现活跃，参与度高。

2. 表演类任务

英语课堂中表演类任务是非常常见的，例如歌曲、儿歌表演课本剧表演等，把枯燥乏味的单词、句型教学融入了歌曲、儿歌表演中，巧妙地运用表演类任务设计，让学生在创设的语言环境中运用所学的语言进行表演。

在学习《牛津英语（上海版）》一年级第二学期《Clothes》一课中，老师分别设计了 Read a chant，Sing a song，Sing a rap 的任务来进行单词和句型的操练。在操练单词 shorts 时，老师设计了 Sing a rap 的任务，Daxiong 穿上了酷酷的服装，带上了时尚的太阳眼镜，伴随着 rap 音乐和 Doraemon 一起唱起来，课堂里的学生也主动地一起唱起来、跳起来。这些任务的设计非常符合低年级学生的年龄特征。

因此，在表演类任务设计中，教师要创设良好的语言学习环境，学生才能在丰富多彩、生动有趣的课堂教学中感知语言、习得语言。

3. 调查类任务

调查类任务的设计一般多用于中、高年级学生，是在学生已掌握一些英语语用（口语）的基础上教师进行任务的设计，学生根据所学习的内容以小组为单位开展采访调查，并对调查内容进行整理，最后进行交流汇报。此类任务旨在巩固所学知识的同时提高学生的英语口语运用能力。

如，《牛津英语（上海版）》五年级第二学期的"*School subjects*"一课中，教师设计了这样一个调查任务，要求学生了解班中同学喜欢的学科和理由并记录在调查表中，然后向全班介绍。完成调查任务过程中，同学间互相询问，此过程正是培养学生用英语思维的习惯。

```
Task3: Do a survey
S1: ____, what's your favourite subject?
S2: My favourite subject(s) is/are _____.
    I can ...in _____ class.
    I like (doing)... in _____ class.
    I want to _____.
    How about you, _____?
```

Who	What	Why
Kitty	Chinese	useful, read, write, ...
...		

```
Task4: My report
_____'s favourite subject is_____.
Because she/he can _____.
She/he likes _____.
...
```

在调查过程中由于需要记录被调查者的情况，调查者必须学会倾听并快速地做记录，当获得信息后，调查者要整理信息、组织语言，在老师和同学面前清楚、自信地表达出来，这样学生的口头表达能力得到进一步锻炼，任务成果也有了展示的舞台。

4. 竞赛类任务

英语课堂上经常会采用竞赛类任务，有个人竞赛，也有以小组为单位的竞赛。竞赛类任务能充分点燃学生的热情，调动学生的思维，活跃课堂气氛，使学生更加主动地参与到课堂上来。同时增加了师生互动，使整个课堂活跃生动。

如，在学习《牛津英语（上海版）》三年级第二学期的"*My body*"一课中，教师设计了"读一读，比一比"这一任务，学习和操练新词"arm"。在滴滴答答的时钟计时声中，看谁在规定时间里读得又快又好，次数最多。有了任务驱动后，学生积极练习，踊跃参与。这样不仅提高了学习效率，还培养了学生的参与和竞争意识，学生喜欢这类有竞争性的任务。竞赛结束后，给获胜的学生相应的奖励，并鼓励其他学生继续努力。

以小组为单位的竞赛任务，还能增强学生的集体荣誉感，使学生们更具有使命感，努力为自己的小组出一份力。在竞赛中，锻炼学生的思维，学生学会在竞争中分享，表达自己的观点，思维的火花在课堂中碰撞，形成学生的独立思考与相互分享能力。

5. 创编类任务

创编类任务重在开发学生的想象力和创造力。完成这类任务时，学生在已有知识经验的基础上，不断探求新答案，给予学生想象的空间，激发了他们的创作激情，增加了学生应用语言的机会。

如，在学习《牛津英语（上海版）》五年级第一学期"At the zoo"一课中，教师设计了"规划最佳参观路线"这一任务。要求小组合作进行问答：你们想看什么动物？先看什么动物？怎么走？讨论后，设计好最佳路线，画出路线，并写下来。最后每个小组请两位成员为全班讲解，其他成员做补充。

学生以小组为单位，利用 What do you want to see? 和 How can you get there? 两个问题，通过感知、体验、实践、参与和合作的方式，完成任务。

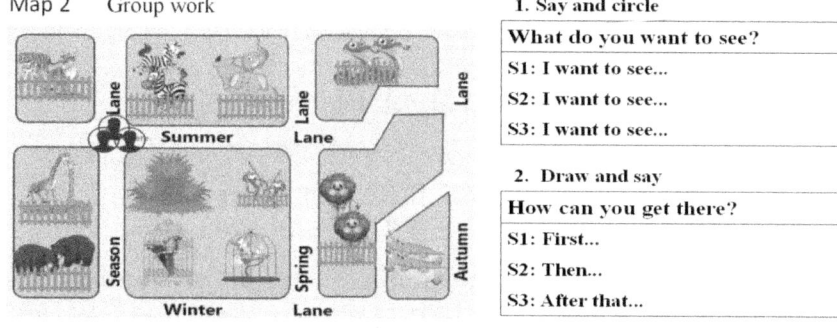

完成这个创编类任务，一方面学生有一种真实的体验感，使学生活学活

用;另一方面,学生在任务的驱动下,合作学习,学会倾听与讨论,体验规划最佳路线的成功,在小组合作的过程中提升语言能力与合作能力。

此外,故事新编和续编也是中高年级学生喜欢的一种具有创造性的任务。此类任务在进行故事教学时比较常用。先视听结合,让学生了解故事大意,然后通过小组学习读懂故事,借助图片和上下文意思猜出词义。最后开展小组讨论,把故事充实完整或续编。学生在小组学习中,调动他们已学的词汇、语句,互相配合,充分发挥他们的想象力和创造力,把故事补充完整。在教学中,学生的想象力、发散思维能力得到了很大的提高,学生品尝到了成功的喜悦,个性也得到了张扬。

6. 交际类任务

交际类任务是英语课堂上连接师生交流的桥梁,是发展学生语言能力的关键。通过交际类任务,促进了课堂中师生与生生的交流,体现了学生为主体、教师为主导的教学原则。师生在课堂上不断调整各自的角色,促进课堂教学的顺利进行。

交际类任务要求学生在完成任务的过程中要彼此协商,共同完成。在完成任务的过程中,学生的参与并不是独立的,而是有分工、有合作的,因此两人结对或小组合作是完成交际性任务的途径。

教师在设计交际类任务的同时,要考虑任务的多样化,比较常用的有拼图、交流观点、角色扮演等多种任务形式。这些任务不仅能培养学生的语言交际能力,而且还能培养学生的组织能力和合作能力。

三、小学"任务型"英语课堂教学中任务设计的策略

(一)依据学生的年龄特征设计任务

小学生具有好奇、好动、好表现、善于模仿、爱玩、爱唱、爱游戏、爱活动的特点,所以任务的设计一定要贴近小学生的年龄特征,符合他们的生活经验和认知水平。

1. 低年级教学中的任务设计侧重于游戏类和表演类任务

低年级学生的特点是比较活泼好动,鉴于他们的年龄特点,可以设计一些游戏类或表演类任务,让学生在娱乐中完成任务,实现"乐中学",从而调动学生们的学习积极性。

如,以《牛津英语(上海版)》一年级第一学期"*In the classroom*"的第一课时为例。学习内容为核心词汇 one, two, three, four, five, six。老师通过歌曲、游戏、儿歌表演等各种任务,激发学生学习英语的兴趣,培养学生听说能力以及善于观察的能力。

Warming up 环节，学生通过唱一首与本课主题相关的歌曲"Numbers"活跃课堂气氛，歌曲简单明快，让学生简单跟唱，并边唱边用手势来比一比数字，初步感知本课要学习的内容。

学生在轻快的节奏感带动下，做一做动作，读一读儿歌，完成了任务，巩固复习单词 one 和 two。合辙押韵、朗朗上口的儿歌符合低年级学生的心理特点和知识水平，有利于学生记忆词汇、培养语感、提高模仿能力。

在 Dora 上数学课的场景中，学生完成任务——用英语回答一道数学加法题，学习数字 three。在英语课中引入了简单的数学题，学生眼前一亮，并积极进行思考。虽说是简单的数学题，但也能激发学生的学习热情，整合了学科知识，并巧妙地引出了核心单词 three。

在学生掌握了单词读音之后，以一个 Quick Response 的游戏小任务复习前面学过的三个单词。低年级学生的注意力稳定性较差，在教学中适当地安排一些游戏，为孩子们提供一个活动的舞台，把他们的思维和身体从疲劳、紧张中解放出来，使他们涣散的注意力被吸引过来，在轻松愉快的气氛中完成学习任务。

又如，在《牛津英语（上海版）》二年级第一学期《In the forest》一课中，在学习动物的外形、考虑能力喜好后，教师设计了表演儿歌和创编儿歌的任务。儿歌词句简单、内容生动、韵律优美，深受学生的喜爱。在教学中利用儿歌的独特风格和形式，学生读读演演、编编赛赛，寓教于乐，收到很好的教学效果。创编儿歌是学生巩固旧知、积累经验和发掘创造思维能力的重要手段之一。

基于低年级学生的年龄特点，教师在课堂教学中进行任务设计时侧重于游戏类和表演类的任务，有利于学生在听听、唱唱、猜猜、画画、演演的过程中体会到"任务型"英语学习的乐趣，同时，在完成任务的过程中巩固知识、积累经验，培养学生的语用能力。

2. 中、高年级教学中的任务设计侧重于实践类和创编类任务

中、高年级的学生通过几年的英语学习，已经掌握了一定的词汇量和语法知识，具备了用简单英语与别人交流的知识基础，他们更喜欢富有挑战性的任务，因此，教师在进行任务设计时可以更侧重于实践类和创编类的任务。

以《牛津英语（上海版）》五年级第一学期第三模块第三单元《Seeing the doctor》的第二课时的教学内容为例。看病，这是学生在生活中比较熟悉的话题，老师结合生活实际，通过宣传"全国爱牙日"，让学生掌握一些正确的刷牙方法，并通过可爱的动画，让学生说说、动动。在此基础上，出示任务三"A quiz for teeth"，比比谁的护牙知识最丰富，评选"护牙小达人"。

这个竞赛类任务拓展了一些书本上没有的知识，比如要不要刷舌苔、刷牙应该刷几分钟等，学生们很感兴趣，充满人文关怀。

最后，老师让孩子们给 Peter 写一份护牙忠告，通过这个创编类任务有效地操练了本课的重点和难点。

为了使课堂教学的有效性落到实处，老师设计任务时应注意知识性和趣味性，学生们在这个过程中，非常扎实地巩固并运用了所学知识。

小学英语中高年级"任务型"教学的任务设计要激活学生内在的学习动机，体现任务的真实性、生活性；从学生现有的语言知识储备和语言能力差异出发，体现任务的层次性、梯度性；从学生的文化意识出发，体现任务的多元文化性。只有这样，任务设计才能满足学生的内在发展需要，从而最终促进他们语言运用能力的持续发展。

（二）围绕学生的生活实际设计任务

小学生的思维是以感性思维为主，教学中需要感性的显示，设计任务活动要与孩子的生活越贴近越好。如果任务设计与孩子的生活内容不相关，孩子自然不感兴趣，也就降低了任务活动本身的价值意义。

如，《牛津英语（上海版）》四年级第二学期第四模块第二单元 Festivals in China 中 *The Spring Festival* 一课。以学生熟悉的各种节日为背景，重点探讨中国的传统节日之一——春节，包括春节的时间、天气、传统风俗等。随着孩子们对世界文化知识的更多了解，很多学生对中国的历史和风俗的关注和了解反而越来越淡薄。因此本课旨在对学生进行中国传统文化的渗透，在浓郁的春节氛围中，帮助学生了解一些春节的传统风俗。

教师以三个春节时间 before the Spring Festival, on New Year's Eve 和 during the Spring Festival 人们的不同的风俗活动展开教学。每一个春节时间相关的语段学习都设计一个交际类任务。

任务一，想想春节前人们常做些什么。通过整体的阅读来理解全文的意思，找到完成 Task1 的相关信息在第几段，然后听录音感受春节前人们的风俗活动。通过同伴讨论，合作完成任务，从而引出学习内容 buy traditional food。

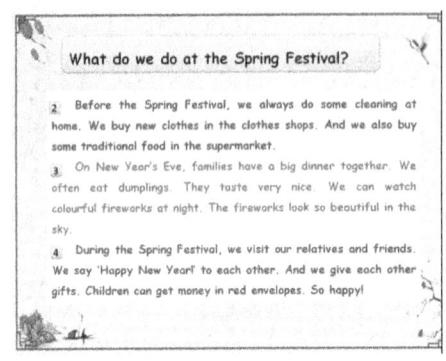
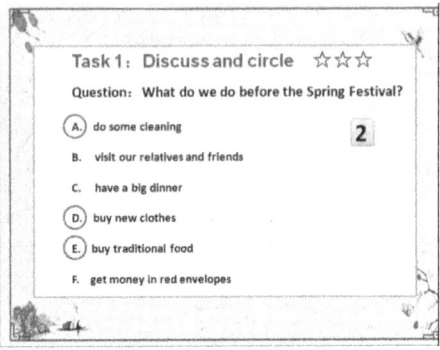

任务二，听录音，回答问题。在听之前，布置任务，出示两个问题，让学生有目的地听短文看图片，获取相关信息，进行回答。

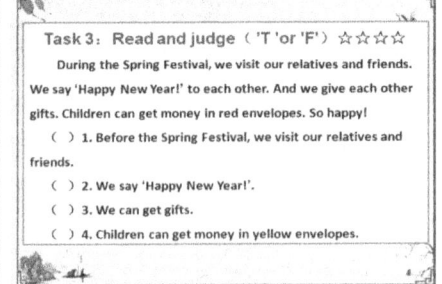

在完成任务的过程中，学生学习 watch the colourful fireworks，让学生观看燃放烟花的视频，了解除夕夜的习俗，身临其境般地感受除夕夜的欢乐，增加了学生的体验。

任务三，在听和阅读语段的基础上，学生做判断来强化学习内容，不断培养学生语言表达能力。完成任务过程中，学生们通过谈论压岁钱的使用，活跃了课堂气氛，学生对英语学习更感兴趣。

在 Post-task 环节，学生在优美的音乐中朗读课文，升华情感，培养语感。老师设计了任务四，说一说你眼中的春节。这个创编类任务，要求学生利用所学知识，谈论春节的时间、天气和相关习俗等，培养学生运用语言的能力。

```
Task 4: Let's talk
          The Spring Festival
  The Spring Festival is _____.
It usually comes in _____ (month). It's _____
(weather). Before the Spring Festival, we _____.
On New Year's Eve, we _____. We eat _____
(food). During the Spring Festival, we _____.
We all have a good time.

[Talk about the festival] ☆☆☆
```

新课程标准下的英语教学更加注重学生对文本整体的感知和理解能力。针对学生的特点和需求，本课中，设计了交际类任务、创编类任务等，通过这些任务的完成，提高学生的学习能力。这样的任务，为学生提供了真实的语用情境，学生往往对熟悉的事物具有强烈的表达欲望，能够根据个人经验自然地进行表达，学习积极性能够得到有效的发挥。

（三）针对学生的真实困惑设计任务

在实际教学中，学生存在的真实困难使其对某些教学难点容易产生畏难情绪，丧失学习英语的积极性。因此在教学中，应该在了解了学生的真实困难后，以建立学生自信心，引导学生克服畏难情绪为目的，根据小学生好奇、好动、爱玩的心理特征，创设低焦虑，无威胁的任务活动，使孩子们能轻松自在、没有任何心理压力地体验和感受英语，用教育的艺术把他们的兴趣和注意引向英语学习。

以《牛津英语（上海版）》五年级第一学期第二模块第三单元 Moving home 的第二课时为例。本课的重点在于语言功能的操练，结合文本，学生能熟练表述房间的朝向，学会使用句型：I like/My father likes…Because…来介绍家人喜欢的房间，并阐述他们喜欢某个房间的理由。

对于这个话题，笔者发现学生真实存在的困惑有两个方面。

1. 学生对房间的功能缺乏真实感受

由于班中有不少学生为外来务工子女，他们居住的大多为租借的房子，而且不少还是居住在合租的房子。他们所住的房间大都比较小，很多空间都是共用的，如客厅既充当了饭厅，又充当了卧室，学生对房间的功能不了解。他们对于书本上的展示的客厅、饭厅、卧室等各个房间的功能没有真实、直观的感受。

2. 学生缺乏大胆自我表达的勇气

由于学生对各个房间的功能没有真实、直观的感受，导致学生缺乏大胆自我表达的勇气，这部分学生显得比较自卑，没有自信参与讨论。

针对这些，老师设计了这样的任务，解决了学生的困惑。

任务一：听听，填填，说说 Sally 的家

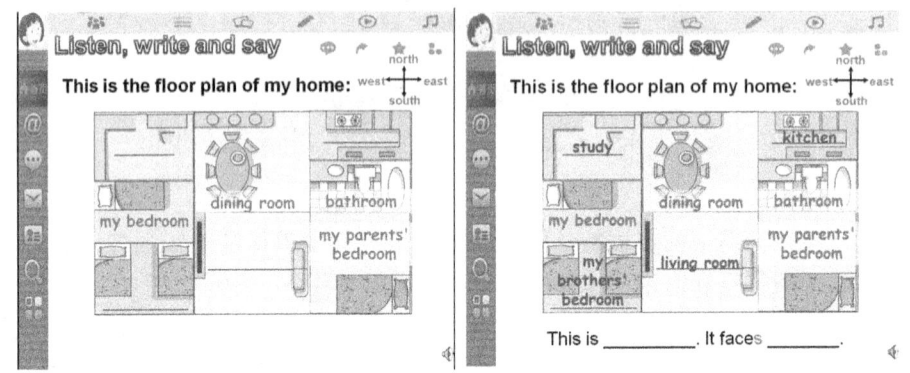

从故事主人公 Sally 的博客入手，根据看房型图，听 Sally 的录音介绍，用声、图引学生入境，感知 the Chens 新家的面貌；通过听录音、填图，以检验学生对第一课时中方位、朝向表达的掌握情况，同时帮助学生回顾和记忆这些房间的名称。这个解决问题的任务，在一个真实的语境中推进，为学生创设良好的英语交际语境，既给学生提供尽可能多的语言实践机会，又提升了学生的情感体验。

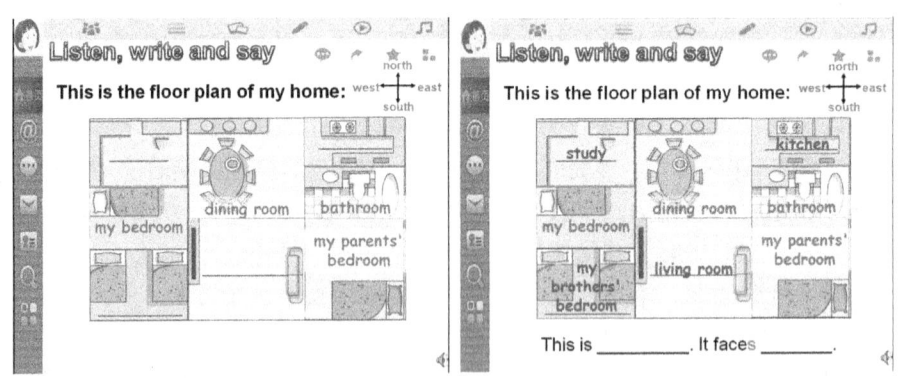

任务二：画画，写写，说说你梦想中的家

教师设计了"画画，写写，说说你梦想中的家"这一创编类任务，此任务充分考虑学生的认知和情感需求，把内容和情感有机地结合起来。学生可以根据自己的想象和已有的知识，加上内心对美好未来的憧憬，进行绘

Task: Draw, write and read
Draw your dream home, name the directions and rooms.(根据图示方向，画一画你梦想中的家的平面图，并标注方向和各房间名称。)

My dream home
Look at my dream home. It's nice. This is my____. It is_____. It faces____. I like my_____. Because there __a lot of_____in it. I can_____
_____
It's my favourite room What about you?

画、创编，描绘出自己梦想中的家，展示自己的独特性和创造性。当学生感到任务的内容与他们的需求和身心发展一致时，能积极完成教师所设计的任务，教学内容才最容易内化。这样的任务，解决了这些特殊学生无法描述自己真实居住的"家"的困惑，且通过完成任务，表达了他们对美好生活的热爱，并树立为美好生活而努力奋斗的决心和信心。

（四）借助身边的现实场景设计任务

培养学生运用英语的能力是英语课程的本质规定，英语知识教育只是为培养运用英语的能力这一目的而提供基础。学校是学生身边熟悉的现实场景，借助这个场景，根据真实教育目的、学生的真实兴趣所设计的"真实运用性任务"使学生在整个教学活动中是为完成一项真实的运用性任务主动地去学习英语知识，体现了为运用而学习英语和通过运用学习英语的教育思想。

如，《牛津英语（上海版）》三年级第一学期第三模块第一单元 My school 第二课时的教学内容。适逢学校迎来外校老师来校听课，需要招聘一批英语"小导游"，届时为来宾介绍自己的学校。于是，本课教学内容围绕"I love my school"这个话题展开。学生为了能当导游，完成介绍学校这一任务而学习新知识。学生们在资深"导游"Joe 介绍学校的语境中，借助图片、音频、思维导图和文本框架等，学着从名称、特征、功能等多方面较为熟练地介绍校园。

老师设计了"介绍我的学校"这一任务，通过丰富的多媒体资源，让学生能真切地体会到学校之美，并激发了学生通过思维导图的辅助，理清介绍学校场所的思路，进行语用输出，给学生创设了内化运用、语言表达的机会。

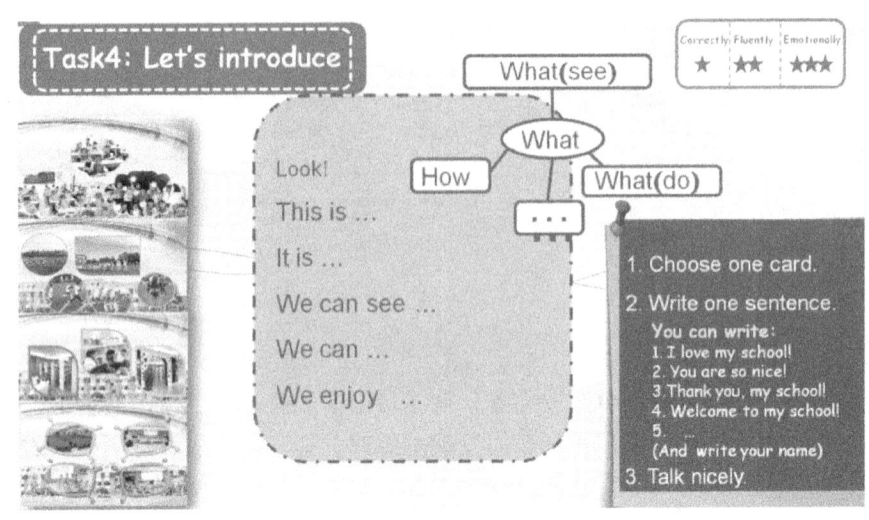

"真实任务教学法"突出了"学以致用"这一特点。因此,我们一定要充分借助身边的现实场景,设计真实、贴近生活的任务活动,优化英语课堂教学结构,使学生在生动的任务活动中学习、运用英语语言,并促使学生在任务活动中团结协作,共同体验英语学习的成功与乐趣。

教师以学生的生活经验和兴趣为出发点,根据学生的不同水平设计形式多样且具有明确目的的任务活动,让学生与学习伙伴合作完成任务,从而最大限度地调动和发挥学生的内在潜力,让学生在完成任务的过程中体验成功和实现自我价值。

四、小学"任务型"英语课堂教学中任务设计的作用

(一)"任务型"英语课堂教学有利于激发学生学习的兴趣

"任务型"课堂教学能有效激发小学生听、说英语的兴趣,有助于提高学生英语听说能力。任务型教学一般在教学的开始就呈现任务,让学生在任务的驱动下学习语言知识和进行技能训练;同时,教师所设计的任务是从学生"学"的角度来设计的,它贴近学生的生活、学习经历和社会实际,又有明确的目标指向和具体的操作要求,这大大提高了学生的学习兴趣,激发了学生主动参与的积极性,学生的口语表达能力明显提高。

(二)"任务型"英语课堂教学有利于增强学生间的合作探究

在任务型教学中,很多任务都是通过 pair work 和 group work 合作完成

的。合作学习将个人之间的竞争转化为小组之间的竞争。这有助于培养学生之间的合作意识和竞争意识，促进了学生之间和师生之间的情感交流。在任务型教学中多层次、多角度地考察和观察学生，使学生在学习过程中不断得到激励，建立自信心和获得成就感，并转化为继续学习的动力。

（三）"任务型"英语课堂教学有利于培养学生的创新能力

为了完成各项学习任务，学生的学习活动将以意义为中心，尽力调动各种语言和非语言资源进行意义构建，以达到解决某个交际问题的目的。学生在完成每一项任务的过程中，开拓了思维，提高了创造力、想象力以及分析问题和解决问题的能力，从而培养学生的综合语言运用能力。

如，五年级学生在学习了 5BM4U2 *Western Holiday* 后，教师可以结合中华民族知恩感恩的传统美德，设计 Thanksgiving 制作感恩贺卡的任务，旨在让学生们心怀一颗感恩的心，积极地面对生活。本次任务设计在培养学生语用能力的同时，充分发挥了学生的想象力和创造力，展示了学生们的个性和多元智能。

下面是部分学生作品。

(四)"任务型"英语课堂教学有利于提升学生综合应用知识的能力

不管任务成果是大是小,都会使学生获得成就感,收获喜悦。因此,一定要给学生展示成果的时间和空间,不要让他们因没有机会展示而失望。

低年级学生,教师通过设计把学过的单词或常用词制作成漂亮的标签的任务,并把优秀作品贴在校园、教室或家中相应的物品上;或通过设计以小组为单位在教室板报区装饰图文结合的"动物乐园""美食小吃店""交通工具展"和"服装店"等任务。孩子们在自我完成任务的过程巩固了知识,培养了兴趣;在赏析他人作品的过程中不断地修正、完善自我,提升自己综合运用英语知识的能力。

对于中、高年级学生,教师根据教学内容,通过设计制作电子小报、电子贺卡、个人名片等孩子们喜欢的创编类任务来提高学生的英语语用能力。这些任务给予了学生想象的空间,激发了学生创作的激情,增加了学生应用语言的机会,学生在已有的知识经验的基础上,不断探求新答案,品尝到了成功的喜悦,个性也得到了张扬。

如,五年级第二学期第一模块,学生学习了植物的生长过程,于是在"植树节"之际进行了主题为"Watch it grow"的创编类任务,学生通过观察了解植物的生长过程,并用图文方式记录下,培养学生在生活中用英语的能力。

下面是部分学生的作品。

又如，在庆祝中华人民共和国成立 70 周年之际，为激发学生学习英语的兴趣，培养学生的创新精神和实践能力，教师设计了以"I love China"为主题的"明信片秀"的任务。在完成任务的过程中，激发学生学习英语的热情，为他们创造了一个锻炼自我、展示自我的平台。学生们在轻松愉快的活动中找到了学习英语的自信，了解更多的英语文化，让英语真正融入生活。

下面是部分学生的作品。

教师还可以设计各类相关的英语比赛任务，如，英语书写比赛、英语歌曲演唱比赛、英语诗歌朗诵比赛、英语能力比赛、英语课本剧表演比赛等。教师尽可能地为学生搭建展示的舞台，学生尽情展示自己的才能，感受英语的魅力，享受英语带来的乐趣。

研究证明，基于"任务型"的英语课堂教学，更有利于激发学生学习英语的动机，培养学生与他人合作的能力，提升学生英语的语用能力。在"任务型"的英语课堂教学中，学生对学习英语更加自信，在课堂上建立起听英语、说英语，用英语表达自己想法、展示自己的自信心。在老师积极引导和鼓励下，越来越多的学生期待与老师、同学进行语言学习的互动，英语口语的交流。

第四章　绳韵育德：知行合一　融合育人

国无德不兴、人无德不立，育人的根本在于立德。中华人民共和国成立以来，党的教育方针始终强调全面发展、德育为先。特别是党的十八大报告在十七大"坚持育人为本、德育为先"教育理念的基础上不断深化，首次将立德树人确立为教育的根本任务。立德树人是新时代中国特色社会主义教育的灵魂，是我国教育改革发展的根本遵循，是新时代中国特色社会主义教育的核心精髓，也是高境科创实验小学"绳韵教育"的重要使命。

第一节　加强德育队伍建设，形成家校共育合力

在日常工作中，班主任如何丰富家长的育人知识，帮助家长树立起正确的育人观；如何将学校"阳光绳韵"的教育理念在家长和家庭中传播，促使家长的育人观与学校的教育价值相契合，直接关系到"绳韵教育"的发展，关系着学校育人目标的顺利实现。因此，高境科创实验小学在推进"绳韵教育"过程中坚持两条腿走路，在抓好学校"绳韵教育"的同时，推动家庭教育的发展。

建设一支班主任队伍，是做好家庭教育的关键。抓好班主任队伍建设，提升班主任家庭教育工作指导的针对性和实效性，才能激发家长参与学校教育与管理的积极性，夯实家校合作共育的基础，为学校"绳韵教育"的开展创造良好的条件。主要做法有以下几个方面。

一、重视班主任队伍建设，提升沟通协调应对能力

学生的家庭背景、家长的素质这些因素决定了家庭教育的开展具有长期性、复杂性。要做好家庭教育工作，班主任不仅需要有丰富的育人知识，还必须发挥桥梁作用，将正确的育人观、学校"绳韵教育"理念有效地向家长渗透，向家庭辐射，这就需要不断提升沟通协调应对能力。特别是每个班级中都存在隔代教养的情况，由于祖辈的溺爱，教育观念的陈旧，孩子们身上会出现一些如自理能力差、任性、气量小等相同的问题。如何教育好这些孩子，如何与他们背后的爷爷奶奶、外公外婆打好交道，取得他们的信任，赢得他们的支持，不仅是那些身经百战、经验丰富的班主任的难题，更是学校青年班主任"头疼"的问题。特别是青年班主任，他们家庭教育经验不丰富，如果不及时处理好这些问题，容易让他们产生挫败感，产生各种心理

问题，甚至引发新教师的离职。国外，如在美国有超过三分之一的新教师在其职业生涯的头五年离开教学职业，而且选择离开的往往是有才华、有创造力的教师；英国的研究人员也发现，任职5年以内的教师最容易离职，澳大利亚的相关调查也得出类似的结论①。因此，抓好班主任队伍，特别是青年班主任队伍建设，提升他们的沟通、协调、应对能力，让他们能够更从容地面对和处理各类家庭教育难题，将工作中的挫折转化为自己专业发展的关键事件。

附：

青年班主任成长日记

上完课，刚回到办公室，班级里的女生小平哭着来告状，同桌男生小博将她的本子撕坏了，哎，这两个孩子的成绩都不错，就是气量小，和同学相处经常表现出以自我为中心。因此，小吵几乎天天有，还都是一些鸡毛蒜皮的事。于是，我准备利用下午评选少代会代表这一教育契机，点拨点拨他们。

校会课上，我带领着全班学生知晓了评选少代会代表的要求，重点讲述了同学之间要相互团结、彼此宽容，建设一个快乐、温暖的班集体，争做"阳光绳童"，并表扬了班级中表现较好的孩子。整个教育过程，我特别关注小平和小博的反应。他俩对视一笑，这笑容的背后，是两位孩子思想上的一丝触动，我希望这是他们学会待人宽容的开始。看到此时此景，我暗暗为自己润物细无声的教育方式而点赞。

晚上，我打开班主任手册进行整理，想将白天对小平、小博的教育案例记录下来，手机铃响了，是女生小平的外婆。我忐忑之余，按下接听键，小平外婆机关枪似的话语就直击我的耳膜。

没想到白天小平与小博之间发生的小意外被外婆视为"大事"，"撕坏本子"这一小事件被视为小博故意欺负小平的不良行为。于是，我耐心地解释了两位孩子发生矛盾的经过，特地讲述了我针对小平和小博气量不够大的问题进行了针对性的教育。

但电话线那头的小平外婆不断打断我的话，一味地要求我给孩子调换位置。看来，我与家长的教育思路无法达成共识。

挂掉电话，我担心着，白天对于小平对人宽容的教育成效还剩多少？面对家长对孩子的袒护，校内的教育显得无力又无奈，我该如何是好？

（张冰露）

---

① 冯大明. 美国、英国、澳大利亚教师专业发展研究新进展 [J]. 教育研究，2008 (5).

青年班主任是学校班主任队伍的生力军，他们的成长直接决定着今后学校班主任队伍的发展，决定着"绳韵教育"未来发展的空间与生命力，以及家庭教育的可持续性。以上案例是学校小张老师的真实经历，作为青年班主任，不仅要做好孩子们的思想工作，还面临着如何与家长特别是祖辈家长进行沟通、协调，在教育孩子的问题上达成共识的难题。班主任工作的开展既需要理论的学习与指导，也需要教师自己的反思与感悟。针对小张老师日记中的问题，为了帮助小张老师摆脱困境，提升信心，学校的资深班主任李老师通过QQ向小张老师发送了两个令人回味的小故事，指导她通过阅读故事感悟其中的道理，并以此为视角反思自己工作的得与失，以及如何进一步开展工作。

故事1：有个小弟在脚踏车店当学徒。有人送来一部坏了的脚踏车，小弟除了将车修好，还把车子擦拭得漂亮如新，其他学徒笑他多此一举。车主将脚踏车领回去的第二天，小弟被挖到他的公司上班。原来出"人头地"很简单，只要吃点亏就行了。

故事2：学会弯腰，这会是我意外的收获。和别人发生意见上的分歧，造成言语上的冲突中所以你闷闷不乐，因为你觉得都是别人恶意。别再耿耿于怀了，回家去擦地板吧。拎一块抹布，弯下腰，双膝着地，把你面前这张地板的每个角落来回擦拭干净。然后重新省思自己在那场冲突中所说过的每一句话。现在，你发现自己其实也有不对的地方了，你渐渐心平气和了！有时候你必须学习弯腰，因为这个动作可以让你谦卑。劳动身体的同时，你也擦亮了自己的心绪。而且，你还拥有了一张光洁的地板呢！这是你的第二个收获。

二、摸清学生家庭背景，帮助家长形成正确家庭教育观念

要做好班主任工作，全面了解学生，就需要了解学生的家庭背景。影响学生发展的因素主要包括智力因素和非智力因素。就小学生而言，非智力因素对于他们的影响，要比智力因素更为密切。家庭是影响学生成长非常重要的非智力因素，苏霍姆林斯基说过："学校里的一切问题都会在家庭中得到折射式的反映，学校复杂的教育过程中产生的一切困难的根源都可以追溯到家庭"。在班主任队伍建设中，高境科创实验小学把如何了解和分析学生的家庭背景作为班主任培训和专业发展的重要内容之一。

家长的受教育程度、家长的职业地位、家庭的教养方式、家庭的结构等都是影响学生十分重要的因素。家长的文化程度，指导孩子文化课学习的程度，不同职业类别的家长对子女的学习指导能力、教育的自觉程度以及教育方式均存在差异。这些因素综合起来会影响家长与学生之间相互的态度与情

感，影响家庭的教养方式。家庭的教养方式会影响学生的性格发展，一些研究者对优秀学生和差生的家庭教养方式进行调查，发现优秀学生的家长一般都能较好地处理养与教的关系，为孩子的成长创造良好的心理环境。此外，对于学生不同类型的家庭背景，如离异家庭、亲子情感不好家庭、隔代教养家庭等，每一位班主任都要摸清，针对不同的家庭背景正确寻找学生在学校学习、思想、性格等状况的原因所在。

在了解和摸清学生家庭背景的基础上，根据不同的家庭背景各类学习活动的侧重点并不相同。例如对于那些文化层次比较高的家长，学习更多的是丰富他们家庭教育新的发展理念，拓展他们的视野；对于那些文化层次较低的，帮助他们克服"我没多少文化，教不了他，孩子就听老师的，老师办法多，您费心多管管，孩子的教育就全靠您了"的消极态度，提高家长对家庭教育基本规律重要性的认识，在家庭教育实践中自觉地遵循家庭教育的基本规律，用家庭教育的基本规律去分析、认识错综复杂的家庭教育现象，向他们沟通正确的育人方式，形成正确的教育观、亲子观、人才观，使之成为家庭教育的行为指南。当然，无论哪种类型的家庭，无论哪种学习活动，最终的目标是学校和家长一起努力，打造让学生充分感受到快乐、温暖和包容的家庭氛围，培养他们形成守规矩、讲团结、有韧劲的良好品质。而这些，也正是"阳光"与"绳韵"的内涵。

三、加强家长育儿指导，及时总结家长育儿经验

家庭教育能否取得成效，家长的教育观念正确与否是关键。家庭教育观念决定着家庭教育的走向，家庭教育观念不正确，会使教育效果适得其反。家庭教育是一门科学，那些乐于学习、善于学习、不断提高自身修养、努力学习家庭教育基本知识的家长，在家庭教育中能更得心应手地处理各种棘手问题。反之，不重视、不善于学习，凭老经验教育孩子的家长，在教育实践中往往事半功倍。因此，加强与家长的沟通与学习，对于家庭正确的教育观念的形成是十分重要的。学校定期组织召开主题家长会、专题家庭教育报告、编写家长育儿读本、互动交流沟通等形式多样的活动，积极鼓励家长以各种方式学习家庭教育的理论和方法，让家长学会学习，构建"学习型家庭"。

由于家长和教师扮演不同的社会角色，处于不同的社会环境，他们在社会经历、职业经验、思想水平、专业知识能力上都有明显的不同，这决定了教师与家长在教育孩子方面具有互补的必要性和可能性。这种经验、思想和知识的互补，恰恰是双方自我提高的有利因素。在指导家庭教育中，班主任要充分尊重家长，向家长学习。事实上，我们既能够从家长身上获得大量信

息，也能从家长的厚望中激起从事教育事业的责任心，家长也能从老师身上汲取教育孩子的知识技能。这样，教师和家长和谐融洽、互相信赖，才能真正实现家校合作，共同育人。

【案例】

男孩小雨（化名），本学期从私立学校转学到我校。在原学校，小雨和老师说话很随便，并且上课爱聊天，做什么事都磨磨蹭蹭。他平时不愿意完成作业，有时甚至不写，并且字写得比较乱。而且时间观念比较差，没有养成良好的学习习惯。在新学校里小雨有些不适应，刚入学就因头发长被老师罚打扫卫生两周，小雨情绪很大，甚至不想上学。随着对新学校的逐步适应，小雨开始把心思放在学习上，但是仍然在学习方法和学习习惯上有很多问题，常常让父亲很愁闷。

问题分析：

1. 家长身上存在的问题

（1）家庭教育观念缺乏。只知道把目光放在孩子的学习上，而忽略了其他方面的培养。

（2）亲子沟通手段单一。家长只是简单地站在指挥者的角度去命令孩子，直接导致了两者之间的冲突，家长教导效果不理想，因为父母的话孩子听不进去。

（3）家长没有从小培养孩子良好的习惯。良好习惯的缺失，导致孩子懒惰、散漫、不愿意受约束，缺乏吃苦的精神，甚至对父母没有感恩之心，认为父母给他的一切都是应该的。

（4）家长没有对孩子进行过正确的人生激励。孩子在成长的过程中，没有明确的学习目标，不知道自己怎样面对学习。学习基本是在家长的关注下推一推才动一动。

（5）家长对青春期的男孩儿心理和生理特点缺乏了解。不清楚孩子成长过程中需要什么，不知道该如何面对孩子的需求，也没能合理地给予。

2. 孩子身上存在的问题

（1）没有良好的学习动机。不知道为谁而学，不知道怎样学，不知道怎样乐观地面对学习生活。

（2）缺乏吃苦耐劳的精神。一遇到学习上的困难就想放弃，甚至想不劳而获。

（3）对环境的适应能力一般。孩子成长的过程中，由于家庭条件一直不错，没有吃过苦，导致孩子思考问题经常是以自我为中心，面对父母和老师的管教总是找理由开脱自己，强调自我。

（4）没有良好的习惯。孩子没有时间观念，生活懒散，学习拖沓，甚至不能及时完成作业。

（5）缺乏独立成长的能力。父母过多的给予，让小雨养成了一切依赖父母的习惯，甚至已经到了安于享受的生活习惯。如果父母提出批评意见，小雨就会对父母有看法。

（6）没有处理好老师的关系。多年来，小雨没有在家长的引导下养成尊重老师、热爱老师的习惯。

3. 问题解决方案

第一个阶段：解决小雨父母家庭教育观念存在的误区

解决方法：结合《教育孩子，观念先行》一文，对家长进行了十个观念的解读，通过观念的对比，让家长看到自己观念中存在的误区，找到存在的问题根源，明确了今后实施家庭教育的方向。

进行情况：通过与家长进行电话沟通、QQ交流，基本上让家长解决了家庭教育不足的问题。但是在现实面前家长仍然有新旧观念的矛盾和冲突，有时直接导致家长产生困惑，这需要指导师进一步鼓励家长摆脱旧观念的束缚和影响。

第二个阶段：调整亲子关系

解决方法：

（1）改变家长对孩子期望值过高的问题。原来家长与孩子之间的亲子关系比较僵硬，家长在和孩子交流的过程中，有时会忍不住发火，针对家长这种情绪管理不善情况，重点要对传统和现代家庭教育的理念进行了剖析，让家长认清了自己对孩子期望值过高会导致其心态失衡。孩子有他自己的路要走，作为家长需要关注孩子成长过程中所需要的能力培养，而不是片面地给予，物质的东西解决不了孩子精神的内在需求。

（2）改变家长对孩子学习成绩看得过重的观念。家长受社会环境和传统育儿观念的影响，一直对孩子的学习过度给予关注，在没有培养孩子良好的生活习惯、学习习惯和情感习惯作为前提下，孩子没有学习的目标，没有学习动力，甚至又缺乏良好的学习方法，这会导致孩子成绩很一般，甚至有时很差。家长每次看到孩子不理想的成绩情绪会出现很大的波动，这对教育和引导孩子带来非常不利的影响。我们衡量一个孩子，要全面去对待，学习只是孩子生活的一部分，而品质、毅力、爱好等家长都不能忽略。

（3）家长要学习青春期方面的有关知识。家长对孩子内心世界缺乏真正的了解，主要原因在于不了解青春期早期孩子心理和生理特点，不知道该如何去和孩子沟通，更不知道孩子心里在想什么，需要什么，也就无法给予孩子所需要的。进入青春期的男孩子生理发育逐步进入一个旺盛的阶段，注意力会因为生理发育而产生分散现象，情绪容易波动，思考问题比较片面，易冲动，且不考虑后果。从孩子表现出的情况来看，因为生理和心理的发展带来了一些问题，比如上课注意力不集中导致基础课学得不扎实，课外不能很好复习和巩固，不能顺利完成作业；比如希望自己有一个很好的成绩，可是又不愿意付出努力。不想受父母的约束，不想让父母给他压力；比如转学后对老师的态度直接产生了反抗性导致学习成绩的下降等；比如孩子每天因为生理发育而产生一种嗜睡现象，每天总感觉睡不够、睡不醒等，这些问题都困扰着孩子的内心世界。

（4）减少对孩子过多的关注。家长以前只要看到孩子便想到学习，这样的关注往往带给孩子很大的压力，当孩子产生逆反心理后便会试图挣脱，结果便产生了家长教育孩子无效果，甚至负面效果的现象。建议家长以后要尽可能减少对孩子的关注，给孩子一个宽松的成长环境，通过朋友式的沟通和交流让孩子减少压力。从指导师与孩子交流情况来看，孩子还是有上进心的，只是因为家长亲子关系处理不善影响了孩子的正常的生活和学习。

进行情况：

对父亲来讲，有一定的改善，特别是面对孩子时不像以前那么简单和粗暴了，至少在尊重孩子选择方面有了一定的进步。同时也在想办法鼓励孩子寻找自信，从孩子反馈的情况来看，孩子对父亲的改变还是有明显的感觉。但是，父亲仍然在孩子成绩不理想时、在孩子不能认真完成作业时情绪有变化，有时甚至想发火，这一点上指导师要及时给予孩子父亲以引导，让家长冷静下来面对孩子。

对孩子来讲，能接纳指导师并且进行两次长时间的交流，相互间取得了信任。通过与孩子的接触，指导师初步印证了家长对孩子的描述情况，并且针对孩子的思想特点进行了指导，孩子感受到了这种正向的鼓励。可以说，整个个案的进展已经突破了瓶颈期，孩子的积极参与，这是一个非常好的开始。下一步，需要以家长为纽带，指导师根据孩子的时间来进行交流和侧面引导，激励孩子逐步走出心理困惑期。

对父子两人来说，目前仍存在一个最大的困惑，那就是阶段评价后，都陷入一种焦虑状态，这是很正常的现象，孩子刚转入新学校，从适应角度来看，成绩不理想就不难理解了。下一步，重点对父亲继续进行观念的更新和转变，不要对孩子过度关注，从孩子学习的参与者角色逐渐转变为辅助者，从人生激励、榜样作用等方面进行指导。对孩子的指导重点由指导师来完成，尽可能减少父亲的参与，降低孩子对父亲的逆反心理影响，进而增强他们父子之间的感情，建立信任机制。

第三阶段：父子在习惯方面的重新构建

解决方法：

（1）针对习惯的具体内涵来教育家长。让家长认识到良好的习惯对孩子的积极影响，以榜样作用来改善父母在孩子心中的印象。

（2）建议家长就生活习惯和学习习惯重新养成。家长已经认识到习惯对孩子的影响，并且在积极地进行习惯养成的改善。

（3）孩子习惯的重新构建。这是整体习惯培养过程中的难点所在，原来没有培养过良好的生活习惯、学习习惯和情感习惯，加之进入青春期，孩子自我意识又特别强，在这种情况下，对孩子进行习惯的重新构建，必须要考虑到孩子内心的感受，尽可能不去采取强制性的方法要求孩子去重新进行习惯养成，而是通过启发式的引导来教育孩子。考虑到父亲与孩子的亲子沟通情况还有待于进一步加强和改善，此时由父亲来着手做孩子习惯的改变效果并不会很好，于是指导师便决定介入对孩子的直接接触，在孩子父亲的辅助下，比较顺利地实现了指导师与孩子的网上面对面交流。

进行情况：

指导师在与孩子的交流过程中，基本上让孩子明白自己目前成绩不理想与生活习惯和学习习惯养成不好的内在关系。让孩子看清了自己由于平时生活上拖沓和懒散，直接导致了在学习上也同样拖沓和懒散，这种坏习惯必须要改变。在指导的过程中，指导师针对孩子的学习方法问题，学习时间安排问题给予了指导意见，帮助孩子进行了重新的规划和调整，但是至于能否实施，这需要家长辅助鼓励和引导。

第二节　学科渗透，让"绳韵精神"在课堂中传递

德育工作在学校教育教学工作中的开展离不开学科教学，课堂教学是育德的主要阵地。高境科创实验小学积极探索语数英等主要学科培育"绳韵精神"的实践，让"绳韵精神"在学科教学中流淌，让"绳韵精神"在课堂中传递。

一、语文课堂：明内容、定方法、循序渐进

"德育"通常指的就是广义上的德育，是指"教育者根据一定社会和受教育者的需要，遵循品德形成的规律，采用言教、身教等有效手段，在受教育者的自觉积极参与的互动中，通过内化和外化，发展受教育者的思想、政

治、法治和道德几方面素质的系统活动过程"①。《小学语文课程标准（2011年版）》在总体目标的第一条就明确了"在语文学习过程中，培养爱国主义、集体主义、社会主义思想道德和健康的审美情趣，发展个性，培养创新精神和合作精神，逐步形成积极的人生态度和正确的世界观、价值观"②。《中小学德育工作指南》在总体目标中也明确了"培养学生爱党爱国爱人民，增强国家意识和社会责任意识，教育学生理解、认同和拥护国家政治制度，了解中华优秀传统文化和革命文化、社会主义先进文化，增强中国特色社会主义道路自信、理论自信、制度自信、文化自信，引导学生准确理解和把握社会主义核心价值观的深刻内涵和实践要求，养成良好政治素质、道德品质、法治意识和行为习惯，形成积极健康的人格和良好心理品质，促进学生核心素养提升和全面发展，为学生一生成长奠定坚实的思想基础③"。

从两者的总体目标来简单比较，发现有很多相类似的要求，基于共同的培养目标，明确语文学科教学应该是德育工作日常开展的一个主要阵地，特别是小学阶段，语文学科的教育实践对于学生德育工作的奠基意义就更加重要。

语文教材的编纂根据其学科兼具工具性和人文性，在教学内容上面也是较为丰富多彩的，但是从教学内容上还是有很多"注重继承与弘扬中华民族优秀文化和革命传统，有助于增强学生的民族自尊心和爱国主义情感"等内容。教师在实施教学之前要充分研究教材，把握教材中可以开展德语工作的内容，有导向性地进行。下面就根据笔者在教学实践中的简单理解，根据《中小学德育工作指南》和《小学语文课程标准（2011年版）》中的一些具体要求，结合典型的课文将适合进行语文学科德育教学的内容分为以下几类。

一是爱国主义教育。培养爱国主义精神，是小学阶段语文学科德育的一项基本内容，爱国主义一方面可以表现为对祖国的历史，自己民族的优良传统、伟大创造，祖国的美好河山、语言文化的无限热爱与自豪；另一方面表现为对祖国的命运和前途的关心和为祖国献身的精神。

这些内容在各种版本的语文教材中不胜枚举，例如，三年级第二学期中的一篇课文《抗日女英雄赵一曼》，通过讲述抗日女英雄赵一曼为国牺牲的英勇事迹，体现为国献身的爱国情怀；四年级第二学期第三单元的一篇课文《林海》，通过对大兴安岭的美丽风光的描绘和对祖国建设的不断发展表

---

①鲁洁，王逢贤．德育新论［M］．南京：江苏教育出版社，2010．
②《义务教育语文课程标准》，北京：北京师范大学出版社，2012．
③教育部基础教育司．中小学德育工作指南实施手册［M］．北京：教育科学出版社，2017．

达了对祖国大好河山的热爱之情；五年级第二学期第四单元的一篇课文《别了，我爱的中国》，除了表达作者对祖国的深深爱恋之情，更多的是对祖国前途命运的担忧和为祖国的发展寻求道路的伟大志向……

二是中华优秀传统文化教育。小学阶段语文学科德育中的优秀传统文化教育要引导学生树立孝敬父母、尊敬师长、友爱同学、礼貌待人等与他人相处之道；养成勤俭节约、吃苦耐劳、言行一致等良好的习惯；提高辨别是非、善恶、美丑的能力；形成良好的行为规范。

这些适合进行传统文化的教育在小学语文的课本中也有很多，例如，三年级第二学期第八单元的一篇课文《独果》，其中体现的传统美德不止一种，有尊老爱幼、分享等人与人之间相处的正确的基本规则；五年级第一学期第八单元的课文《一夜的工作》，以周总理的一夜工作，体现了总理朴素生活中的勤俭节约和辛勤工作中的吃苦耐劳精神……

三是生态文明教育。社会的发展越来越重视生态文明建设，这一点在语文学科的教学中也有体现，从而以语文学科德育的形式体现出来。小学阶段应该引导学生感悟大自然的美好，知道人与大自然的密切关系从而认识生态文明的重要性；引导学生尊重大自然的客观规律，敬畏大自然，积极保护大自然从而形成文明的自然观；最终落实到自己的行为上，形成健康文明的生活方式。

四年级第一学期第七单元连续两篇课文《白银仙境的悲哀》和《只有一个地球》向学生呈现出了保护环境的重要性，人与自然密不可分的关系，保护好了环境就是为了人类的明天。在四年级第二学期第六单元的课文《真正的愤怒》中，除了体现出生态文明被破坏后的现状，更多的是体现出了当地百姓为改变这一现状做出的努力，从而激发出学生也要从自身做起去为保护生态文明贡献自己的力量……

还有一些小类，不一一举例，仅从以上简单的几个大类的划分和一些典型课文的例子来看，语文学科的教学内容很适合在学科教学中开展学科德育。教师在课前做好充分的教材研究，可以更好地将德育的内容渗透进学科的教学中去，从而明确语文学科的德育可以教些什么。

语文学科的德育不能和语文课混为一谈，那么如何利用语文学科进行德育工作呢？

1. 课堂教学中潜移默化

"德育要贯穿到语文教学的各个环节，但主要是靠课堂教学，教师应在传授语文知识、分析课文的思想内容的过程中对学生施以德育影响，这是主要途径。"① 德育任务的完成是靠师生在课堂上的共同活动，于潜移默化中自然形成的。

例如，《别了，我爱的中国》是五年级第二学期第三单元的一篇课文，上文也交代过，这是一篇进行爱国主义教育的典型文章。教材下的注释就有对文章的写作背景较为详细的介绍，在课前预习的时候，教室就布置学生回去对写作背景做一个更加深入的了解。于是在课上，师生在进入课堂教学之前就已经形成了一个爱国教育的氛围。在教学的过程中抓住文中三次反复出现的"别了，我爱的中国，我全心爱着的中国"这句话，引导学生体会作者三次说出这句话时内心情感的不同，以及围绕这一句话中的矛盾——这么热爱祖国，为什么还要离开？学生在讨论中发现，作者三次所抒发的情感，一次比一次深层，最后得出的结论是作者深深地爱着自己的祖国，但是因为各种迫害却不得不离开自己的祖国，并明确为了祖国的未来去寻找发展的道路，一定要回国报效祖国的决心。

这篇课文的教学过程中，围绕着教材的特点，结合五年级学生的学习能力，通过一部分的教师动情的讲授，更多的是让学生在读和讨论中去自己悟出作者的情感，形成自己的思维认识，在不知不觉中接受爱国主义教育以及爱自己的国家就要为国家的长远发展考虑。这种语文学科的德育工作不是一节课或者一篇课文来实现的，而是一种长期坚持，潜移默化的效果。

2. 因材施教时联系实际

"理论联系实际是教学的一条重要原则。"教师在讲授一篇课文或者分析一个形象的时候，常常需要根据学生的接受能力和生活环境来进行教学，理解作者作品中的现实意义。特别是联系学生的思想实际，才不至于成为空洞的说教，这样才能打动学生，说服学生，起到良好的教育作用。

上文提到的课文《真正的愤怒》，课文中介绍了西北地区严重缺水的现状，通过文字的表述呈现。但是，处于上海的学生很难体会到缺水会带来什么样的严重后果，所以，在教学时联系学生的认知实际，补充图片资料和文本资料，帮助学生理解文中祖孙俩为什么看到有人浪费水会那么的愤怒。这是这篇课文实现的第一步德育目的，知道生态环境的现状。那么离学生如此遥远的西北地区怎么让学生联系到自身呢？文中是因为"我"的浪费水资源引起的愤怒，那么让学生在课后讨论：你身边有什么对环境有破坏的行为，引起了你的愤怒？你又是具体怎么做的呢？很快就将教学的内容和学生的生活实际联系起来了，学生在思考和讨论发言的过程中实现了第二个德育目的——落实到自己的行为上，形成健康的生活方式。

---

①阎立钦. 语文教育学引论［M］. 北京：高等教育出版社，1996.

教材和课堂是一个载体，只有真正地根据学生的实际生活进行因材施教，才能更好地落实语文学科中的德育工作。

3. 学科活动中丰富延伸

语文学科的教学工作不仅仅局限于课堂，在课堂以外还有丰富的学科活动。语文学科活动的开展不仅涉及一种语文的能力，而是综合能力的运用。在综合运用的过程中对于学生的各方面能力都是一个丰富的过程，德育工作的开展也是一个丰富和延伸。

例如，学校结合"绳韵阅读课程"的"经典诗词游乐园"，曾经做过一个"扇面艺术"的学科活动。在整个活动的开展过程中，除了语文传统文化以外，还综合了学生的绘画、书法等其他学科的能力。在学科活动开展的前期，通过一节内容丰富，形式活泼的扇面艺术校本课，向学生展示了历史上形式多样的精美扇面，从而无形中让学生对传统文化产生了兴趣，对祖国悠久的历史有更多了解，在不知不觉中更加热爱我们的祖国。学生在制作的过程中，通过对自己所绘制的扇面的内容的选择，是对自己所学的传统文化的一种回味，更是在书画的过程中进一步丰富延伸了语文学科的知识，同时也是德育工作在学科综合中的一种丰富延伸。

语文学科德育工作不等同于语文课，它的实施是在语文课堂教学日积月累中潜移默化地形成，在教师因材施教的教育智慧中更加接近学生的实际生活，并在丰富多彩的语文学科活动中进一步丰富延伸。

4. 循序渐进中螺旋上升

《中小学德育工作指南》"依据中小学生的身心发展规律和学校教育教学特点，将德育目标按学段从低到高分为四个学段目标"[①]，每个学段的教学目标是不同，但又相关联，总体上呈现由浅入深、螺旋上升的形态。小学阶段的语文学科德育也要顺应《中小学德育工作指南》的目标要求，循序渐进地对学生进行阶段式培养。

还是以爱国主义教育为例，小学低年级主要是要求学生了解爱国志士的革命故事，在三年级的课文《抗日女英雄赵一曼》中讲述了她英勇抗日为国牺牲的故事；小学高年要求学生了解中华民族历代仁人志士为国家富强、民族团结做出的牺牲和贡献，五年级第一学期第三单元连续四篇课文《飞夺泸定桥》《黄河颂》《采蒲台的苇》和《开国大典》让教师可以从不同角度，集中又深入地进行这一方面教育。从低年级的了解到高年级的深入多角度了解，这是一个循序渐进的过程。所以，语文学科德育工作的展开要根据学生年段的特点，循序渐进地展开。

---

①教育部基础教育司. 中小学德育工作指南实施手册［M］. 北京：教育科学出版社，2017.

二、数学课堂：种树者必培其根，种德者必养其心

明代王守仁的《传习录》中有这样一句话：种树者必培其根，种德者必养其心。讲的就是要想培育一棵大树，要从树根培育；要想教育一个人就要从德开始。《义务教育小学数学课程标准（2011年版）》对数学德育渗透内容并没有明确要求，但是标准提到的数学素养、数学文化、情感态度与价值观的培养都离不开德育教育，因此，德育对数学学科的发展有着重要的价值。作为数学教师有必要把传递人类文化的价值观念和伦理道德与传授数学知识有机地结合起来，以实现人文教育与科学教育相结合，需要从学生的实际情况出发，研读教材，挖掘小学数学教材中的德育内容；示范导行，培养小学生良好的数学学习习惯；渗透思想，进行辩证唯物主义观点启蒙教育。只有善于挖掘德育元素、善于捕捉时机结合思想品德教育与数学习惯学习方法的培养相结合，才能使学生们在知识，能力获得的同时，求真求实的思想品质也得到了培养。

（一）研读教材，挖掘小学数学教材中的德育内容

中共中央、国务院《关于深化教育改革全面推进素质教育的决定》中提出要进一步改进德育工作的方式方法，寓德育于各学科教学之中。①《义务教育小学数学课程标准（2011年版）》明确提出了数学有着自身的文化和素养，数学课程标准的基本理念是面向全体学生的，既要关注学生的共性发展，也要关注学生的个性发展。虽然《义务教育小学数学课程标准（2011年版）》对数学德育渗透内容并没有明确要求，但是标准提到的数学素养、数学文化、情感态度与价值观的培养都离不开德育教育，因此，德育对数学学科的发展有着重要的价值。那么如何做到在数学课程内容中发挥德育功能？教师应充分挖掘教材中的德育元素，利用数学教材中固有的德育内容进行课堂教学。

1. 社会主义核心价值观教育

把社会主义核心价值观融入小学数学教育教学。在数学教材中其实能挖掘到很多知识内容，可以对学生开展爱国主义教育、国情教育、文明礼仪教育等可以将社会主义核心价值观内化于心、外化于行。

如认识钟表这一节课可以让学生了解钟表的发展史，让孩子们知道经过几千年的发展积累，钟表经过了日晷、太阳钟、水钟、沙钟和到现在的原子钟和分子钟，可以说没有前期的发展铺垫，就没有现在钟表行业的蓬勃发

---

①孙彦婷.数学学科德育：内涵、问题与策略［J］.池州学院学报，2016（6）.

展。这就是科学技术的进步,让学生们懂得爱惜时间,认真学习。

在小学阶段这方面的内容很多,需要老师去挖掘去利用时机进行教育(如下表所示)。

年级	教学内容	德育教育
一上	几个和第几个	文明礼仪教育
一上	讲讲算算(乘车观光)	文明礼仪教育
一下	人民币认识	爱人民币教育
一下	认识钟表	珍惜时间教育
一下	左与右	国家安全教育
二上	乘法引入(游乐场)	遵守秩序教育
二下	时、分、秒	珍惜时间,合理安排
三上	年月日	爱时间教育
三上	整理与提高(例题宇航发射中心)	爱国主义教育
三下	统计	国情教育
四上	大数的认识(全国人口)	国情教育
四上	平方千米(全国土地面积)	国情教育
四下	小数大小比较(例题奥运会110米栏冠成绩)	爱国教育
五上	积商近似值(人民币与外币兑换)	国情教育
五上	时间的计算	合理安排时间教育
五下	正负数认识	国情教育

2. 中华优秀传统文化教育

开展家国情怀教育、社会关爱教育和人格修养教育传承发展中华优秀传统文化,大力弘扬核心思想理念、中华传统美德、中华人文精神,引导学生了解中华优秀传统文化的历史渊源、发展脉络、精神内涵,增强文化自觉和文化自信。

在沪教版的数学教材中上面呈现了很多有关中国地理风貌、上海建筑等图片,作为老师能从书本中拓展出去,学会去挖掘有关爱国主义教育的图片,让孩子们通过学习数学知识的同时,了解中华优秀传统文化、历史渊源,更懂得爱国,能为祖国做贡献(如下表所示)。

年级	教学内容	德育教育
一上	讲讲算算（节日快乐）	传统节日教育
一下	节日大促销	地理风貌教育
二上	幻方（夏禹与龟）	历史渊源教育
二下	三位数减法（上海发展）	家国情怀教育
三上	喜迎新年	传统节日教育
五上	除数是整数除法（编中国结）	传统文化教育
五上	编码	国情教育
五下	正负数认识《九章算术》	历史渊源教育
五下	体积认识《曹冲称象》	历史渊源教育

3. 生态文明教育

在小学阶段充分利用教材学习内容，对学生加强节约教育和环境保护教育，开展节粮节水节电教育活动，推动实行垃圾分类，倡导绿色消费，引导学生树立尊重自然、顺应自然、保护自然的发展理念，养成勤俭节约、低碳环保、自觉劳动的生活习惯，形成健康文明的生活方式。如五年级的数学教材中出现了水电煤的计算，作为数学老师要教育我们的学生为了能够合理地利用电力资源，鼓励人们在用电低谷时用电，要节约用水，合理利用水资源，在算交通费时教会学生要绿色出行，减少废气的排放（如下表所示）。

年级	教学内容	德育教育
一上	讲讲算算（绿地）	美化爱护环境
二下	植树	植树造林爱护环境
三下	速度时间路程	低碳环保教育
四上	复习与提高（复习两位数乘、除）节约用水例题	节水节电教育活动
五上	小数加减法（保护湿地）	环保意识教育
五下	水、电、天然气的费用	养成勤俭节约的生活方式

数学教材中德育教育元素还有很多，作为老师要善于在设计教学的过程中，把对学生进行德育教育，思想教育放在首位，种德者必养其心。

（二）示范导行，培养小学生良好的数学学习习惯

由于数学知识比较严谨、精确，因此在数学学习过程中需要学生认真地对待数学知识，努力帮助学生形成良好的数学学习习惯。小学阶段的学生由于年龄比较小，存在不够细心、审题错误等不良习惯，为此培养学生认真审题，养成良好的学习习惯尤其重要。

1. 示范导行，授人鱼还不如授人渔

在数学课上，教师的示范导行是学生形成良好学习习惯的主要方法之一，也是主要影响之一。教师的示范作用可以反映在教师通过自己的言谈举止来感染学生，以自己严谨的教学风格和一丝不苟的工作态度来影响学生，使学生获得情感和精神上的满足，使学生产生合作的欲望，从而达到"言传身教"的目的。[①] 教师课堂上的每一个细节都在影响着学生，如在教学板书的过程中老师书写的工整、演算过程的完整性都会潜移默化影响着学生的书写美观；教师在应用题的读题审题过程中，对于隐藏条件、关键字词的圈圈画画；在做判断题、选择题过程中教给孩子们所用的举例法、排除法、列表法等解题策略，科学的方法，有依有据的分析过程无不影响着每一个孩子的学习习惯，影响着他们的终身学习，这就是授人鱼还不如授人渔。

2. 策略导行，有效渗透数学思想方法

第一，以形助数，渗透数形结合的思想方法，有效地发展学生数感。数射线是新课程标准下产生的一个新颖事物，在小学阶段借助数射线这个"形"可以帮助学生认识"数"、进行"数"的运算，对学生数感的培养都能起到较为理想的辅助效果。通过数射线、数轴为学习载体，认识数，从而渗透数形结合的思想方法，有效发展学生数感。通过以形助数突出图的形象思维，借助图形的直观性将抽象的数学概念、运算性质和数量关系形象化、简单化，给学生以直观感，让学生从已有的知识经验出发，亲历将实际问题抽象成数学模型，让学生用多种感觉器官充分感知，在形成表象的基础上进行想象、联想，达到最终理解数学本质，解决数学问题，形成数学思想的目的。

线段图能将显性的和隐性的数量关系直接呈现，体现一一对应思想，将复杂的关系简单化，因而是理解抽象数量关系的形象化、视觉化的工具。要教会学生会看线段图，让学生体会线段图的直观、形象，感受它的简洁、易懂，通过直观形象的图来加深对数量关系的理解；要教会学生画线段图，从

---

①高双. 小学数学教学中德育渗透的缺失与重购策略［J］. 现代教育科学. 普教研究，2012（2）.

问题中抓住确切的信息，画线段图从中找到数量关系解决问题；教会学生会用线段图，特别是行程问题中要发展学生的数学思维，要能从复杂的线段图中提炼数字信息，找到等量关系从而有效地解决问题。

作为老师要做有心人，能让学生想办法解决的要放手让学生自己探究，这样可以帮助学生学会审题，理解题意解决问题。线段图是解决问题常用的方法，在小学阶段的数学学习中所涉及的植树问题、倍数问题、行程问题都可以采用画线段的方法，在线段图中可以清晰地看到其中的数量关系，可以帮助学生理解数量关系式，分析问题解决问题。

第二，以数助形，渗透数形结合的思想方法，有效发展学生空间观念。借助"图形模型"理解数的意义及运算算理，"数"与"形"再次结合。利用小棒或学具等实物进行教学，这至多算是"数形结合"的雏形。而"图形"的引入，帮助学生将抽象的数学概念、运算、规律等知识还原分解，实现文本和图形的有效结合。教学中充分利用好点子图、线段图（一维空间图形）、长方形、正方形、圆形等（二维空间图形），长方体、正方体等（三维空间图形）可以帮助学生更好地理解数学知识，使小学数学学习过程直抵数学本质。

在小学阶段经常利用图帮助我们理解数学概念、算理及算式的意义。在知识形成发展过程中渗透数形结合思想方法在知识的形成发展过程中，教师要及时把握渗透数形结合思想方法的契机，引导思维方向，让学生体会到获得知识很重要，获得方法更重要。

（1）在图形的认识和公式的推导中通过观察感悟数与形的结合。观察是学生操作、比较、联想、类比、推理等高级思维活动的基础，是学生获取知识的开始。在低年级，教师就应该有意识地让学生观察数与形之间的联系。

（2）在图形的认识和公式的推导通过操作体悟数与形的结合。学生动手操作，也能丰富对形的感悟。因此，在低年级教学时教师就应该注重观察能力的培养，使学生能够根据不同的问题采用不同的方法进行解决。

（3）在图形知识的联想中领悟到数与形结合的方法。联想是问题转化的桥梁，是一种自觉的和有目的的想象，是由当前感知或思考的事物，想起有关的另一事物，或由此再想起其他事物的心理活动。培养学生联想能力，对提高学生数形结合能力，有较大的作用。它是学生通过一定的数形结合经验积累的基础上形成和发展到的结果。

数学问题的解决过程，涉及数学思想方法的反复运用过程。数学思想方法蕴涵于数学问题的解决过程之中，数学问题的步步转化遵循数学思想方法指示的方向。在问题解决的过程中，教师可以引导学生进行同伴之间的交流，将自己解决数学问题的方法与同伴的观点进行对照、比较和争辩，让多种思维方式交织，使学生看到数形结合思想方法对问题的理解方式、解决模式的不同，感受到数形结合思想方法在解决问题中的优势，从而开阔思路、体验成功。这不仅使学生个体的思维活动得以彰显，也使学生认识到数形结合思想方法的价值所在，进而主动掌握数形结合思想方法。

(三)渗透思想，进行辩证唯物主义观点启蒙教育

1. 组织实践活动，渗透"实践第一"观点

实践是检验真理的唯一标准。学生的学习过程是不断实践发展的过程，这是所有学生认识的一般规律。教师要遵循这一规律去安排教学，要能使学生认识到数学知识来源于实践，又服务于实践。① 五年级《平均数认识》以往在平均数教学侧重于对所给数据计算其平均数，侧重于从算法的水平理解平均数，易将平均数的学习演变为一种简单的技能学习，忽略平均数的统计学意义，如何将平均数从统计学的角度来理解平均数，符合学生的认知规律呢？将本节课作为一个重要概念来教学，重点解决三个问题：平均数产生的需要？平均数的本质是什么？用平均数解读生活实际问题。创设比较套圈水平的情境，利用两次套圈次数不同来激发学生寻求公平比较的办法。因为学生有求平均每份数的知识经验，又有类似的生活问题体验，能较好感受到求用什么样的数据更能合理表示套圈水平，获得平均数表示一般水平的初步体验。感受"移多补少"过程。

2. 引导学生理解知识形成、发展的过程

事物都是发展变化的，数学教学当然也不例外。在教学中，教师要注意克服孤立静止的教学方法，让学生处于发展的教学过程中，引导学生参与知识由简单到复杂、由单一到多元的发展过程，发挥原有知识的正迁移作用，提高学生的学习效率。②

如五年级《数轴》随着学生对数的认识的扩展，从正数发展到负数，从整数发展到分数、小数，而数轴是在学生认识数射线的基础上的有一延伸，需要数射线向左边无限延伸才能找到负数，使学生完成了由"数射线"到"数轴"的初步转化，学生也建立起了较为完善的在实数范围内的数的体系概念。"数射线"和"数轴"的引入与应用，不但将抽象的"数"直观形象化，而且也有助于理解运算，将运算直观形象化。

总之，数学课能充分挖掘德育素材，只要老师做一个有心人，善于捕捉有关德育信息，不失时机地将想品德教育与知识教育同步进行，使知识学习

---

①② 高双. 小学数学教学中德育渗透的缺失与重购策略［J］. 现代教育科学. 普教研究，2012（2）.

与能力培养共同推进，才能真正收到既渗透数学思想，培养了学生的学习品质和创新精神。

三、英语课堂：丰富课堂体验，培养职业意识

小学英语课程标准强调英语教学的学科核心素养是培养学生的语言能力、文化意识、思维品质和学习能力。因此，除了让学生掌握英语听、说、读、写的语言能力外，还要对学生进行德育教育的渗透，而教材是老师和学生在学习中必不可少的学习工具。因此老师要充分挖掘和利用教材中的德育元素，在课堂中积极渗透，帮助学生树立良好的人生观。将《中小学德育工作指南》的内容归纳为：六爱教育，良好的品格教育和正确人生观的形成教育。其中就以职业理想启蒙教育为主挖掘小学英语教材中的德育内容。

（一）充分挖掘小学英语教材中的德育内容

美国著名生涯理论研究学者舒伯认为，对学生（0～14岁）进行职业启蒙教育，其任务是全面认识自我形象，使之具备对工作世界的正确态度，并逐步意识到工作的意识。[①] 从思想品德教育角度出发，职业理想启蒙应发挥以下作用：其一，让孩子缠身劳动最光荣的情愫；其二，让孩子树立起职业无贵贱的意识；其三，让孩子对各种职业有识别能力；其四，自身潜能的发展和相关拓展。针对职业理想启蒙，小学英语教材在不同的学段也有不同的呈现方式，将教材6册中体现职业理想启蒙元素的内容梳理如下。

学段	年级	单元	教材内容	德育渗透目标
低段	1A	M2U1	My abilities Look and learn dance　read　sing　draw Look and say I can ... I can sing.　I can dance.　I can read.　I can draw.	1. 能从自己和别人的角度描述自己的特长及能力；2. 能有勇气、有意识的展示自己的能力特长，能够对别人的评价正确的判断；3. 培养学生自信心的养成，同时逐步形成稳定的自我认识，自我认识是良好职业理想启蒙的关键

---

①刘晓，黄卓君. 青少年儿童职业启蒙教育：内涵，内容与实施策略［J］. 中国职业技术教育，2016（23）.

续上表

学段	年级	单元	教材内容	德育渗透目标
低段	1B	M4U1	Module 4 Things we do	1. 能从自己和别人的角度描述自己的特长及能力；2. 能有勇气、有意识的展示自己的能力特长，能够对别人的评价正确的判断；3. 培养学生自信心的养成，同时逐步形成稳定的自我认识，自我认识是良好职业理想启蒙的关键
	2A	M1U1	Module 1 Getting to know you	1. 能学会在不同的时间段准确打招呼的方式，培养学生的沟通能力，养成良好的文明习惯；2. 通过教学过程中角色的互换，运用简单对话来感知"教师"这个他们最熟悉的职业，进行初步的职业理想启蒙的渗透
	2B	M2U1	Things I like doing	1. 能全面了解自己的兴趣爱好，且能准确判断和表达自己对事物的喜好程度；2. 通过加深对于自我的认识，为职业理想的启蒙打下坚实的基础

续上表

学段	年级	单元	教材内容	德育渗透目标
中段	3A	M2U3		1. 能够准确了解自己的外貌特征，从外在全面的认识自己；2. 了解人与人之间在外貌上是具有差异性的，接受自己优点的同时，不避讳缺点；3. 激发学生发扬优点，弥补缺点，将自己所长发挥到极致，增强学生的职业信念和为之奋斗的意志力
	3B	M4U1		
高段	4A	M1U3		1. 通过询问他人职业能够了解多种社会职业的名称，工作场所，工作方式等详细信息；2. 了解社会工作的普遍性和多样性，激发他们职业选择的意识
	4B	M2U1		1. 能准确询问和回答他人和自己对运动的喜好；2. 培养学生热爱运动，强身健体的意识

续上表

学段	年级	单元	教材内容	德育渗透目标
高段	5A	M1U3	My future / Look and say / Look and learn / Think and write	1. 能描述职业对于社会的作用，知晓职业所需的知识和技能；2. 学会联系自身的能力特长和兴趣爱好表达自己的职业理想，达到职业理想启蒙的初步效果
	5B	M3U2	Say and act / The weather report	1. 了解天气预报员的职业环境、职业形象、职业素养及工作所需的知识和技能；2. 通过课堂教学主动进行职业体验，激发学生参与活动的兴趣；3. 深入的渗透职业理想启蒙的理念，为学生提供一个沟通社会实际和自我主观理想的桥梁

（二）多方位渗透在小学英语教学中德育元素

上文所提到老师应该好好研究教材，书本中是隐藏着德育元素的，如何去发现、利用是问题的根本。只有解决了这一问题，才能为英语学科教学中的德育教学打好根基。小学生的职业意识包括三个维度（如下表）：小学生的自我认识，对职业的认识，及小学生主体意识与职业的统合[1]。下面就从课堂教学实例、学科实践活动及职业风采展示的方式，呈现德育中的职业意识启蒙与小学英语教学时如何进行完美结合的过程。

---

[1] 叶景芳，颜志荣．小学生职业生涯启蒙教育的实践途径研究［J］．中小学心理健康教育，2016（20）．

职业意识的三个维度

自我认识	职业认识	主体意识与职业的统合
对自己的个性、兴趣、情绪、能力以及自身优缺点的认识	对职业的了解、职业精神,职业兴趣及职业探索,也包括合作、自我管理、学习、沟通、创新、决策等意识和品质的培养	是一个动态的职业准备和职业规划过程,即我最适合做哪类职业的选择意识和主体对职业的倾向意识

1. 职业情境体验 渗透职业意识

以1BM4U1 Activities 这课为例,教学目标为通过本单元学习,学生能初步运用ride、skip、play、fly等四种最常见的运动类单词,能结合"What can you do？I can…""What can he/she do？He/she can…"句型进行问答,表达自己和他人的能力和特长。在此过程中,全面的认识自我和他人,增强与同伴的沟通和交流。

教学片断（一）	教学中体现的自我认知的渗透
  T：Look！They are the photos for Ben's friends. What can Eddie do？ S1：He can ride a bicycle. T：What can Kitty do？ S2：She can skip a rope. T：What can Danny do？ S3：He can play football. T：What can Alice do？ S4：She can fly a kite. T：How about you？What can you do？Please ask and answer with your deskmate. S1：Lisa, what can you do？ S2：I can ride a bicycle. S1：Wow！How cool！	通过看图回答问题,师生互动和生生问答的活动方式,使学生能正确认识他人和表达自己的能力特长,让学生在认识自我的同时也能学会用欣赏的目光看待他人,学会赞赏别人；激发学生学习英语的热情,提高学习英语的积极性。培养他们同学间友好相处,提升他们的人际交往能力。同时注重情感与积极心态的培养

以上海牛津版教材2AM1U1 Hello这课为例，教学目标为通过本单元的学习，学生能够在语境中认读、理解和运用核心词汇：morning、afternoon、evening、night；在语境中学习、理解并初步运用下列句型结构：How are you? I'm fine. Thank you；以及能在不同的时间跟人打招呼，使学生学会礼貌待人，培养良好的文明习惯。

教学片断（二）	教学中体现的职业意识认知的渗透
 T：Look! The sun is in the sky. It's the morning. Who can be Miss Fang? The little teacher. Have daily talk with Alice. Ss：Hello, Miss Fang. S1：Good morning, Alice. Ss：Good morning. S1：How are you, Alice? Ss：I'm fine, thank you.	通过角色扮演和生生问答的活动方式，使得低年级学生初步感知"教师"这个职业的言行举止，以及能够在不同时间段准确的和他人打招呼。有趣的活动方式激发他们学习英语的热情，培养良好礼貌习惯的同时，感知职业意识带来的新鲜感

2. 职业信息搜集 习得职业"认知"

传统英语作业的模式为读、背、抄，想要在作业中更好渗透德育教育，必须要精心设计多元化的课外作业，给学生自由发挥的机会，既能巩固新知，培养动手动脑的能力，尤其对于四年级的学生来说，他们已经拥有了一点资料收集，掌握了一定多媒体技术，有了一定的处理能力，所以通过以Jobs I know的英语学科实践活动，让他们搜集有关职业的详细信息，以电子小报的形式呈现活动成果。

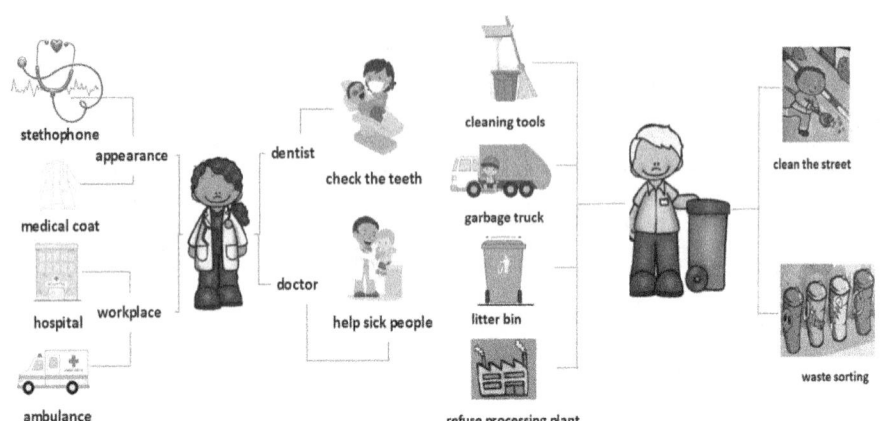

通过 Jobs I know 的学科活动，给予学生充分的自由去搜集自己想了解的职业的详细信息，在此过程中锻炼他们的信息搜集和处理能力，并将英语表达很好的与之相结合；运用他们已有的多媒体技术水平，制作相关电子小报，培养他们的动手能力。同时加强节约教育和环境保护教育，推动实行垃圾分类，倡导绿色消费，引导学生树立尊重自然、顺应自然、保护自然的发展理念，养成勤俭节约、低碳环保、自觉劳动的生活习惯，形成健康文明的生活方式。在了解各项职业详细信息的同时，培养他们职业思维能力，识别职业特征，判断职业类型，习得职业技能、树立职业道德，激发学生知晓社会职业的多样性、普遍性，职业对社会贡献的一致性，并无高低贵贱之分。帮助学生从对"自我"认知转化为对"职业"的认识，将职业意识启蒙落到实处。

3. 职业风采展示 点燃职业梦想

以 5AM1U3 My future 这课为依托，设计"Show my dream job"为主题的职业体验风采展示活动。经过这个单元的学习，学生全面地了解多种社会职业，五年级的学生对自身能力、特长和兴趣爱好有了稳定的自我认知，通过这个活动能实现自我认知与职业实践的联系。

活动之前每位学生考虑好自己以后的理想职业，并以 I am... I can/like... I want to be...等已学句型进行介绍，同时可以穿戴上这些职业相关的装束和使用工具，以边展示边介绍的方式将真实地展现社会职业的风采，加深对于职业启蒙的渗透。

第三节 "七彩争章"的实践与成效

学校"绳韵教育"以培育创新、合作、坚韧、快乐的阳光绳童为学校教育目标,为学校德育与"绳韵教育"的有效融合奠定了基础。

为了更好地挖掘"绳韵教育"的育德功效,学校通过争"绳结章"活动,探索实践"绳韵教育"与"七彩童年"德育课程的有机整合。这种形式的活动,学生喜闻乐见,积极参与,不仅拓展了学校德育活动的空间,也为"绳韵教育"的开展提供了更丰富的载体,促使"绳韵教育"扎根于学校内涵发展,成为学校文化建设不可或缺的环节。

"绳韵精神"润物无声、深入人心。争"绳结章"活动丰富了"绳韵教育"的趣味性,激发学生参与的积极性,提升"绳韵教育"的育德效能。通过几年的实践,"绳文化"已经深入人心,小小的一根绳在孩子们的眼里有着至高无上的地位。学校的吉祥物"高境绳童"——"高高"和"境境"陪伴着孩子们一起踏绳启程,一路伴随"炫彩绳童"茁壮成长。孩子们收获的是喜悦与成功,师生之间的心理距离缩短了,学生的学习兴趣提高了。

为了更好地发挥"绳韵教育"的影响力,使"绳韵教育"的德育功效更具有导向性,学校在推进争"绳结章"活动过程中,十分注重评价机制建设。有效评价对学校德育工作起着重要的促进作用,如果说学校德育工作的核心是"培养什么人、怎样培养人、为谁培养人",那么,评价就是用来回答"培养得如何"的。有研究者通过大量调研发现,学校的德育工作者普遍认同评价对学校德育工作的价值,但真正在自己的工作中应用评价工具的却寥寥无几。出现这一现象的主要原因是目前还缺乏便于一线教师掌握和应用的相关评价工具。[1]

---

[1] 杨眉,张宏. 评价工具:学校德育工作的"参照系"[J]. 北京教育,2019(8).

为解决这一问题，高境科创实验小学在实践"绳韵教育"与学校德育融合的过程中，结合行为规范五星级示范校验收的契机，开发设计了"炫彩绳童大本营"争章手册。以《中小学德育工作指南》为指导，结合学校自身的实际情况，以"绳童大本营"中"绳结"激励手段，通过红、橙、黄、绿、青、蓝、紫七种颜色的绳结实施多元化、多角度的激励性评价。

学校围绕"七彩绳结"争章评价机制，根据学生的年龄，结合学科特点细化了"绳结"评价标准。通过老师对每一个学生日常各个方面进行细致地观察、记录，给予学生较为全面、公正的综合性评价。绳结奖励机制是一种深受学生喜爱的激励形式，绳结的发放可以有效地激励学生养成良好的行为习惯及团结协作能力，同时，让老师在了解学生发展状况的同时，可以根据评价结果来反思：学生在多大程度上养成了良好习惯，自己的教育管理方式是否恰当等，并据此提出改进措施，改善自己的教育方法，从而最大限度地发挥学生的相互促进作用。

习惯是经过反复练习逐步养成的，有效的激励机制对习惯养成具有良好的促进作用。激励评价方法运用于养成教育教学的各个环节，能够促进学生生动、活泼、主动、健康地发展，以达到养成良好习惯的目的。对学生来说，这不仅仅是一枚绳结，更代表的是老师对自己的激励和肯定，让学生的心理获得满足与自豪感。"炫彩绳童"争章活动所追求的不是给学生下一个精确结论，而是更多地体现对学生纵向发展的关怀，鼓励学生更快地养成习惯，更好地自我完善，学会做人，学会合作。它的激励效应将使学生更全面的发展。

小小的一根绳儿，对于高境科创实验小学的学生而言，可以舞出一个个炫彩梦。依据"炫彩绳童"奖章评价机制，学生们通过自己每天努力一点点、进步一点点，来获得不同颜色的绳结，从而让自己"大本营"中的彩绳更长更绚丽。可以说"炫彩绳童"奖章评价活动让同学们一起加油，使自己的学习生活——芝麻开花"结、结、高"。

学校层面具体评价标准如下：

章名	达标要求	争章内容	晋级奖励
红绳结	热爱祖国	思想道德好、行为习惯好	每月每中队每个项目一名队员获得校园吉祥物粘纸一枚
橙绳结	尊师友爱	友爱互助好、参与活动好	
黄绳结	勤奋学习	学习习惯好、课外阅读好	
绿绳结	积极锻炼	体育锻炼好、学以致用好	

续上表

章名	达标要求	争章内容	晋级奖励
青绳结	清洁卫生	个人卫生好、集体服务好	每月每中队每个项目一名队员获得校园吉祥物粘纸一枚
蓝绳结	责任担当	自我管理好、全面发展好	
紫绳结	文明礼仪	文明礼仪好、一技之长好	

争章手册使用方法：

（1）队员将获得的"绳结"黏贴在每月的争章手册上。每月25日各中队进行总结，根据绳结的数量评选出当月的7名七彩之星，颁发相应的吉祥物徽章，并奖励七彩影院亲子票一套。

（2）学期末，争章手册上吉祥物最多的队员可以申报"炫彩绳童"的评选；其余队员根据绳结的数量，一个学期兑换一次不同等级的奖品。

班级层面具体评价标准如下：

评价内容	评价要求及办法
文明礼仪	①主动打招呼；②注重礼仪，不打闹；③及时制止同学不文明行为（3点都做到奖1个绳结）
两分钟预备铃	①做好课前准备；②坐姿（手放平、肩摆正、腰挺直、脚并拢）；③认真跟着小领读背诵；④不随意离开座位（做到以上几点的孩子得行规小绳结1张）
课堂学习	①认真听讲、不做小动作；②听到小口令迅速反应；③认真思考、积极发言；④起来答题人站直，声音响亮、回答清楚；⑤书写姿势端正（上课行规表现优秀或有进步的孩子得行规绳结1张；课堂表达优秀的得学习绳结1张，两者皆好可皆得）
文明用餐	①饭前洗手；②整齐摆放餐具；③文明排队、文明用餐；④不浪费粮食；⑤保持课桌整洁无饭粒汤汁（做到以上几点的孩子奖励行规小绳结1张）
教室卫生	①认真完成自己的岗位打扫；②督促同学或检举他人岗位打扫；③有同学病假或其他原因不能打扫，主动帮助打扫（做到第1、2点奖1个绳结，3点都做到奖2个绳结）
课间休息	①不追逐、不打闹；②文明上厕所；③说话轻声不喊叫（做到以上几点奖励行规绳结1张）
学校活动	①主动参加各项活动；②在活动中等到名次；③在活动中名列前茅（做到第1、2点奖1个绳结，3点都做到奖2个绳结）

在争"绳结章"的活动中，老师们细心地记下了一个个生动的案例，从中也让我们看到了绳童们一天天养成良好行为习惯的过程。

附：

"尊敬国旗、国徽，会唱国歌，升降国旗、奏唱国歌时肃立、脱帽、行注目礼，少先队员行队礼。"这是小学生日常行为规范的第一条。然而，每次升旗仪式上，我总看到一部分学生人站得歪歪斜斜，礼行得零零落落，有的还在窃窃私语……

怎样教育学生尊重和爱护国旗，激发学生爱国的情感呢，正巧10月16日轮到我班负责升旗仪式，于是，我决定以此为契机，结合学校开展的"炫彩绳童"大本营争章活动，对学生进行爱国主义教育、革命传统教育和理想教育。

首先，我利用道德与法治课让学生真正熟知国旗、国徽的含义，并学会正确地唱国歌；随后引导学生收看电视了解国家大事，让了解我国几千年的历史文化，了解我国的国情，了解中国革命的光辉历史和党旗的意义，然后组织学生在家长的配合下积极参加"向国旗敬礼"网上寄语的活动，进一步了解升旗仪式之所以如此庄严神圣的缘由。随后，我对认真收集资料和积极参与网上寄语的学生给予红绳结的奖励。

接着，我结合升旗仪式行规训练，利用绳结进行专项比赛，提出学生升国旗仪式时，列队整齐排列，面向国旗，肃立致敬。当升国旗，奏国歌时，要立正，脱帽；行注目礼，直至升旗完毕。强调升旗是一种严肃、庄重的活动，一定要保持安静，切忌自由活动，嘻嘻哈哈或东张西望。神态要庄严，当五星红旗冉冉升起时，所有在场的人都应抬头注视。针对这样的要求，我对学生开展了队列、行队礼等行为训练，强化了升旗仪式时的礼仪规范。训练过程中，我用"绳结"奖励给那些认真练习的同学和有进步的，这样一来，同学们的积极性一下子高涨。从此，学校进行升旗仪式时，班里每个孩子都精神饱满，整个升旗仪式的过程都显得那么专注、庄严。

（程 琪）

附：

孔子说："少成若天性，习惯如自然"。习惯的力量是巨大的，人一旦养成一个习惯，就会不自觉地在这个轨道上运行，如果是好习惯，将会终身受益，孩子小时是培养习惯的最佳时期，儿时养成的良好习惯对人一生具有决定性的意义。因此，可以毫不夸张地说，习惯决定孩子的命运。

现在很多家庭教育对于孩子行为习惯的养成不太重视，他们更为关注的是孩子的学习成绩。但是我们深知什么是教育，教育简单地说就是要养成良好习惯。越来越多的事实证明，良好的行为习惯的养成要比知识的获得重要得多。

孩子们终于在盼望中迎来了他们喜爱的社会实践活动——秋游，我察觉到这是一次培养孩子良好行为习惯的契机。俗话说："不以恶小而为之，不以善小而不为"。好习惯就要从身边点滴的小事情做起。那么该如何在此次秋游活动中培养孩子们良好的习惯，让这些平时的行为规范教育付之于行动中去呢？我决定充分运用好绳结，使教育效果最大化。因此，在秋游活动前我就与孩子们约法三章：不在车上和景点留下任何垃圾；文明出游，不大声喧哗；注意安全，同学之间互相帮助。每做到一点就奖励一枚红绳结。我把全班孩子分为6个小组，由孩子自己推选一名组长。在午餐的时候，就以小组形式分散用餐。用餐前，组员们在组长的带领下，做好用餐的准备：一个孩子负责铺一次性桌布，一个孩子负责整理食品，一个孩子负责摆放组员的随身物品，一个孩子负责清理。担任组长的孩子除了做好本职工作外，还监督自己的组员有没有按照要求把分内的事情做好。由于分工明确，每个小组吃午餐的时候秩序好，井然有序，吃完后地面上也不留下半点痕迹。难怪导游也感叹："你们班的孩子素质真高，这么小的孩子吃午餐竟然不需要老师管理。"活动结束后，孩子们几乎人手一枚红绳结，心满意足。

对学生的德育评价是一项细小又繁琐的工作，必须要老师通过对每一个学生在各个方面进行细致的观察、记录，给予学生较为全面、公正的综合性评价。通过这种显性的评价方式，使学生在熟悉各项指标的情况下，明确积极争取的目标，从而提高学习兴趣，养成良好的习惯。

小学阶段的德育评价应坚持以育人为本的教育方针，根据小学生的年龄、心理及个性特点，采用灵活多样的评价手段和方法。以"绳结"为激励手段就是一种很好的方法，通过"绳结"实施多元化、多角度的激励性评价，建立共同一致的评价标准，让激励评价形成合力，促使学生明确各种规则，培养学生核心素养，逐步形成正确的价值观、人生观。

（高一微）

第五章　课题研究：拓展"绳韵教育"发展空间

以课题研究为引领，加强教育科研，走内涵发展之路，是当前学校教育发展和改革的重要走向。高境科创实验小学如何通过"绳韵教育"培育"阳光绳童"，促进学校走出一条特色创建之路，成为学校必须思考和解决的问题。课题研究是学校内涵发展的最佳路径[1]，很多学校结合教育改革精神，以及自身实际和未来发展方向，开展课题研究，走上特色化、可持续性发展。

学校如何发展"绳韵教育"，主要有三方面的问题需要加以关注和克服。首先，如何充分发挥花样跳绳多元化的功能，特别是通过花样跳绳如何进一步培育学生的韧劲、不怕吃苦不怕困难、敢于挑战的良好人格，为未来的发展奠定良好的基础；其次如何将"阳光""绳韵"的精神内涵渗透在日常的课堂教学中，实现"绳韵教育"精神与课堂教学的融合；再是如何加强家校合作，抓好家庭教育，实现"绳韵教育"理念向家庭教育的渗透，促使家长家庭教育观的更新，形成家校合力。解决好上述三方面的问题，有利于构建"绳韵教育"结构体系，拓展发展空间。学校重点以上述三方面的问题为导向，以研究为路径，通过不断的实践、反思、再实践、再反思的方式，深化认识，总结经验，不断拓展"绳韵教育"的发展空间。

第一节　促进学生自主学习的课程与教学数字应用平台研究

以"绳韵"培育阳光少年，是高境科创实验小学"绳韵教育"的重要教育目标。探索在课堂教学中渗透"绳韵教育"理念，提升学生自主学习的能力，让学生感受学习的快乐，在学习中增强与教师和同伴之间的情感，形成相互团结、彼此包容的良好关系，打造温暖的班级文化，培育遇到困难不放弃的韧劲和灵动的个性，是学校重要的研究课题。

多年来，学校坚持走"以绳育人、文化立校，科创浸润、全面发展"之路，坚持走"推进教育信息化，打造数字校园"之路，坚持"以数字化平台为载体，营造学校工作新生态"整体战略，在教育信息化方面取得了

---

[1] 孙美蓉. 课题研究：学校内涵发展的最佳路径 [J]. 江苏教育研究, 2014 (1).

一定的成绩。在推进"绳韵教育"过程中，学校结合学校自身的信息化建设的优势，学校研究团队开展了"促进学生自主学习的课程与教学数字应用平台研究"。本课题于 2013 年被上海市教育规划办立项为市级项目（B13136）。学校在龙头课题的引领下，通过理论梳理、数字平台架构、行动研究、应用推广，形成了数学、英语、语文三个课程领域进行实践的学生"互联网＋"课堂学习平台的课例库、学生"在线测试"学习平台的练习库和教师研修平台建设资源库的基础上，所积累与提炼的实践性成果。

一、问题的提出

（一）新课改革迫使师生学习方式发生变革

随着新课改革的不断深入，教师的教学理念也在不断地发生着变化，大家尝试通过不同的途径探索适合学生自主学习的教学方式，但在实践中发现：绝大部分学生随着年级的增高觉得学习很辛苦，被动学习的学生也大量多于自主学习的学生，但极大部分学生对于信息技术都有着极大的兴趣。因此，本研究是以转变师生的学习方式为出发点，以把课程与教学和数字应用平台有机结合为主要途径，以构建一个有利于学生自主学习的数字应用平台为主要目标，从而促使学生增强自主学习意识，掌握自主学习方法，养成自主学习习惯。

（二）数字应用平台有助于学生学习方式的转变

数字应用平台是以网络为基础，利用先进的信息化手段和工具，在传统学习的基础上构建一个数字空间以拓展现实的时间和空间维度，使学习成为开放、互动、可选择的。从学生问卷与访谈中，我们发现：数字应用平台的构建有利于激发学生学习兴趣，促进其自主学习，有利于学生的终身学习和发展。

（三）基于学生学习方式转变的数字应用平台

学生被动学习的背后有很多复杂的因素，教师的理念与学生的兴趣是其中的两个重大的因素。在课程实施中，如何加速教师理念的转变，提升学生的学习兴趣从而促进学生学会自主学习？我们把目光聚集到构建一个促进学生自主学习的课程学习平台和提升教师专业发展的教师研修平台，借助互联网突破时间与空间的限制为学生创建一个资源丰富、自主共享、互助互评的学习环境来促进学生自主学习。

二、解决问题的过程与方法

（一）研究与实践的策略及方法

本研究以行动研究为主线，在具体研究过程中还综合运用了多种研究方法。首先是以文献研究与理论梳理为基础，并贯穿研究始终。其次，整个研究以行动研究为主线，借鉴庞维国自主学习理论与齐莫曼自主学习的研究框架，把自主学习理念融入学生学习平台与教师研修平台的建设中，通过构建一个基于课程与教学的数字应用平台来加速学生自主学习力的提升。在实践研究中通过实践共同体的循环往复的研究设计、开发、完善数字应用平台，使平台更好地为促进学生自主学习服务。

（二）六年实践研究的行动纪实

第一阶段：（2012年9月—2013年6月）数字应用平台总体框架构建阶段

通过文献研究，梳理国内外数字应用平台与自主学习的相关研究，提炼了自主学习的内涵；通过学生问卷调查分析，获得了学生自主学习的现状与真实需求。把自主学习的理念融入数字应用平台的建设中，以学生能自主选择学习方法、自主把控学习时间、对学习结果有自我意识、会选择榜样寻求帮助为宗旨，架构了学生学习平台的总体框架，并以教师研修平台建设作为整个教学支持系统。

第二阶段：（2013年6月至今）数字应用平台的具体实施阶段

在初步构建整体框架的基础上，不断完善数字应用平台，并推进实施。

1. 学生学习平台建设

以能满足学生课前个性化预习，课中按需选用资源，课后在线互学的自主学习的需求来设计"在线测试"和"互联网+"学习平台。平台的"指南""锦囊"与"词典"为学生自主选择学习方法提供了条件，"讨论"与"互助"为学生自主寻求帮助与互动评价创设了环境，"批阅"与"重做"为学生自主把控学习时间、检测学习结果提供了途径，"统计"与"聚焦"为教师及时高效掌握学生的学习状态，调整学习任务提供了技术支持。

2. 教师研修平台建设

为确保支持学生的自主学习，创设"课程中心""集体备课""专题学习""实践研讨""主题论坛"和"专项题库"六项栏目为教学提供了全方位的支持。

第三阶段：（2014年9月—至今）数字应用平台验证与推广阶段

本研究在长三角资源共建共享活动，宝山区新优质学校中期汇报、宝山区教研室一日视导、公开研讨课、"一师一优课，一课一名师"优质课、信息技术应用有效性教学评比中进行了验证推广，受到了各级专家的肯定与好评，本成果在上海市教育科学研究课题结题验证中获良好等第。

三、成果的主要内容

（一）明确了学生自主学习的内涵

自主学习，就是借助数字平台激发学生内在的潜能，是学生通过平台在老师引导下独立思考、自主解决、互助共享、评价反思地研究学习对象，达到掌握知识、获得能力，并且很好地运用这些知识与能力的学习方式与过程，它在操作上主要包括课前自主预习、课堂自主学习、课后自主复习等程序。

（二）构建了促进学生自主学习的课程与教学数字应用平台

本研究借鉴庞维国与齐莫曼的自主学习理论，构建了一个基于课程与教学的数字应用平台（图5-1），主要包括：学生课前课后"在线测试"学习平台，此平台的建设主要为了满足学生课前个性化预习与课后互动评估自主学习的需求；"互联网+"课堂学习平台，此平台的建设主要为了满足学生在课堂学习中能按需选用资源、有效进行同质分类辨析、跨空间的同伴互

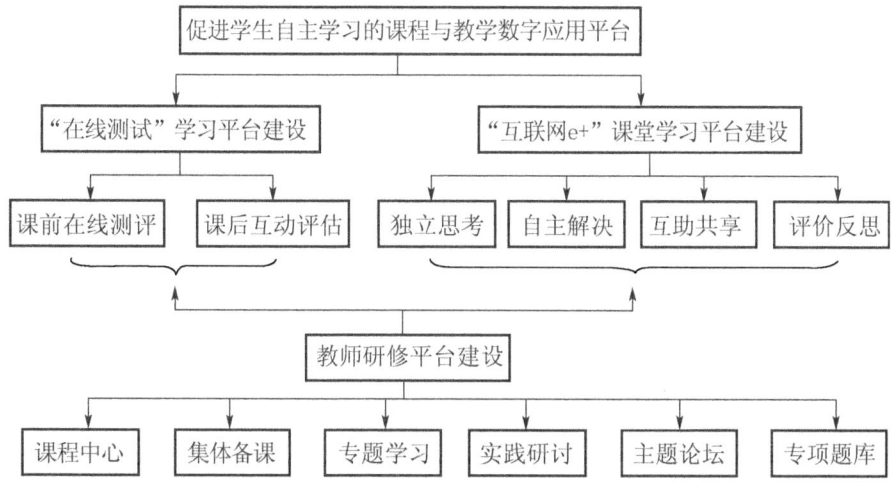

图5-1 数字应用平台结构框架

助学习需求;"教师研修"平台为确保支持学生的自主学习建设了六项栏目,为教学提供了全方位支持。数字应用平台创建了一个资源丰富、自主共享、互助互评的学习环境,转变学习方式,为学生自主学习的发展创造了条件。

(三)建设了促进学生自主学习的"在线测试"学习平台

"在线测试"学习平台是在学校数字应用平台"教育教学"栏目中开发出的满足学生课前个性化预习与课后互动评估自主学习需求的学习平台。

我们从课前、课后两方面依据新课程标准进行了课程与教学数字应用平台的建设。从基础型课程入手,借助校园网开发了"在线测试"学习平台,简称"在线测评"(图5-2)。它是教师基于教材学情建构在线题库、学生基于自主互助完成在线练习的自主学习平台。此学习平台具有:指南、锦囊、批阅、分析、统计、讨论、重做等13大功能。

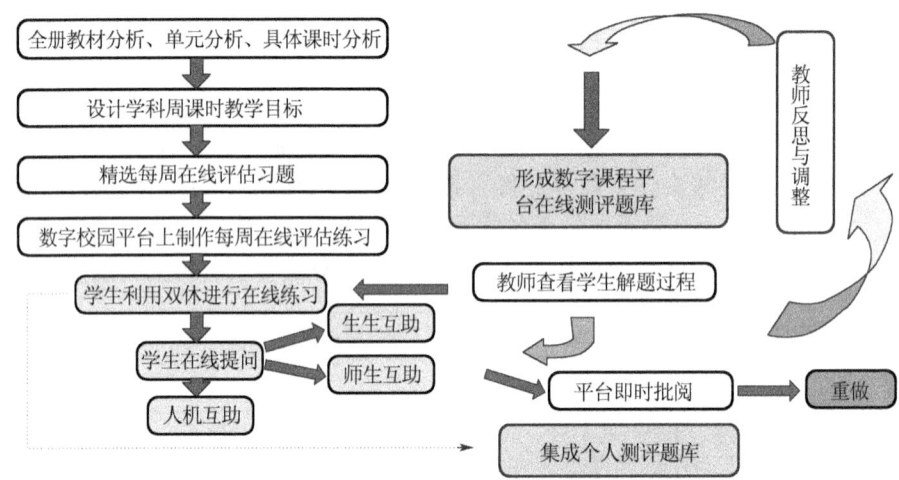

图5-2 "在线测试"学习平台操作流程图

1. 教师基于教材学情建构"在线测评"题库已形成

为了让平台能更好地满足学生的个体学习需求,达到互助共享,有效促进学生自主学习。任课教师认真分析教材和学生学情,精心设计课前预习单和课后互动评估题,巧用平台的"指南"与"锦囊"等功能来激发学生内在自我学习需求,为学生个性化学习创设条件,同时根据学科特点又各有所侧重。目前教师基于教材学情建构的"在线测评"题库已形成(图5-3)。

图 5-3 "在线测试"学习题库

2. 学生基于自主互助完成"在线测评"练习有成效

学习是一个不断自我修正、完善的过程，同伴间的交流互助有利于提高学习的效益。"在线测试"学习平台为学生提供了一个跨空间的学习场所，"指南"与"锦囊"为学生自主选择学习方法提供了条件（图 5-4），"讨论"为学生自主提问，师生、生生互助研讨提供了场所（图 5-5），凸显了个性化学习，让学习变得更高效。

学生运用"在线测试"学习平台，在独立思考、自主解决问题的基础上开展互助研讨，一起分享学习方法，共享学习经验已成为学生自主学习的模式。

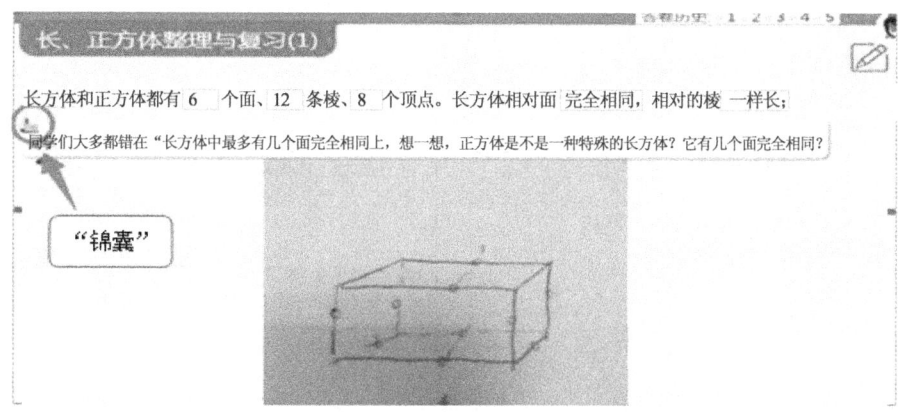

图 5-4

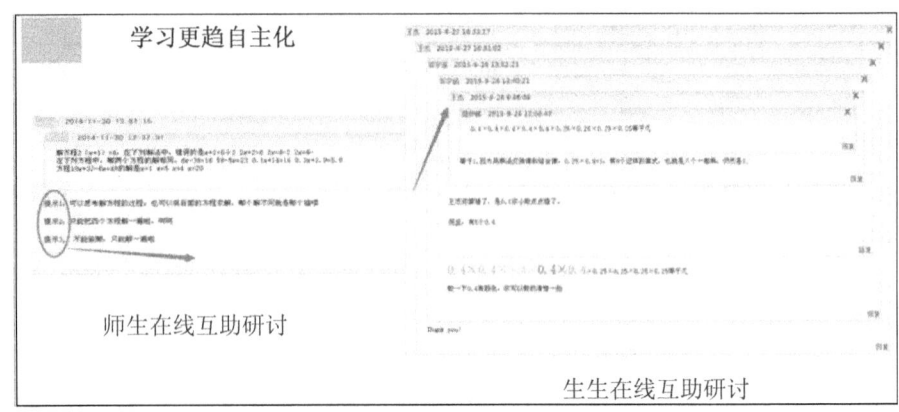

图 5－5

2. 平台即时批阅集成个人“在线测评”题库真减负

“在线测试”学习平台的另一强大功能就是电脑即时批阅与学生错题个性集成。平台全程记录了每位学生学习过程与结果，在学生提交学习任务后，及时批阅给出学习结果和激励性的评语。学生根据学习结果在自我分析修正的基础上自主运用“重做”功能来巩固知识。“批阅”与“重做”为学生自主把控学习时间、检测学习结果提供了途径（图 5－6）。

五年级上第十八周

五(01)　五(02)　五(03)

序号	姓名	得分	用时（分钟）
1	张师恒	100	4.15
2	俞慧婉	100	9.25
3	庞裕章	100	18.30
4	徐海峰	90	8.30
5	高颖	90	10.30
6	王翊斐	87	8.07
7	毛筱琦	87	6.67
8	杨珧	85	18.06
9	高璇	82	6.99
10	周宇宁	82	4.80
11	沈煜金	77	11.64
12	唐昊宗	77	3.37
13	刘玉成	77	5.04
14	赵晶	77	11.23
15	曹瑜航	77	3.68

学生完成课后“在线评估”的得分情况与用时情况

图 5－6

教师利用平台分析统计功能，全面分析每位学生测评情况，并针对共性与个性问题给予不同的解决方法。学习平台根据学生的错题和错因分析，自动生成个人题库（图 5－7），从而实现了个性化学习，达到了减负增效。

每一个学生每一次的学习足迹都会被平台记录下来，平台根据每一个学生在学习过程中的薄弱点和教师对学生的错因分析进行分类集成，自动生成个人错题库。实现学生个性化的自主学习，有效落实减负增效。

图 5-7

六年的实践证明："在线测试"学习平台有效提升了学生的自主学习力，让他们变得爱学、爱问、爱思考，因其不受时间与空间限制的优越性，大大提升了师生互动、生生互动的空间。

3. 建设了促进学生自主学习的"互联网+"课堂学习平台

"互联网+"课堂学习平台是在学校数字应用平台"教育教学"栏目中开发的满足学生课堂自主学习需求的一个新型学习平台，是一种依托互联网，在教师策划组织引导下，学生人手一台平板电脑进行自主学习的新课堂学习模式。它是一个学习环境安全、资源丰富，学生学习自主与共享并存，即时完整地获取课堂生成资源，实现资源效益最大化的课堂学习平台（图5-8）。

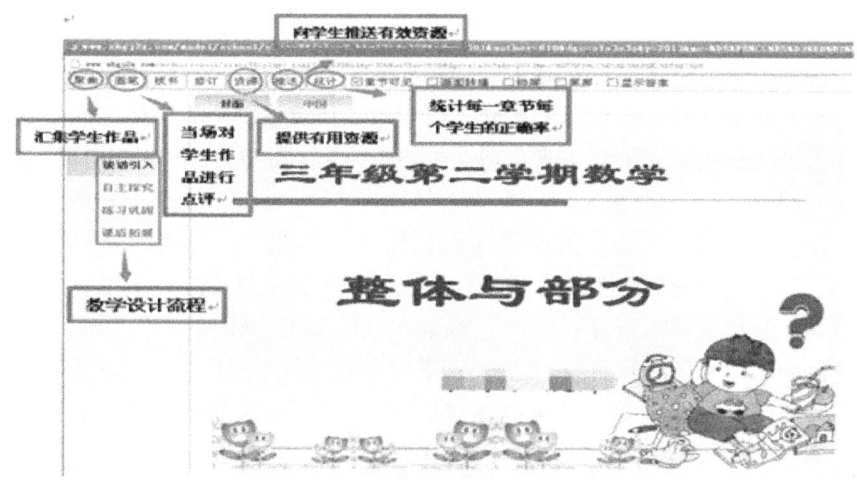

图 5-8 学生课堂学习平台主界面

（1）创新了"互联网+"课堂自主学习模式。

"互联网+"课堂自主学习是教师在精研教材、分析本班学生学情的基础上，应用数字平台把自主学习理念融入课堂学案的设计中。课前，运用数学平台的"指南""锦囊"与"词典"功能为不同个体学生按需自主选择学习方法、检测学习结果提供学习途径。课中，运用平台的"互助"功能为学生跨空间的自主研讨、互动评价创设学习环境；运用"聚焦"功能，及时全面分类汇总学生的课堂生成资源，为学生的自我评价、互质辨析提供了学习素材。课后，运用平台的"统计""回看"功能，学生可以按需选择内容进行再学习，教师可以整理学生的生成资源，全面分析学生的错因，便于调节后面的学习任务。

"互联网+"的课堂自主学习模式是在教师组织下，借助数字平台功能引导学生通过自主选择学习方法、自主把控学习时间、自主监测学习结果、自主进行同伴互助来进行课堂自主学习。

（2）"互联网+"学习平台凸显四大学习活动促进学生自主学习。

"互联网+"课堂自主学习是在教师引导下，学生在平台上通过独立思考、自主解决、互助共享、评价反思等活动进行自主学习。

①学生在独立思考、自主解决过程中学会自主选择学习方法。

独立思考：是指学生在"互联网+"课堂学习中，养成先独立思考的习惯，在遇到困难时，通过平台的"指南"或"词典"等功能进行求助，获得相应的提示后，再独立思考，最终完成自己学习作品的学习过程。

自主解决：是指学生在"互联网+"课堂学习中，根据自己的需求，选择合理的学习方法、有效的学习策略自主地解决学习问题，并获得相关学习经验的学习过程。

每一个学习个体都存在着不同的差异性，其接受能力、理解能力、记忆能力等方面都有着不同程度的差异。课堂中如何尊重学生的个体差异，让每个学习个体都能主动地投入到学习中？"互联网+"课堂学习平台有效解决了这一问题。

如，数学《平面图形的周长与面积复习》一课中，看图计算图形的周长，第2题正六边形中多了一条干扰线段。学生独立思考的过程中，学生个体可以根据自身需求打开"指南"获取相应的提示再完成学习（图5-9），概念清晰的学生则无须打开。课中除了可以运用"指南"的功能对学习有困难的学生"扶"一把，还可以通过制作微视频的形式来引导学生学会学习（图5-10）。学生在回顾平面图形面积公式的推导过程时，存在每个人头脑中的记忆表象是各不相同的。针对这一特点，学生可以直接打开平台上的长方形、三角形、平行四边形和梯形的面积基本推导过程的微视频，自主按需去观看视频进行再学习，其观看的类型、次数均由学生自主决定。

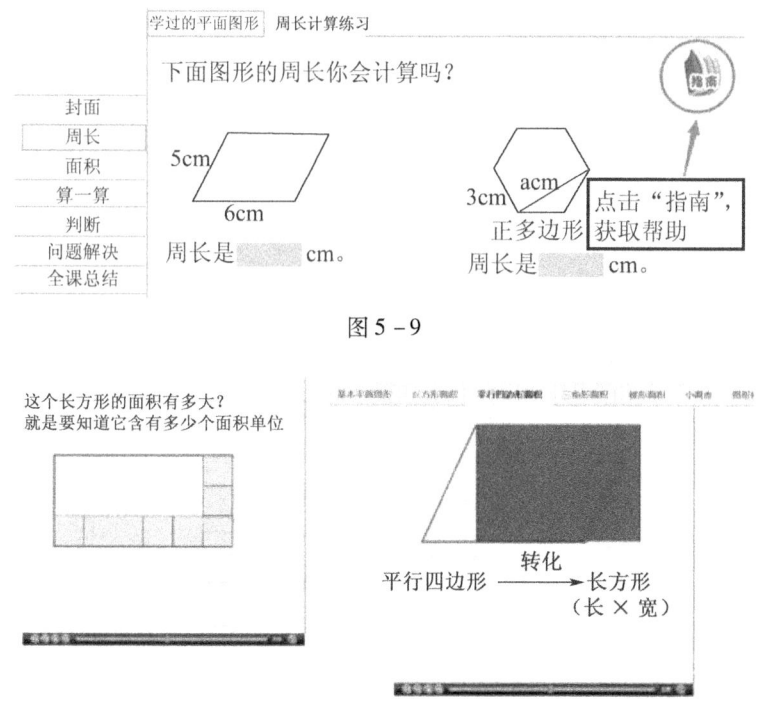

图 5 – 9

图 5 – 10

又如，英语课堂学习中运用平台的"词典（Diet）"学习个体在学习文本时，可以按需对不认识的单词词义进行自主检索；收听英文单词的发音读法（图 5 – 11）。语文课堂学习中，学生也可以按需检索生僻字读音和词义等等。互联网的超强检索为学生自主而高效学习提供了便捷的途径。

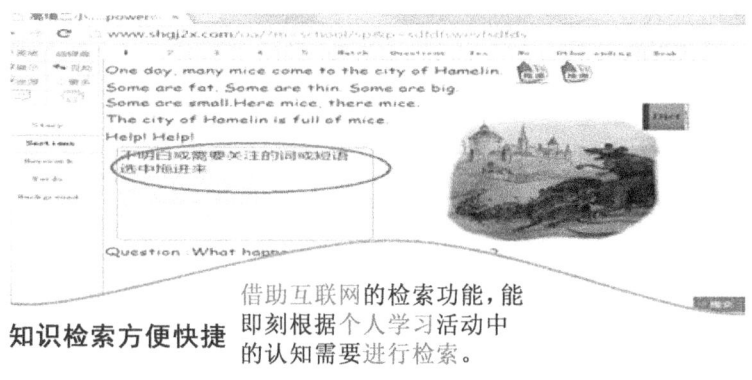

图 5 – 11

②学生在互助共享、评价反思过程中学会自我诊断互动辨析。

互助共享：是指学生在"互联网+"课堂学习中，完成自己的学习作品并提交后，通过平台的"互助""锦囊"等功能分享全班同学的学习作品，获得其他学习方法的学习过程。

评价反思：是指学生在"互联网+"课堂学习中，通过互动辨析，对他人和自我作品的评价与总结，并在赏析、评价他人的学习作品中修正、完善自己学习作品的学习过程。

"互联网+"课堂学习平台通过为学生创设符合学生自主学习的情境，应用平台的"互助""锦囊""聚焦"等功发挥学生的主体作用，激发学生的元认识，进行跨越空间的互助学习，使学生走进自觉产生并予以实施的自主学习形态。

如，数学《整体与部分》一课中，学生在平台上完成自己眼中的整体与部分发后，即可自主进入跨越空间的"互助"学习评价中，培养学生养成在欣赏评价全班其他学生无记名作品的过程中来反思、修正自己的学习行为（图5-12）。平台"锦囊"为学生自主验证自己的学习成果提供了依据。《平面图形的周长与面积复习》一课中，学生在独立完成作品并提交后，平台上就会出现一个或多个"锦囊"，学生可以点击查看"锦囊"，用里面提供的提示或具体的例子实现自我评价与修正（图5-13）。反馈是学习过程中的一个重要环节，平台的"分类聚焦"为学生自主同质分组辨析提供了丰富的生成资源，《时间的计算》一课中学生在同质反馈中发现共性、在对比辨析中明晰认知，学生在辨析中学会学习（图5-14）。

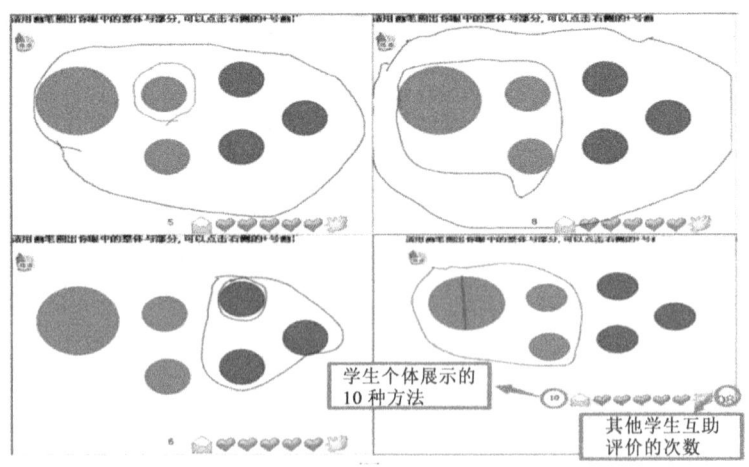

图5-12

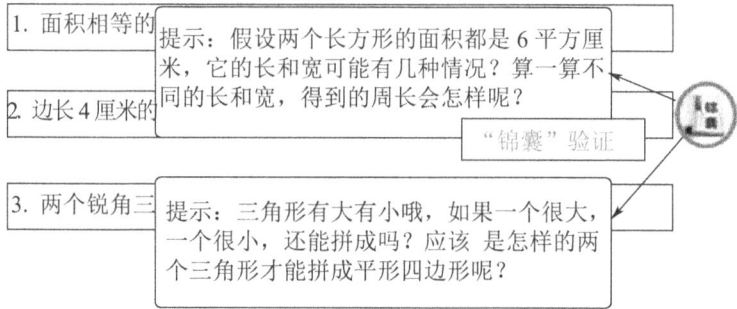

图 5 – 13

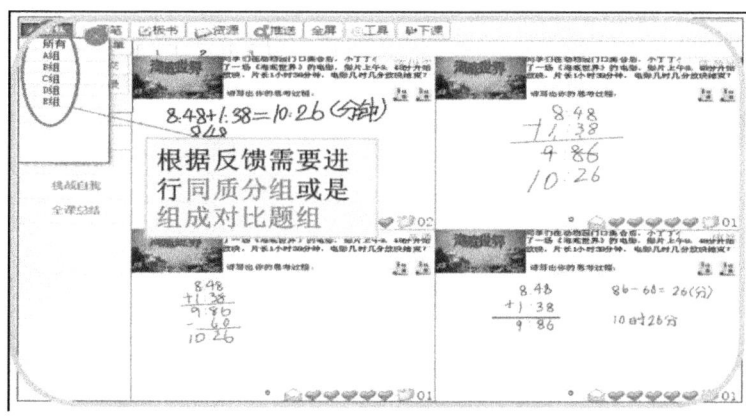

图 5 – 14

课后，教师登录平台查看每个学生课堂表现的全过程，全面分析学生课堂掌握情况，再有针对性地进行自我修正、提优补漏。"互联网 +"课堂完全是生成的课堂，学生是真正的学习主体，是"以学定教、以学促教"的充分体现。

通过六年实践研讨，逐步形成了学生运用"互联网 +"课堂平台进行学习的学案库，在长三角资源共建活动、宝山区新优质学校中期汇报中进行了学习平台的交流，宝山区"一师一优课，一课一名师"优质课评比和宝山区信息技术应用有效性教学评比、宝山区教研活动中进行了研讨推广。

4. 建设了促进教师专业发展的"教师研修"平台

为了更好地建设好学生"在线测试"和"互联网 +"学习平台，确保支持学生的自主学习，本研究借助数字应用平台构建了促进教师专业发展的

"教师研修"平台,通过"课程中心""集体备课""专题学习""实践研讨""主题论坛""专项题库"等栏目的建设,提升教师的专业素养,以此来更有效地建设好促进学生自主学习的课程与教学的数字应用平台提供了支撑。

"课程中心"是全校教师建新和派生教学设计的平台,借助共建与共享,达到"1个"课程网站、"多门"课程共享、"多个"教师共建,体现优势互补,共同建设课程的目标。目前已形成了所有学科4套版本的教案设计集库、教案修订集库和实践反思集库,实现优质资源共享最大化。

"集体备课"是学校教师基于数字应用平台开发的共享教学资源,集教研组智慧的教师研修平台。各学科教研组根据研究专题确定研究的课题,组内教师围绕研究课题在平台上开展循环教研(图5-15)。

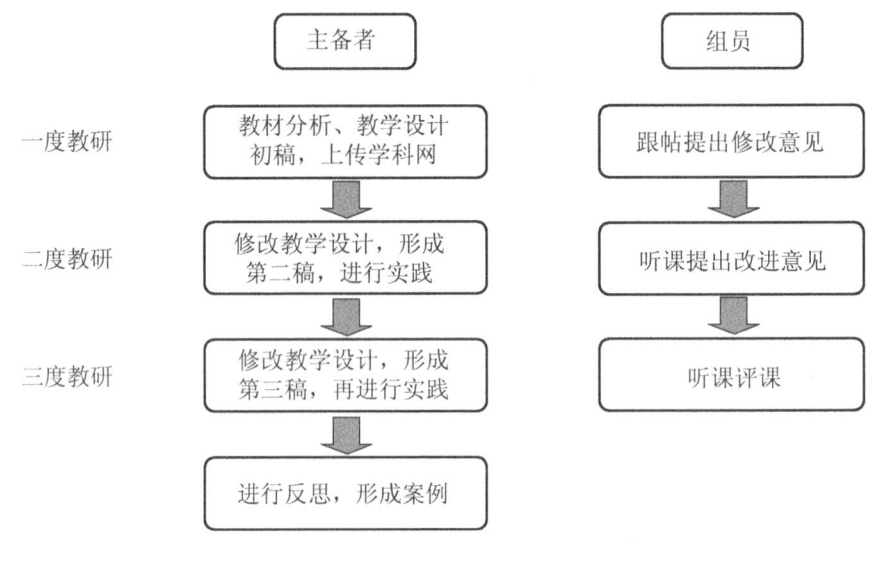

图 5-15

"专题学习"是借助数字应用平台,为教师自主学习开发的一个专题学习平台。主要是以教研组为单位分学科围绕各教研组的研究专题每学期组织教师进行专题学习。主要以"分段式自主学习"和"集中交流学习"两种形式展开学习。

"实践研讨"是借助数字应用平台,为教师优质课搭建的一个展示自我与互助交流学习平台,它实现了优质资源的集成与共享。目前,已形成了150余节优质课集。

"主题论坛"是一个基于主题进行互动交流,共享资源,分享经验的研修平台。主要以校级大论坛,学科教研组分论坛等形式形成智慧合力,促进教师的专业发展。

"专项题库"是为提升学生的学习能力、监测学生知识的掌握情况、实现分项评价机制，集全校教师智慧的一个专项题型资源库。其内容主要包括"在线测试""分项评价"题库，以及根据新课程标准设置的"绿色评价""质量分析""质量跟踪"等生成题库。

此六项栏目的建设为教学提供了全方位的支持，是教师完善学生学习平台促进学生自主学习的最佳保障。

四、效果与反思

（一）促进学生自主学习的数字应用平台将广泛运用到常态课中

本成果基于自主学习理论，构建了数字应用平台，为学生课前、课堂和课后的主动学习创设了良好的环境，然而，数字应用平台的应用必须依靠强大的网络来实现，课题组在实际操作过程中遇到过网络中断或者由于学生参与密集而发生故障，这些问题都是今后在普及到常态课时需要考虑的问题。

（二）促进学生自主学习的数字应用平台从基础型课程延伸至其他课程

本研究建构的数字应用平台在基础型课程领域应用中发挥的作用较大。学生在教师的引导下，通过自主选择合适的学习方法与策略、同伴互助等途径来完成学习任务，对学习结果有自我监控、自我判断的行为，提升了一部分学生的自主学习力。但在其他课程中还没有普及实施，下阶段在做实已有课程的基础上将延伸到其他课程，全面促进学生自主学习。

（三）将促进学生自主学习的数字应用平台推广到更多的学校

基于课程与教学开发的促进学生自主学习的应用平台在长三角资源共建共享活动，区新优质学校中期汇报，在区教研室一日视导、公开研讨课、"一师一优课，一课一名师"优质课、信息技术应用有效性教学评比中进行了验证推广，受到了各级专家的肯定与好评，区内、外省市11所学校多次来观摩学生运用平台进行自主学习。

本研究充分发挥了数字应用平台的高效作用，丰富了自主学习理论在实践层面的运用，实现了自主学习理论与信息技术的融合。本成果在上海市教育科学研究课题结题验证中获良好等第，所研发的数字应用平台为学生学习方式改进提供了一个重要载体，为学校教学改进提供重要的参考。研究围绕学校办学理念将继续跟进深化，进一步优化数字应用平台，细化评价指标，完善分析功能，使之能更正确统计、评估、分析其对学生自主学习发展水平的作用及未来发展趋势的预测等，为促进学生自主学习力提供强有力的支撑与保障，将成果推广到更多的学校，辐射到更多的教师和学生。

第二节 花样跳绳与学生潜在人格魅力激发的实践研究

近年来，学生中因压力而发生过轻生事件，因缺乏运动而猝死、自伤、伤害他人、危害公共安全等，也出现自闭、多动症等多种心理症状。这大多与学生在校学习期间心理能量不够强、抗挫折能力差、自信心不足、不懂沟通技巧等有关，较多地反映出在现代高压力和高度竞争的学习生活环境中，因学生人格不健全无法处理日常生活中的危机而酿成。究其原因与学校和家庭过度看中学生学业疏忽其健康人格教育有关，频繁的校园心理危机事件急需加大对学生人格教育培养。

小学阶段是基础教育阶段，是人格发展和形成的关键时期。21世纪是人才的世界，也是人才竞争的世纪。针对人才的竞争与人才的素质，许多学者也关注到小学是学生一生积极人格建立的启蒙阶段。童年期的年龄范围在6～13岁，是为一生的学习活动奠定基础知识和学习能力的时期，是心理发展的一个重要阶段。

作为花样跳绳的特色学校，研究花样跳绳在促进学生身体健康的同时，能否促进学生心理健康的发展，是一件值得关注的事情。探索花样跳绳对学生发现自己、认识自己，不断完善自己等方面的积极人格的激发，使其成为学生学习生活中不断显现优点。在学生不断自我意识的激发中，促进了学生积极人格的形成，不仅为学校花样跳绳的开展拓展了新的空间，更有利于学生身心健康的发展，有利于"阳光绳童"的全面发展和健康成长。

在花样跳绳与小学生潜在人格魅力培育的实践研究过程中，学校课题成员采用了问卷评定和情景实验评定两种方法，对一到四年级16个班的小学生运用程序教学法进行为期3个月教育现场实验，随机选择花样跳绳特色学校一所，同时选择另外不开展花样跳绳的学校同等年级的小学生作为对照组，对其实验前后进行积极人格量表测试，通过实验组和对照组实验前后数据变化来验证花样跳绳对小学生积极人格的激发程度，对积极人格的自我效能、希望、韧性、乐观四个指标进行研究分析，证实花样跳绳对小学生积极人格激发和培养的有效性。

一、实验的基本情况

（一）实验对象

2014年12月—2015年7月高境科创实验小学（花样跳绳特色学校）、高境镇第三小学、红星小学、通河新村第三小学、虎林路第三小学和淞南中心小学的16个班级总共533人进行潜在人格魅力问卷调查，实际发放问卷533份，收回533份，有效问卷500份，有效问卷率93.8%。

（二）实验工具

选用《积极心理状态量表（修订版）》对小学生的积极人格进行测评，该量表由自我效能、希望、韧性、乐观四个维度构成，共24个题目，并且在每一个题目上标注有拼音。量表根据前期的预问卷的调查，列出了符合小学生潜在人格魅力认知的问题，包括"自我认知""自我体验""自我控制"。为了确保小学生做出倾向于赞同或者倾向于反对的判断，进而利于分析变量之间的影响关系，本量表没有采用Likert常用的5点或者7点量表，而是采用了偶数形式的6点量表形式，量表采用点记分：1分为"非常不同意"、2分为"不同意"、3分为"有点不同意"、4分为"有点同意"、5分为"同意"、6分为"非常同意"。采用分半法对问卷信度进行检验，两个复本克隆巴赫系数为 $\alpha=0.85$，信度系数在0.8以上，符合研究要求。说明该量表的信度、效度是可以接受的。

课题组选用《积极心理状态量表（修订版）》对花样跳绳小学生的积极人格情况进行调查，主要调查小学生自我效能、希望、韧性、乐观四个层次的积极人格（图5-16）。

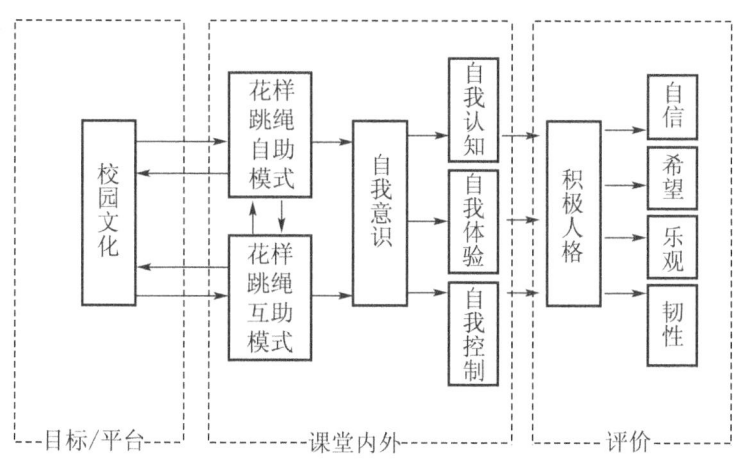

图 5-16

（三）数据处理

问卷调查所获得数据采用 Excel 软件和 SPSS22.0 统计软件进行数理统计和分析。

二、研究结果分析

（一）小学生积极人格整体表现特征

1. 小学生积极人格的性别特征

表 5-1 结果显示，不同性别小学生积极人格在积极心理状态量表和希望、韧性、乐观得分上存在显著性差异，在自我效能维度上差异不显著。女小学生在总量表及 4 个维度的得分上均高于男小学生。这一结果表明，女小学生的积极人格要普遍高于男小学生，更能应对挫折和困难。

表 5-1　不同性别小学生积极人格表现特点

维度	男		女		Sig
	M	SD	M	SD	
自我效能	28.61	6.062	28.92	5.811	0.235
希望	29.06	5.781	29.78	4.688	0.002**
韧性	28.26	5.761	28.95	4.747	0.011**
乐观	28.38	5.188	29.12	4.446	0.021**
总计	114.30	19.895	116.77	16.417	0.010**

注：*表示 $P<0.05$，**表示 $P<0.01$，表 2～4 同此。

2. 小学生积极人格的年级特征

学生的年级层次分为 3 年级和 4 年级，同时对这两个年级测试总量表和自我效能、希望、韧性、乐观 4 个维度的得分差异不显著。通过均值可以看出，3 年级学生在总量表和自我效能、希望、韧性、乐观上得分相对较低，4 年级学生能表现较好的积极人格（表 5-2）。

表 5-2　不同年级小学生积极人格表现特点

维度	3 年级		4 年级		Sig
	M	SD	M	SD	
自我效能	28.48	6.186	29.01	5.708	0.323
希望	29.27	5.407	29.50	5.228	0.626

续上表

维度	3年级		4年级		Sig
	M	SD	M	SD	
韧性	28.29	5.188	28.84	5.442	0.251
乐观	28.55	4.841	28.88	4.899	0.452
总计	114.60	18.006	116.23	18.747	0.321

(二)实验前后实验组与对照组的积极人格对比

1. 实验前实验组与对照组小学生的积极人格特点

将小学生按照花样跳绳运动项目分为2组(表5-3),花样跳绳组和非花样跳绳的组,同时对各组被试总量表及各维度得分进行独立样本T检验表明,除了希望和韧性外,不同运动项目的小学生在总量表及自我效能、乐观得分上均存在显著性差异。花样跳绳小学生在总量表中和4个维度上的得分均高于非花样跳绳者,这一结果说明,花样跳绳小学生具有更好的潜在人格魅力。

表5-3 不同运动项目小学生积极人格之间的表现特点

维度	花样跳绳		非花样跳绳		Sig
	M	SD	M	SD	
自我效能	29.63	4.933	27.51	6.957	0.000**
希望	29.68	5.136	28.98	5.536	0.143
韧性	28.80	5.011	28.27	5.734	0.289
乐观	29.51	4.591	27.61	5.043	0.000**
	117.62	16.276	112.37	20.683	0.002**

2. 对照组实验前后小学生的积极人格对比

将对照组小学生按照实验前、后不同分为2个组,同时对各组被试总量表及各维度得分进行配对样本T检验。对照组小学生在总量表和4个维度的得分不存在显著性差异,但3个月的教学试验过程小学生随着时间的推移,小学生的潜在人格魅力有细微的增长,可以忽略不计。说明小学生群体在正常的生长过程中,潜在人格魅力增长不是很明显(表5-4)。

表 5-4　对照组实验前后小学生积极人格之间的表现特点

维度	实验前		实验后		Sig
	M	SD	M	SD	
自我效能	28.40	3.851	29.47	2.924	0.404
希望	29.93	3.150	27.80	3.212	0.077
韧性	28.87	2.900	28.40	2.874	0.618
乐观	27.00	2.507	28.67	4.012	0.249
总计	114.20	8.587	114.33	8.147	0.966

3. 花样跳绳教学试验前后小学生的积极人格对比

将实验组小学生按照实验前、后不同分为 2 组，同时对各组被试总量表及各维度得分进行配对样本 T 检验。实验前后小学生在总量表和 4 个维度的得分上均存在显著性差异，实验后实验组小学生在总量表和 4 个维度上的得分有很明显的提高，说明花样跳绳有助于培养和激励小学生形成积极的人格品质（表 5-5）。

表 5-5　实验组实验前后小学生积极人格之间的表现特点

维度	实验前		实验后		Sig
	M	SD	M	SD	
自我效能	29.73	4.453	32.25	3.128	0.000**
希望	30.33	4.243	32.22	2.839	0.004**
韧性	29.33	3.350	31.84	3.041	0.000**
乐观	28.82	3.627	30.45	3.731	0.015**
总计	118.20	12.111	126.76	9.035	0.000**

（三）花样跳绳对小学生积极人格各维度的影响

1. 实验前后小学生的自我效能变化特征

根据研究数据显示，花样跳绳对小学生自我效能有直接影响。实验组实验后的小学生自我效能得分的均值由 29.73 上升为 32.25。其中实验后自我效能得分在 30（以实验前自我效能得分的中位数）以上的学生所占比例也明显提升，由实验前的 58.2% 上升为 80.0%。

2. 实验前后小学生的希望变化特征

问卷调查结果表明，从希望维度来看实验后小学生的对于学习新技能的过程中，抵抗挫折的能力有较大提升。实验组实验后的小学生希望得分的均值由 30.33 上升为 32.22。其中实验后希望得分在 30（以实验前希望得分的中位数）以上的学生所占比例也明显提升，由实验前的 56.4% 上升为 80.0%。

3. 实验前后小学生的韧性变化特征

积极心理学研究表明，小学生经过花样跳绳活动动作和学习在很大程度上影响小学生坚韧性的充分发展。实验组实验后的小学生韧性得分的均值由 29.33 上升为 31.84。其中实验后韧性得分在 30（以实验前韧性得分的中位数）以上的学生所占比例也明显提升，由实验前的 52.7% 上升为 65.5%。

4. 实验前后小学生的乐观变化特征

花样跳绳教学过程中，积极反馈、学生相互之间切磋与沟通、体育教师的表扬、平等友好评价等都可以促进学生的人际交往能力、对同伴错误的宽恕能力等积极乐观的激励。在所有有效问卷中，实验前后乐观维度的得分具有显著性差异（Sig 值为 0.015 < 0.05，实验组小学生实验后乐观得分的均值上升为 30.45。其中实验后乐观得分在 29（以实验前乐观得分的中位数）以上的学生所占比例也明显提升，由实验前的 58.2% 上升为 76.4%。

从表 5-4、表 5-5 对比可以看出，在情景教学试验后，潜在人格魅力的四个指标自我效能、希望、韧性、乐观都发生了变化。由于空白对照组的实验前后几乎没有发生变化，而实验组在实验前后有显著差异性。积极心理状态量表的总得分，其中 124 分以上，具有极高的心理资本的小学生比例从 36.4% 提升到 56.4%，使大部分学生可以承担极高压力和挑战，从而促进小学生以良好、积极的心态去面对今后的成长。

三、分析与讨论

花样跳绳作为大课间活动广泛地在中小学中开展，并且花样跳绳有其自身运动的特质性。花样跳绳具有多元化技术的特点，比如多人、多绳、多技术动作融合等；花样跳绳具有多元化功能，例如传统文化基因与现代文化基因的交融、从外部身体活动与内在心理活动的交互等。小学生处于人格发展的关键期，而花样跳绳是小学生积极人格发展的有效载体，小学生经过花样跳绳技术动作的学习，在健身娱乐中自我认识，能使小学生多方面的个性和潜能得到充分发展。花样跳绳运动促进了小学生对自己的各种身心状态的认识、体验和愿望，自我意识具有目的性和能动性等特点，对人格的形成、发展起着调节、监控和矫正的作用。所以花样跳绳的自我意识通过自我认识、自我体验、自我控制三方面来影响小学生积极人格。

1. 花样跳绳自我认识对小学生积极人格的影响

花样跳绳基本动作教学内容分成许多"小步子",根据基本技术动作的难易程度,从易到难排序,设置分级目标,并且达到目标后会晋级到更高一级花样跳绳等级(等级的高低有跳绳的绳柄颜色决定),然后将绳柄更换成相应等级的颜色。通过这种激励,小学生努力实现每一个小小突破都及时给予强化,这样有助于大目标的实现,同时不断的激励可以增强小学生的自信。

花样跳绳能促使学生发现自己、认识自己,不断完善自己,一步步达到最高等级。学校从获得最高等级的小学生中挑选出一批优秀的花样跳绳精英组成校队参加校外比赛。这种自下而上的选拔制度使小学生通过这些小目标调动自身潜能而不断进步。由上述数据可以看出,通过自我认识激发学生的潜在人格魅力,花样跳绳小学生明显比对照组小学生在日常学习生活中更能不断显现自身优势,促进积极人格的形成。

2. 花样跳绳自我体验对小学生积极人格的影响

花样跳绳情境教学实验结果分析,小学生的性别、年级存在较大差异性。尤其是花样跳绳对女生的积极人格的促进作用较大,并且随着学生进入高年级,花样跳绳练习时间逐渐增多,其潜在人格的激发越明显。因此采用多维角度激励学生进步,在每一节课教学训练过程中,通过观察学生的个体差异以及对花样跳绳技术的理解程度适当调整课程内容,通过团体的多人多绳,综合评价激励学生进步使学生全身心地融入课堂中去。小学生通过花样跳绳的及时反馈,使自身能直观地感受到错误并调整跳绳的手腕动作、跳动的节奏、身体与绳子的协调等途径,强化自己,掌握技术动作。花样跳绳课自身提供了一个实现学生自我价值表演平台,所以每一节课的最后通过学生自己的创编表演,能得到老师、其他同学的认可和掌声。例如,在个人花样表演中,不仅要看技术水平,更需要良好的节奏,动作技术之间的衔接;而在交互绳表演中,是所有人的协调,相互默契的配合才能完成的。所以通过花样跳绳的及时反馈和表演展示,小学生根据自身的特点能修正自身的不足,找到正确的练习途径,从而实现自我价值的表达。

3. 花样跳绳自我控制对小学生积极人格的影响

根据研究结果显示,实验组小学生和对照组小学生积极人格的韧性维度存在明显差异性,乐观维度也存在差异性。由于花样跳绳容易出现失误,小学生在花样跳绳课中会出现很多失误,很多同学也不断出现失误,每一次出现失误都使学生做出正确的反应,从而把错误率降到最低,在练习的过程中,学生能充分体会失败并不可怕,逐渐对花样跳绳中出现的失败有很强的承受力。在跳绳课中小学生通过观看教学视频,也能体会高水平甚至顶尖水平的花样跳绳运动员在比赛过程中也会出现失误,但是并不影响这些高水平运动员最后的比赛成绩。通过练习训练和观看视频,培养学生坦然面对挫折与困难并快速调整自己的情绪,持之以恒,超越自我。

花样跳绳的教学设计促进小学生充分认识自己的生理状况、心理状况以及自己与他人的关系。花样跳绳课程可以很好地融合校园文化的发展,通过花样跳绳的自助模式和互助模式相互作用,使小学生通过花样跳绳运动可以直接领悟到自我认识、自我体验、自我控制,使自我意识不断强化和完善的,从而促进形成健全积极的人格。研究通过积极人格的自我效能、希望、韧性、乐观4个维度的监控,可以发现小学生可以由浅入深,由感性到理性,层层推进,全方位地审视自己,通过自我认识、自我体验、自我控制帮助激发积极的人格,将潜在的人格魅力充分显性化。不断强化小学生的心理资本"烙印",使小学生在今后生活中能认真尽责、诚实礼貌、合作交往、自主进取、自尊自信、情绪适应的和谐发展。通过花样跳绳教学实验的研究,进一步证明了激发和培养健全人格的有效性,尤其在基础教育阶段的积极人格培养的关键期,提供更多的基础教育阶段的学生积极人格的培养和激发,提升基础教育的质量,满足现代化建设的人才需求,减少校园极端事件的发生。所以花样跳绳作为激发小学生积极人格的一种手段,可对中国基础教育的发展起推动作用和借鉴作用。

第三节 家长多角色扮演促进小学生良好行为养成的实践研究

高境科创实验小学位于宝山、杨浦、虹口、静安的交界处,随着外来人口的大量涌入,学校的教育教学工作也受到了一定程度的冲击。家庭教育的缺失与偏差不仅影响着学生的健康成长,也困扰着家庭的发展。家庭和学校是青少年儿童成长的两个最重要的场所,两者对青少年儿童的成长影响最大、也最为直接。[①] 因此,加强二者之间的联系与沟通,不仅能够为学生的健康成长营造一个良好的环境,而且可以有效地防止社会的不良现象对学生造成的影响。家长是重要的教育资源,有效利用家长资源,让家长成为学校教育的重要补充力量,是许多学校实践探索的重要课题。学校在推进"绳韵教育"过程中也十分重视家长资源的利用,形成家校合作共育的良好局面。一方面,有利于加强家长对学校"绳韵教育"理念的理解与认同,一

---

① 焦伟婷,郝晓芳. 学家校协同教育存在问题及提升策略研究[J]. 办公自动化,2019 (4).

方面通过利用家长的力量有助于促进"绳韵教育"的深入开展。

2017年8月，教育部发布的《中小学德育工作指南》明确指出，为深入贯彻落实立德树人根本任务，切实将党和国家关于中小学德育工作的要求落细、落小、落实，我们应努力形成全员育人、全程育人、全方位育人的德育工作格局。学校要积极争取家庭、社会共同参与和支持学校德育工作，引导家长注重家庭、注重家教、注重家风，营造积极向上的良好社会氛围。①

学校尝试"家长护航"岗位体验的教学模式，实践发现，这样的模式更有助于提升家长的育儿能力。在此基础上，学校开展了市级课题"家长多角色扮演促进小学生良好行为养成的实践研究"，开发"护航成长"家长体验课程，课程理念与学校"绳韵教育"的内涵一致，强调阳光、担当、责任、积极心态等因素的培养，通过对培训目标、内容、方式等的优化，让家长在实践体验中转变教育观念，提升个人素养与育德能力，促进了学校"绳韵教育"与家庭教育的协同发展。

学校按照"创新机制、重点突破、家长协教、促进发展"的思路，开展家长参与学校教育管理的机制研究。在理清家长资源现状的基础上组建家长志愿者队伍，将那些有意愿并有能力的家长"分配到不同的岗位"，既让他们在参与学校教育管理中感受到自己的重要性和价值，又让他们在深入学校教育教学活动中增长见识，达成共识，有利于在学校和家庭之间架设起沟通与管理的桥梁，保障了家校的有效互动，形成家校合作共育的良好局面。

一、家志愿者队伍的招募

根据学校的实际情况，明确对志愿者数量和质量的需求，确定招募志愿者所要达到的要求和标准，使志愿者与学校的需求相适应。为顺利推进此项工作的开展，学校与家委会商议，根据教育教学的实际需要，成立家长志愿队管理项目组。

在前期工作中，学校制定了较为完善的制度，如《家长志愿者工作章程》《家长志愿者例会制度》《家长志愿者学期末表彰制度》《家长志愿者负责人制度》《过程性评估制度》《家长志愿者议事规则》《家长志愿者培训制度》《家长志愿者工作讨论会制度》等。学校通过各种途径，传递有关招募家长志愿者的信息，如在学生到校注册时、返校活动时、每学期开学前夕，以及家委会、每学期的家长开放日、学生社会实践、运动会、艺术节、读书节等活动上加强信息传递。

---

①蒋红斌. 协同育人的"忌"与"宜"[J]. 中国德育，2018（17）.

二、家长志愿者的培训

家长志愿者的生命力在于规范的管理，培训是家长志愿者管理的重要组成部分。家长志愿者来自社会的各行各业，缺乏学校服务的相关工作经验。学校通过培训提升志愿者的工作能力，使其能更快适应新岗位的要求。家长志愿者培训的基本步骤包括了解培训需求、明确培训目标、确定培训方法和内容、实施分层培训、评价与反馈等。

（一）科学分析家长的培训需求

学校对家长志愿者的培训与学校教师的培训有很大的区别。学校首先需要根据学校的性质，明确志愿者工作应达到的服务需求；其次要了解和分析"家长护航队登记表"中志愿者的性别、年龄、职业及受教育程度等基本信息。家长志愿者相对缺乏必要的教育经验和教育知识，学校必须给他们作适当的补课。学校还应与志愿者充分沟通，动态地了解志愿者的不同培训需求和工作状态。学校对志愿者进行培训也离不开学校各部门的有效配合和针对性、专业性的培训。

（二）明确培训内容

家长从普通家长到学校工作的志愿者，是一个从家长到教育者的飞跃，需要从家长志愿者工作职责、服务学生的基本知识、处理特殊情况的办法等多方面进行培训。培训的主要内容包括以下几个方面。

学校的办学理念。让家长志愿者融入学校工作中，就必须让志愿者了解学校的办学理念、工作思路和教育教学的常规要求，最大限度发挥家长志愿者的作用。特别是学校让家长志愿者深刻理解学校"绳韵教育"的内涵，了解学校"绳韵教育"的发展及取得的成果，促使家长在志愿服务中能更有效地落实"绳韵教育"的精神。

学校管理制度。明确家长志愿者的责任、义务和权利；了解相关岗位的制度，如准时到岗，有事要请假；佩戴志愿者标志；遵守校规校纪，不吸烟，语言文明，服装得体，不带无关人员进校；认真填写志愿者日志，做好工作交接等。培训还可帮助志愿者了解工作的价值，了解国内外家长志愿者情况，观看相关的录像、照片等资料。

学校工作特点。让家长志愿者了解学校活动常规制度、作息时间等，特别要重视学校在学生活动、安全、心理、课业辅导等方面的基本要求和做法。

（三）确定培训方法

根据家长志愿者对学校工作了解的程度，采用不同的培训模式，如"团队辅导式""现场操作式""榜样示范式"。具体培训时要选择符合家长特点的培训方法，如听讲座、观看视频、实地讲解、教师示范、网络互动等方式。如"环保卫士"志愿队，在培训时，由卫生室老师通过视频，让家长了解校园周边环境的问题所在，并初步学会区分可回收与不可回收的垃圾，明确告知岗位的职责、各班级区域划分、上岗时间等相关内容。当然，志愿者的培训要循序渐进，从迫切需要解决的问题和家长关注的问题入手，从小到大，从单一到多层次，逐步深化。

三、家长志愿者参与学校教育的实践

（一）家长参与学校教育的角色

学校一半以上的家长都是以志愿者的身份参加学校的各项活动。家长志愿者参与学校教育对学生、家长和学校三方面都有益处。他们通常参与学校策划、协助组织全校性大型活动以及日常生活服务活动。他们利用多余的时间、业余爱好以及充沛的活力自愿为学校服务。在活动过程中，他们积极地扮演各种角色，力图使孩子收获更多的知识。一方面，家长发挥了支持学校教育的作用，另一方面，通过与孩子共同游戏，能使家长更了解孩子的发展状况，从而有效地促进家长与孩子的沟通。家长志愿者的主要角色有以下几种：

（1）每天上、下学时段校门口"微笑问候"执勤员。
（2）每周四的"大小白鸽"保洁员。
（3）每月的"七彩影院"管理员。
（4）每学期"从高科实小出发"社会实践导航员。
（5）每班"专题微课"辅导员。
（6）每年"花绳节"的阳光裁判员。
（7）每个家庭的"亲子阅读"引导员。

（二）家长参与学校教育的内容与途径

在自愿报名的基础上，由家委会以及相关教师共同协商，统筹安排，对家长参与学校护航队的志愿服务工作进行分层培训，明确职责、服务时间地点、服务要求等具体事项。

1. "微笑问候"执勤员

明确岗位角色的职责，保证每天上下午各有四名家长到校执勤。与大多数学校校门口执勤志愿者不同的是，高科实小的志愿者除了值勤时穿上蓝马甲与学校教师一起疏导校门口交通、维护秩序外，更重要的是要与进校的每一个孩子、老师、教职员工点头微笑，亲切地问声早，并且参与指导学生"晨间进校问候"。长辈的日常行为规范是孩子的"无字之书""无言之教"，对孩子起着激励、示范和熏陶的作用。学校希望用亲切的笑容和贴心的话语让每一个踏进校门的高科实小学生都感受到这份温暖，而每一个送孩子离开的家长也会带着放心踏实的笑容离开校门，走上自己的工作岗位。

附：

不少家长在情感情绪、行为习惯、道德素养、价值观念等方面存在着种种问题，如有些家长缺乏良好的情绪管理与时间管理，有些家长存在价值观偏差，以功利性的态度来面对子女的教育等等。学校通过问卷、访谈、座谈等形式了解家长的教育现状和学习需求，及时发现家长自身存在的显性及隐性教育问题。在此基础上，班主任推荐家长有针对性地进行课程体验，从而达到因需而设，有的放矢。

小 W 是我校一位行为有偏差的学生，与同学相处不融洽，脾气很暴躁。班主任邀请了小 W 的父亲来校进行《微笑自信》课程体验。一开始，他父亲十分不乐意，觉得一个大男人这样太丢脸了，经过班主任的耐心解释、劝解，最后他答应尝试一下。培训后，他感觉很有收获，于是，他开始了为期一周的岗位实践体验——"微笑问候"执勤员。体验第一天，小 W 看到校门口的爸爸带着有点僵硬的笑容接待每一个进校的小朋友时，觉得很自豪，暗想：我要向爸爸学习，用微笑来面对同学。这天，小 W 的脸上始终洋溢着微笑，不再和同学拌嘴，也愿意帮助其他小朋友。放学时，经过校门时，总能听到小 W 自豪地向别的小朋友介绍："看！那个就是我爸爸。"

现在，小 W 进出校门总是脸带微笑，响亮地与门口值勤老师、家长、同学、保安打招呼。他爸爸通过一周的体验后也说每当看到小朋友、家长、老师向他传递发自内心的微笑时，总是让他觉得特别幸福。现在，他也尝试尽量克制自己的脾气，学着多微笑，小 W 和他也亲近了许多，夫妻关系甚至邻里关系都改善了不少。微笑真是最好的沟通语言。

正如著名教育家陈鹤琴所说：家长需要自身素质的提高，从源头上保持"水源的清洁"。家长作为学生人生中的第一任导师，这个指引地位是无法替代的。学校的实践体验课程正是让家长在潜移默化中习得方法，在不知不觉中改掉陋习，更好地成为孩子的学习楷模。

2. "大小白鸽"保洁员

高境科创实验小学的"大小白鸽"服务已开展多年,但近年来,校园周边的环境一直令人堪忧,于是,学校在主题广场上举行"小手牵大手,美化我们的家园"活动,启动仪式上全校500余名师生和各班家长志愿者代表在国旗下庄严宣誓,从现在做起,从小事做起,让文明与我们相伴,共建美丽家园。之后,由班主任将全班学生分成七八个"白鸽环保行动小组",跟随护航队家长一起进行每周一次的保洁工作。同学们甚至还向自己的家长提出倡议,希望爸爸妈妈一起加入到文明市民的行列,为共建美丽家园而出力。与此同时,学校卫生室和大队部负责每次检查并量化,其结果纳入每周"七色花"行规评比。

3. "七彩影院"管理员

"七彩影院"亲子场是学校德育特色活动之一,每月最后一个周六是学生和家长来校免费观看电影的日子。学校在一次问卷调查中发现,约80%的学生没有和家长一起看过电影。这让老师们在为孩子们感到心酸的同时也深深感到孩子与社会生活的脱节。如何让每一名学生,尤其是民工子弟学生尽快地融入上海这个大都市?观看电影也许是一个很好的切入口,但是又要同以往学校组织学生外出观影的活动有所区别。"七彩影院"这项活动以学生为本,旨在让德育回归生活,通过在现代生活情境中亲身经历事情,有所选择,有所判断,有所体验,有所思考,才有可能获得内心认可的道德礼仪知识,从而将这些良好的品质发展为自身的自觉行为。

学校发动全体学生、老师、家长一起设计"七彩影院"影票(如右图),最终完成了属于高科实小的赤橙黄绿青蓝紫七种影票,每次放映将选取其中一种颜色,当同学集齐七种颜色后,他将会有一次意外的体验:和影院院长一起在控制室为其他同学放映他最想看的影片。而在"七彩影院"的实施过程中,我们将礼仪教育的内容细化为"知、赏、会、礼"四个方面,通过具体的直观的实践循序渐进,来明确德育课程的目标,提升德育课程的有效度。

知:电影放映前的一天,全体师生在主题广场上举行"看好电影,伴我成长——高科实小'七彩影院'新片发布会"。每一次观影前,学校都精心策划一场特殊的新片发布会,让学生了解当月获取影票的方式(暨每月有主题)及要看的电影内容,同时进行相关的礼仪教育。

赏：文明礼仪多体现在人与人的交往过程中，如果只把礼仪规范当作一般知识来传授，"光说不练"是行不通的。只有与日常生活有机结合起来，礼仪教育才能收到较好的成效。在开幕仪式上的动画短片不仅仅是一部卡通片，更是一次生动形象的礼仪教育。而与以往学校组织外出少之又少的不太受欢迎的"推荐"影片不同的是，"七彩影院"播放的正是平时学生们在课余互相议论而又没有看过的，孩子们的期待，转化为自觉地行动，在这场亲子电影观摩前后体现得淋漓尽致。

会：根据学校每月教育主题，部分表现优异的同学将每人获得一份亲子套票。而当这些学生把票拿回家邀请父母一起参加时，首先，他们会觉得无比自豪，因为这是孩子们用自己的努力换来的；再次，他们的父母除了为自己的孩子感到骄傲外，也会多了一份感恩，感谢老师，感谢学校。

礼：正是由于前期的强化教育，在"七彩影院"的首场放映时，只有一对父女迟到，对于学生和家长来说已经是不易。而在影片播放前夕，我们又一次对全场的家长与学生进行了观影礼仪的教育，之后，在长达100分钟的影片中，观众们都表现出了较高的素养。

为了保障"七彩影院"活动的顺利实施，学校部分家委会的成员们做起了志愿者。家长护航队不仅要负责从校门口的引导，还要到阶梯教室门口检票再到场内进行秩序管理等一系列工作。学校力争以"小手牵大手"的方式，潜移默化地为孩子和家长树立正确的人生观、道德观。虽然，志愿者家长们是管理者，只是负责引导、检票、内场秩序管理，但通过提出一系列规范的要求，家长自身的素养提高了，也因此辐射到了自己的孩子以及更多的学生和家长。

4．"从高科实小出发"社会实践导航员

学校各年级组根据自己年级"从高科实小起航"课程的内容，践行"1＋2＋N"模式（"1"为各年级规定项目，"2"为春季和秋季学生社会实践参观考察项目，"N"为学校自主设计社会实践活动项目）。每次社会实践每班都会邀请一两名家长"导航员"参加，由年级组长和相关老师进行统一辅导。如我校五年级学生参观上海宝山国际民间艺术博览馆，学校分别从场馆介绍（略知一二）——场馆亮点（先睹为快）——探究提示（网上、网下）——场馆礼仪（你我安全）四个方面做了系统的培训。之后，家长"导航员"按照培训的要求做好功课，用更为亲切的互动方式在活动中培养学生发现问题、提出问题和解决问题的能力，培养求真、求实、尊重科学的态度，乐于探究的兴趣，热爱生活的情感，从而使学生的活动在老师和家长"导航员"的配合下圆满完成。

5. "专题微课"辅导员

近两年的实践让家长们亲身感受到志愿服务是一种双向付出与回报,是我为人人、人人为我,而最大的受益者就是孩子们。有了这样的基础,学校尝试着拓展教育的宽度和深度,让部分"有能力"的家长真正走进学校、走上课堂,成为一名"班级微课"辅导员。迄今为止,学校已经形成了"国防教育""环境保护""食品营养""运动健身""安全教育""货币理财""健康卫生""科学技术"等八大类微课资源库。微课为孩子提供多样化的教育资源和体验,打破了传统封闭的课程设置,实现了更加多元化开放的教育,提高校本课程资源的丰富性。

附:

小杨妈妈从米的种植过程、如何鉴别新米和陈米,以及米的种类和功效三方面具体介绍了米的学问。她通过视频让学生知道了米的种植过程分为三步:①育苗;②移栽;③灌溉、施肥、除草、除虫。看了视频,学生们都说第一次真正理解"粒粒皆辛苦";随后她又简单介绍了用"看→闻→摸→尝"的方法鉴别新米及陈米,最后她又出示6种常见大米——营养全面的粳米、助消化的糙米、排毒的糯米、养胃的小米、养颜的薏米、补肾的黑米,同学们通过看、听,认识了这些米,并简单知道它们的功效。整堂课,学生们十分投入,大家踊跃发言,不停地向小杨妈妈请教。微课一结束,掌声就响起来,他们期待着小杨妈妈下次为大家带来新的微课。

同学们与小杨妈妈进行短暂的交流后,小李妈妈从挑食的"食"出发,具体阐述了食物种类。紧接着,她和孩子们聊起挑食的原因:零食不离口;家长忽视了对孩子正常饮食习惯的培养;家长对孩子的身体过于关注;父母"包办"喂食;孩子边看电视边吃饭;孩子未把握饮食时间;父母偏食;烹调不可口;餐桌气氛不良。最后,小李妈妈总结了挑食的危险:发育不良、注意力不集中、营养失衡、体重不达标、影响智力发育、抵抗力差易染病和出现极端性格。她结合媒体动静相间,让孩子们直观感受到了挑食的危害。

(王 勤)

通过这两节微课欣喜地看到,孩子们在学校用餐的纪律大大得到了改观,胃口小的孩子,主动要求打饭的老师盛得少一点,不小心掉在课桌上的米粒,能捡起来若无其事地吃掉,对于不爱吃的菜,也能从少量开始进行尝试,在大部分同学的带动下,挑食的现象得到了改观。孩子们吃多少,学校走廊里几乎都看不到随意洒下的饭粒,泔脚桶里只有一些荤菜的骨头和残渣。家长们也纷纷表示,孩子在家用餐的情况好多了。作为班主任老师,看到这样可喜的教育效果,更是激发了让更多家长参与到学校教育工作中来,把这些资源有效地运用到学校教育中来，这样就能使教育更加丰满，更加实在，更加生动、形象，提升教育的时效性。班级有三分之二都是外来务工子女，大多家庭教育薄弱。所以帮助这些家长提高家教水平，可以大大促进对学生的教育效果。一些优秀家长的家教情况是最生动的教材，最易为其他家长学习仿效。

附：

学生习作片段展示：

包粽子片段：小宁奶奶教我包粽子，她让我先从盆里一大堆粽叶中抽出两片叶子圈起来，可我左圈右圈都圈不起来，只好让小宁奶奶帮助我圈，然后我把一大勺的糯米倒进去，挑了一块最大的五花肉放进去，然后再放一点糯米盖住肉，接着，照着小宁奶奶的指示将粽叶沿着圈慢慢围起来，最后用绳子将包好的粽叶上下紧紧地扎起来。"耶，我成功了"。

制作饼干片段：我和同桌萱萱轮流用擀面杖把面团压成圆形，萱萱嫌慢，就拿起小面团用手拍了起来，"啪！啪！"拍得手儿都红了，哈哈，不过总算是平平整整。然后，我们用萱萱妈妈给的模子将面团印出各种形状，有小狗、小兔、小猴……这是我平生第一次做饼干，真是太好玩太开心了……

孩子们的作文五花八门，由于是自己亲手制作，过程具体，而且颇具趣味。一堂本来普普通通的作文课，因为一个小小的改变，因为家长的参与，取得了令人意想不到的结果。由于班级微信群实况转播了家长的微课，群中的其他家长都表示出了极大的兴趣，纷纷留言也想展示自己的一技之长。家长参与学校教学的热情出现了前所未有的高涨。课堂教学从老师延伸到家长，从家长作用到课堂，使得教学内容更加的丰富多彩。在学了《爬山虎的脚》一文后，我们分别邀请种植花草的小陈妈妈和小伟妈妈给同学们培训了插花技巧和盆栽方法；在学了《扬州茶馆》后，请从事饮食行业小王的妈妈对小笼包的制作过程以及中华名小吃进行了介绍……利用中午的午会课时间，既不影响正常的教学，又进行了课堂教学的延伸，同时提高了课堂教学实效，在这个过程中使家长与学科教师成为亲密的合作伙伴。

家长微课相当于为学校教育补充"维生素"，学生的自信度大大提升家长们充分发挥着合作教育的角色，变过去的被动接受为主动交流。这样家长在家校共育中就有一席之地，互相交流学校、家庭中教育的经验，创造生动活泼的 家庭学校合作教育的局面，甚至可以共同制定合作教育目标、计划，开展合理化建议，使家庭教育和学校教育能在双方的合作伙伴关系中真正做到和谐同步。

课堂教学从老师延伸到家长,从家长作用到课堂,使得教学内容更加的丰富多彩。通过评价,了解到每一次"家长微课"后,通过学生的兴趣程度及掌握和运用能力的提高程度,来调整"家长微课"的课堂。

"家长微课"评价表

评价对象	评价内容	评价要求	评价标准(优、良、合格、需努力)
家长老师	授予知识	选题价值高、学生兴趣足	
		设计过程与组织形式新颖、有趣	
		运用的方法、手段丰富多样	
学生	了解知识	学生听课认真、投入	
		课堂的反响强烈	
	掌握知识	学生参与度高	
	运用知识	在日常生活中充分发挥微课堂知识	
		在学习上丰富作文内容	

6. "花绳节"的阳光裁判员

阳光体育自开展以来,跳绳作为一项青少年喜闻乐见的传统体育活动,全国各地争相运用。2010年9月,宝山区教育局在全区中小学全面开展"绳舞飞扬 精彩你我"阳光跳绳活动,百余所学校近300个跳绳队参与了比赛,营造了"人人会跳绳、班班有团队"的良好氛围,高境科创实验小学更是通过"以绳育智、以绳育德、以绳育体、以绳育美、以绳育心"的五"育"方式实现以绳育人的目标。而亲子跳绳项目增强了家校之间的联系,家长们不仅看到了孩子们的运动潜能,而且作为"运动员"亲自参与了比赛,在激烈的比赛中我们不仅体味了成功更获取了快乐,更了解了老师们平日里工作的繁琐与辛苦。跳绳比赛给了孩子们一个展示自我的机会,比赛中体会了竞争的意义,学会了坚持,学会了为别人喝彩。更重要的是同学们在和爸爸妈妈合作的过程中,看到的是团结合作的力量,体验到大家的力量扭在一起所带来的胜利与喜悦。

7. "亲子阅读"引导员

高境科创实验小学是市级语言文字示范校,也是宝山区"中华诵·经典诵读行动"的试点学校之一。然而我们在调查中发现,98%的家长都希望孩子多读经典，认为读经典的文学作品对孩子的成长有很大作用，但家长普遍反映学生在家阅读的大部分是作文书，比较功利。而且，在陪子女诵读经典诗文上，15%的家长表示愿意经常陪读，72%家长虽然愿意和孩子一起诵读，但由于工作的原因，只能偶尔陪孩子一起诵读，13%几乎不会陪孩子读经典诗文。

绿色的课堂呼唤有效的阅读，有效的阅读离不开温馨的亲子阅读。亲子阅读能给家长和孩子带来愉快的享受和情感的交流。正所谓是"家长好好学习，孩子天天向上"。在全校语文教师的协助下，我们开发了"文化浸润"体验课程，并推广到每个家庭，我们将实践体验岗位定位为"亲子阅读引导员"，具体实施过程如下：

（1）开展主题活动，提倡亲子共同阅读。

主题活动一：小青蛙故事比赛

主题活动二：梦想——从阅读开始

主题活动三：诵读经典，传承经典

主题活动四：经典润童年——亲子朗读者比赛

主题活动五：书韵飘香 相伴一生

为了更好地落实"亲子阅读引导员"的功能，学校每届四年级都会举行"书韵飘香 相伴一生"亲子阅读主题集会，并在前期的准备中注意与孩子们的交流，与亲子阅读"引导员"沟通，达成共识。推广亲子阅读成功的经验，将经验形成文字汇编成册，分发给更多家长以点带面，带动更多的家长学会顺应孩子的心理，精心挑选图书；提供自由阅读环境，创造轻松学习氛围；观察阅读爱好，学习事半功倍；提倡亲子共读，关爱孩子心灵。

（2）开展心灵交流，享受亲子阅读乐趣。

开展亲子阅读引导员与孩子们面对面的交流活动，让家长进一步了解孩子，客观分析自己孩子的阅读需求。通过互动交流，自我对比，激起孩子们心底的愿望，形成亲子阅读氛围，享受亲子阅读乐趣。

（3）开展"微培训"服务，收获亲子共同成长。

为了提升亲子阅读的成效，学校还开展"微培训"服务，向所有家庭发出倡议——每个家庭要有图书架，有一定的藏书量，并能定期为孩子购买书籍。家庭成员有共同学习、相互交流的良好习惯，体验定期共读一本书的乐趣。周一至周五每天有不少于20分钟、双休日每天不少于1小时的亲子阅读时间，并有做记号、摘录优美语句、语段或撰写读书笔记的好习惯。要经常带孩子到图书馆、书店等场所开展读书活动。

四、初步成效

（一）家长参与管理，促进了学校和谐发展

为了让家长获得参与学校管理的信息和知识，学校向家长高度开放，与家长保持密切联系，并鼓励家长参与学校管理活动。学校不随意忽视家长提出的意见。家长参与管理，使家庭、学校与社区形成一个整合的民主的合作关系，有助于学校各项管理工作的开展，并在解决学校教育所面临的各种问题时形成教育合力，共同促进学生健康发展。

总之，家长的参与不仅有效地提高了对学生管理水平，完善了学校教育管理制度，而且更进一步促使家长与教师、学校之间建立一种融洽、和谐、民主的协作关系，营造一种开放性的学校氛围，从而促进学校向民主化方向发展。家长摆脱了原来的"局外人"而变为学校的"局内人"，家长参与管理能够促进学校和谐发展。

家长导航员的心声：虽说只是一次简单的旅行，但意义却非凡，平时和孩子也经常一起去玩耍，但这是第一次和一个班级的孩子共同游玩，这也要感谢老师给的机会，让我作为家长导航员参加学校的活动，才有了一次特殊的经历。活动开始前，孩子所在的年级组老师邀请我们这些家长导航员召开筹备会并进行了相关的培训。会上首先明确了我们年级活动的目的（四年级：找上海新变化，争当知书达礼的"经典书生"）。开展社会实践活动是为了更好地让每个能从活动中初步养成求真、求实、尊重科学的态度，乐于探究的兴趣，热爱生活的情感；接着，老师分别从景点的选择到探究的意义，从出游的安全到旅游礼仪四个方面和我们做了系统的沟通；最后，我们各年级分班与年级组老师们一起商讨策划活动安排和细节。我感受到作为家长导航员的责任之重大，为了更好地履行好导航员的职责，回家后，我按照培训的要求，和孩子一起上网查阅和秋游景点相关的介绍，做好了充分的准备工作，力求配合老师圆满完成社会实践活动……

班主任老师的心声：以往的春游、秋游总有这个那个学生和家长抱怨活动地点、活动项目不好玩、活动没意思等等，现在每次活动前，我们和家长一起共同商量活动主题和目的，策划细节；在班级突发一些问题时，我们和家长一起了解问题的经过，分析问题的原因，达成共识。这一点一滴都在逐渐改变着我们和家长对待彼此的态度：了解彼此的需求，理解彼此的想法，尊重彼此的人格，宽容彼此的不当。这一点一滴逐渐改变家长的教育理念，家长们慢慢认可了"从培养学生良好的习惯开始"这一指导思想，与学校合作，学生的学习习惯和行为习惯都有了不同程度的改变。

（二）家长参与教学，充实了学校教育资源

家长参与课堂教学是指家长应学校邀请根据自身的特点、爱好、经历等，与学生一起开展有助于发展心智、培养情感的教育活动。家长本身就是学校可贵的教育资源，他们作为学校志愿者身份参与学校教学的计划与内容安排，与教师一起针对学生个性特点开展创新性的课题研究，参与课题活动讨论。家长参与教学在一定程度上不仅丰富了课堂教学资源的内容、提高了教学效率，还为教师提供创新性的教学策略。另外，家长是一个具有丰富内涵、多样化性格 的等特点的群体，他们用不同的方式与途径参与学校教育，给学校带来了丰富多彩的信息资源，有力地促进学校教育的资源开发。

（三）家长参与活动，拓宽了学校教育内容

家长来自社会各行各业，有着不同的教育背景，也有着不同的社会地位，对参与学校活动持有各异态度，教师要理解家长参与学校教育的兴趣和动机。家长和孩子的丰富多彩的亲子互动活动，逐步改善着亲子关系：家长以志愿者身份参与班级的教育活动和管理，让学生看到了以往不曾了解的父母的特长，体会到了父母的价值，看到了父母的伟大，并为此而感到骄傲，亲子情感在无形中加深，在互相了解和理解的同时心灵得以碰撞。

这样的教育合作伙伴关系体现了家长志愿者的工作价值、意义和效果，也拓宽了学校教育的内涵。近几年学校进行家长多角色扮演促进小学生行为习惯养成的实践研究，已经初见成效，其中每周四"8：00—8：30"的"大小白鸽"服务队，就是一支由每班轮流的 1 名家长志愿者带领班中 5 名学生投入美化校园及其周边环境的"大小白鸽"队伍。活动开展以来，校园及周边环境明显改观，其中家长志愿者的身体力行，身教重于言教感染了学生，教会了学生很多……在小学生的眼里，自己的家长是神圣的。他们每天与家长朝夕相处，家长的一言一行直接影响着孩子，如果家长平时面对孩子能时刻注意自己的言行，无论在家里或者公共场合，不随地乱扔果皮纸屑，发现地面有废纸、垃圾能主动捡起，扔到垃圾箱里，久而久之，小学生也会在不知不觉中加以效仿。由家长志愿者带领学生参与"大小白鸽"服务实践活动，让学生在劳动中深感劳动之辛苦，进一步明确乱扔垃圾的行为是不道德的，是可耻的，从而自觉地约束自己养成垃圾扔进垃圾桶的好习惯。

随着"大小白鸽"服务活动的一次次开展，学生们讲卫生的好习惯渐渐养成。现在校园地面基本看不到果皮纸屑，偶尔发现地上有一小片纸屑，学生们也会主动弯腰捡起来。更可喜的是好习惯已从校内向校外延伸，学校组织的各类社会实践活动，所到之处学生们都能做到不乱扔垃圾，临走前，

自觉把食品包装袋、饮料瓶和一次性桌布等垃圾统统扔进垃圾桶，把地面垃圾处理得干干净净，受到了各方的好评。这些年来，家长志愿者以不同的身份走进学校，那一张张灿烂的笑容，一件件蓝色的马甲，充分展现了家长志愿者们的风采。他们的热情加入，给老师们的教育工作助上一臂之力。而家校用爱心为孩子们搭建一个和谐、快乐的成长环境，在一次次的"大小白鸽"服务实践中促进学生良好行为习惯的养成，塑造一个个可爱的"小卫士"，文明之花开遍校园，开遍社区……

后 记

展望——育阳光绳童 追求教育高境界

在"绳韵教育"的引领下，高境科创实验小学围绕体育特色的打造不断下功夫，经过十年的实践、积累，办学成效初步显现，获得的荣誉有：全国体育工作示范校、全国跳绳示范校、全国教育科研先进集体、全国跳绳突出贡献奖、中国创造学会创造教育实验基地学校、上海市文明校园、上海市阳光体育先进学校、上海市依法治校示范校、上海市行为规范示范校、上海市家庭教育示范校、上海市安全文明校园、上海市中小学古诗文阅读推广基地学校、上海市中华经典诵写讲基地学校、上海市家庭教育指导实验基地学校、上海市雏鹰大队等。

面对已经取得的成绩，如何进一步丰富"绳韵教育"的内涵，夯实"阳光绳童"的培育，追求学校"绳韵教育"更高的发展境界，成为学校必须思考的问题。"绳韵教育"要追求更高的发展境界，首先必须紧跟时代的变化，紧跟教育改革的步伐；其次，在此基础上，结合校情走符合学校实际，具有个性发展特色模式，"绳韵教育"具有较强的示范引领和辐射带动作用，不仅优化学校育人氛围，提高学生家长的整体素质，更为区域教育的发展注入新鲜活力。

基于以上思考，学校的"绳韵教育"将走上新的发展阶段，这是对前两个发展阶段（绳韵教育的开篇：花样跳绳体育活动课程化；绳韵教育的发展："绳韵课程"初成体系）的深化发展。学校的基本认识思路是：将"花样跳绳奠人生之基，科创教育突思维之规，'绳韵教育'引成长之向"作为"绳韵教育"的文化内涵；用现代化发展视角研究新情况、新问题，探索学校发展的新策略、新途径，以期创建有内涵、有特色、有品牌的新优质学校。

根据"绳韵教育"深化发展阶段的基本思路，依据"绳韵教育"文化内涵，从"绳韵教育"育人价值中提炼出 PEACH（吸引力）师生发展实践模式。PEACH 就是坚持（persistent）、情感（emotional）、主动（active）、自信（confidence）、健康（healthy）5 个英文单词的缩写，其整体意义是学校深挖"绳韵教育"，通过设计、组织、开展丰富多彩的教育教学活动：让师生学会坚持，形成坚毅的意志品质；具备情感，培育团队情感和高雅情趣；学会主动，形成自主活跃的参与氛围；充满自信，变得自信、敏捷、有创意；身心健康，拥有健康的体魄和健康的心理。人人成为一名坚毅、主动、自信、情感丰富的、健康的高科实小人。

PEACH 师生发展实践模式的构建基于"花样跳绳"和"阳光绳韵"的学校特色，目的是提升师生的精气神，展望"绳韵教育"的更高境界，实现师生从"绳韵"到"神韵"的华丽转变。下阶段学校将在实施中完善师生发展实践模式，实现师生"坚持、情感、主动、自信、和谐健康"的更高境界的发展。

作者